国家社会科学基金重点项目"动态公平视角下政府调整城乡收入分配格局的理论与政策路径研究"（项目批准号：13AJY006）；

　　重庆工商大学高层次人才科研启动项目"缩小城乡收入差距的理论构建、政策思路与效率改进研究"（950317040）

国家社科基金丛书
GUOJIA SHEKE JIJIN CONGSHU

动态公平视角下政府调整城乡收入分配格局的理论与政策路径研究

Research on the Theory and Policy Path of Government Adjusting Urban and Rural Income Distribution Pattern from the Perspective of Dynamic Equity

李 敬 等著

人民出版社

前　　言

　　动态公平是通过跨时动态平衡来实现收入公平。动态公平不追求"瞬时公平",强调公平的结果可以在等待中实现。动态公平可以平衡"做大蛋糕"和"分好蛋糕"的关系、平衡效率与公平的关系、平衡先富与后富的关系。本书从动态公平视角研究政府调整城乡收入分配格局的相关理论与政策。本书是重庆工商大学副校长李敬教授主持完成的国家社会科学基金重点项目"动态公平视角下政府调整城乡收入分配格局的理论与政策路径研究"(项目批准号:13AJY006)转化成果。

　　本书试图在五个方面有所创新。一是基于动态公平视角,考虑资本规模报酬递增和递减两种情形,构建了政府调节城乡收入分配格局的动态演化模型和有政府调控的城市和农村的经济增长模型,揭示了资本规模报酬递增和递减两种情况下经济增长速度与资本存量的关系、政府调控目标与资源分配策略的差异。二是基于劳动分工理论,揭示了以家庭经营为基础的农业区域专业化的外部规模经济、专业化经济和分工经济,以及促进农村第二、三产业发展、吸收农村剩余劳动力,实现农业与农村经济的良性循环机制。并实证揭示了农业区域专业化的制约因素,提出政府调整城乡收入分配的农业生产路径。三是运用格兰杰(Granger)因果关系检验,揭示了城乡投资水平差异是产生城乡收入差距的重要原因;基于两域空间杜宾(Durbin)面板模型揭示了农村固定资产投资的直接效应、空间溢出效应以及农户和集体两类投资主体对投资效率的影响差异;提出政府调整城乡收入分配的农村投资优化路径。四是运用网络分析法(Network Analysis)和 QAP(Quadratic Assignment Procedure)相关分析和回归分析,揭示了中国区域经济增长的空间关联特征及其影响因素,提出构建区域统筹发展机制、政府调整城乡收入分配的区域统筹路径。五是基于重庆市城乡统筹试验区的实践和 858 份问卷调查数据,对重庆市在城乡统筹养老保险制度、城乡统筹医疗保险制度、户籍改革制度、农村教育制度、农民工就业制度、农村金融政策、补贴政策和农村扶贫等方面的制度探索效果进行了评价,并提出政府调整城乡收入分配的城乡统筹优化路径和财政金融政策路径。

本书提出三个方面的新观点。一是"动态公平"强调公平的结果可以在等待中实现,其目标取向是追求高效率条件下的公平,而不是低效率下的"即时公平"。从动态公平视角可以更好地诠释中央的"两个大局"思想、效率与公平的内涵、先富与后富的关系以及城乡统筹的时空差异。二是资本回报差异是诠释政府行动的关键。在经济发展起步阶段,资本极度匮乏,资本规模报酬是递增的,坚持效率优先、推动城市优先发展战略是政府的更好选择。经济发展到一定阶段,资本存量积累到一定程度,资本回报会由递增转为递减。无论是从"做大蛋糕"还是"分好蛋糕"的角度来考虑,将调控资源更多分配给发展条件较差的农村是政府的更好选择。三是在资本规模报酬递减的条件下,政府调整城乡分配格局的主要手段不是转移支付,而是资源向农村倾斜,加大农村资本投入。其可行的路径有农业生产路径、农村投资路径、城乡统筹路径、区域统筹路径和财政金融路径。

本书构建的政府调节城乡收入分配格局的动态演化模型和有政府调控的城市和农村的经济增长模型,揭示了资本规模报酬递增和递减两种情况下经济增长速度与资本存量的关系、政府调控目标与资源分配策略的差异,具有较重要的学术价值。书中提出的政府调整城乡分配格局的农业生产路径、农村投资路径、城乡统筹路径、区域统筹路径和财政金融路径可作为相关部门决策参考。

　　本书由重庆工商大学副校长李敬教授组织研究完成。主要参与写作的有:李颖慧、付陈梅、万广华、张勋、罗知、刘洋、雷俐、肖伶俐、王静、陈容、杨果、蔡永辉、朱莉芬、付园元、谢晓英、李晓龙、郑威等。

目　录

绪　　论

第一节　研究意义和价值

动态公平就是通过跨时动态平衡来实现收入公平。动态公平不追求"瞬时公平",强调公平的结果可以在等待中实现。动态公平可以平衡"做大蛋糕"和"分好蛋糕"的关系、平衡效率与公平的关系、平衡先富与后富的关系。从动态公平视角研究政府调整城乡收入分配格局的理论与政策,旨在解决现有政策方案的系统性缺陷、现实性缺陷和可操作性缺陷。意义与价值体现在:

一是中国是目前全球城乡收入失衡最严重的国家之一,加速调整城乡收入分配格局势在必行,但目前依然缺乏系统性的解决方案。2018 年,中国城镇居民人均可支配收入 39250.84 元,农村居民人均可支配收入 14617.03 元,城乡收入倍差为 2.69,是全球城乡收入失衡最严重的国家之一(世界绝大多数国家城乡收入倍差小于 1.60)。早在 20 世纪 90 年代,按照货币收入比较,只有津巴布韦和南非两个国家的城乡收入差距大于中国(Knight 和 Song,1999)。收入不平等是社会动荡的根源(Persson T.,1994)。中央早在党的十八大报告中就提出,当前必须要调整国民收入分配格局,使发展成果更多更公平惠及全体人民。2013 年,国务院又批转发展改革委等部门《关于深化收入分配制度改革若干意见的通知》,深化收入分配制度改革受到中央高度重视。

2014 年,中央全面深化改革领导小组召开第四次会议,研究提出了规范国有企业收入分配秩序、调整不合理过高收入的方案。2015 年,习近平总书记提出坚持共享发展的理念,提出缩小收入差距、坚持居民收入增长和经济增长同步、劳动报酬提高和劳动生产率提高同步的要求。2017 年,党的十九大报告指出,农业农村农民问题是关系国计民生的根本性问题,必须始终把解决好"三农"问题作为全党工作的重中之重,实施乡村振兴战略。2018 年 1 月,国务院公布了 2018 年"中央一号文件",即《中共中央 国务院关于实施乡村振兴战略的意见》。2018 年 9 月,中共中央、国务院印发了《乡村振兴战略规划(2018—2022 年)》。但中国的收入分配政策依然存在复杂的制约和牵扯,不具有系统性。当前迫切需要建立政府调整城乡收入分配的系统框架,找准调整收入分配的系统化路径。

二是国内外的实践证明,政府是调节收入分配格局的关键力量,从政府行为视角研究城乡收入分配问题更具有现实性。拉丁美洲陷入"中等收入陷阱"的失败教训和近十年在调整收入分配的成功经验,都凸显政府在调节收入分配中的关键作用(Lustig Nora 等,2012)。

三是将国家战略纳入分析视野,从动态公平视角研究收入分配问题,能更好把握城乡收入分配格局演变的机制和路径,相关政策更具有可操作性。邓小平的"两步走""让一部分人先富起来"的发展战略,在某些时段必然拉大城乡差距。中国城乡收入差距与中央政府给予沿海城市的特殊政策密切相关(魏后凯,1992;Jian,1996),与政府的"重工业优先发展"战略紧密相连(D.Murger,2001)。城市倾向的经济政策是城乡收入分配格局变动的重要原因(陆铭、陈钊,2004)。从动态公平的角度来看,"瞬时不公"是为先富带动后富、最终实现共同富裕积蓄发展力量,是一种"策略性不公",只要能够实现政策倾斜的转换,就可以实现"动态公平"。"动态公平"是从时间维度理解和解决城乡收入分配问题的重要工具。

第二节　国内外研究现状

一、国外相关研究现状

城乡收入分配一直是经济学家高度关注的重大议题。有三方面文献与本书密切相关:一是城乡收入分配格局的动态演化理论,主要研究从一种收入分配格局到另一种格局的传导机制问题。盖勒和泽拉(Galor 和 Zeira,1993)从人力资本投资角度研究了收入分配的动态演化。结论表明,当初始财富小于这个特定的决定性财富水平时,该家族财富水平将收敛至较低的水平。班纳吉和纽曼(Banerjee 和 Newman,1993)从工资和职业选择角度研究了收入分配的动态演化。发现在穷人阶层比例较高而中产阶级比例较小的经济中,前者的工资收入将持续保持在较低水平。松山(Matsuyama,2000)认为永久性不平等的状态存在于金融发展水平较低的经济中,通过剥削穷人富人才得以维持其相对优势。二是政府在调整城乡收入分配格局中的作用研究。珀森(Persson T.,1994)研究认为,收入不平等是社会动荡的根源,政府需要调整税收和投资政策,对收入进行再分配;威廉等(William F.等,1999)认为政府行为是收入函数中的关键变量;恩格尔(Engel,1999)认为,调节收入分配比例税率优于累进税率;楚等(Chu K.Y.等,2000)研究发现,大多数发展中国家运用税收和转移支付手段削减城乡收入差距的效果明显低于发达国家。三是关于拉丁美洲调整城乡收入分配的经验研究。近十年,拉丁美洲在调整收入分配方面一枝独秀,吸引了众多学者的眼球。埃德温等(Edwin Goñi J.等,2008)发现拉丁美洲财政体系中转移支付的作用要大于税收的作用;诺拉·拉斯蒂格等(Nora Lustig 等,2012)发现,大力发展中等职业教育和促进公平的宏观经济政策带来的供求和制度的改变,是拉丁美洲近十年成功的最重要经验。

二、国内相关研究现状

改革开放以来,国内学者对中国城乡收入分配问题高度关注,有三方面文献与本书密切相关:一是发展战略与城乡收入分配问题。魏后凯(1992)认为,国家投资布局政策对城乡收入差异变动有着重要影响;陆铭和陈钊(2004)发现,地区间人口户籍转换、经济开放是拉开城乡收入差距的重要因素;孙永强(2012)分析了中国金融发展、城市化与城乡居民收入差距之间的作用机制。二是政府行为与城乡收入分配问题。高培勇(2002)认为,中国当前的城乡收入分配差距同政府部门行为不规范直接相关;贾康(2007)认为,政府在收入分配方面的责任应当是"维护公正、兼顾均平、高端调低、低端托底";田新民等(2009)建立了农村、城市、政府的三部门城乡收入分配模型;孙三百等(2012)认为,政府有必要采取措施消除劳动力自由迁移的障碍,并合理分配城乡教育资源。三是财政政策与城乡收入分配问题。陆铭和陈钊(2004)发现财政支出的结构对城乡收入差距有显著的影响;沈坤荣和张璟(2007)认为,由于公共支出的运行效率低下,国家财政的农村支出对农民收入增长的促进作用不显著;米增渝等(2012)构建了增长、不平等与财政政策之间的动态关联模型,认为优化个人所得税累进制有利于缩减城乡差距。国内外的相关文献为本书提供了重要借鉴,但这些研究多着眼于一个或少数几个方面,缺乏调整城乡收入分配格局的系统理论框架研究,也较少综合考虑中国的发展战略、政府行为和动态公平与城乡收入分配格局的系统动态关联,提出的相关政策方案缺乏系统性、操作难度较大。本书中的研究正是为了克服这些不足而开展的。

第三节　研究的主要内容

本书包含以下主要内容。

第一章:动态公平视角下政府调整城乡收入分配格局的理论框架。本部分主要是理论框架的构建。在动态公平视角下,考虑资本规模报酬递增和递减两种情况,构建一般动态宏观模型、政府调节城乡收入分配格局的动态模型和有政府调控的城市和农村的经济增长模型,运用数理模型刻画资本规模报酬递增和递减两种情况下经济增长速度与期初资本存量的关系、政府调控的经济增长目标与资源分配策略,并进行数值模拟。基于动态模型提出资本规模报酬递增条件下政府调整城乡分配格局的路径和思路以及资本规模报酬递减条件下政府调整城乡分配格局的基本思路。并论证在资本规模报酬递减条件下政府调整城乡分配格局的农业生产路径、农村投资路径、城乡统筹路径、区域统筹路径和财政金融路径。

第二章:城乡收入分配格局的现状刻画与历史演进。本章首先研究城乡收入分配的现状和历史演进,对城乡差距进行具体测算,并对全国城乡收入差距进行泰尔指数分解。然后对城乡收入分配格局的区域和区域间特征进行刻画。最后对长江经济带区域城乡收入差距现状进行多维度的刻画。

第三章:政府调整城乡收入分配的农业生产路径。城乡收入差距的主要来源还是在第一次分配领域,最根本原因还是农业生产效率低下。因此,政府调整城乡收入分配的农业生产路径非常重要。本章论证了以家庭经营为基础的农业区域专业化是中国农业发展道路的现实选择,并分析了影响中国农业区域专业化的交易成本制约、自然风险制约、人口资源压力和区位固有因素制约。最后提出政府调整城乡收入分配的农业生产路径有四个方面:加强市场基础设施建设,优化农产品交易条件;加强农业风险管理,降低农业区域专业化风险;化解资源约束,努力促进农业技术研发与推广;加强规划引导,充分发挥政府的调控导向作用。

第四章:政府调整城乡收入分配的农村投资路径。城乡投资水平的差异是产生城乡收入差距的重要原因。促进农村投资增长与提高农村投资效应是政府调整城乡收入分配的重要路径。本章首先回顾了中国农村固定资产投资增长与变迁的总量特征和结构特征,然后从理论上分析了农村固定资产投资的直接效应与空间溢出效应产生的机制、两类投资主体对农村固定资产投资效率的影响差异,并基于两域空间杜宾面板模型进行实证分析,最后提出政府调整城乡收入分配的农村投资优化路径:加大农村固定资产投资的力度;充分发挥市场在资源配置中的决定性作用,优化农村固定资产投资的主体结构;改善农村投资条件,优化耕地保护制度和农村教育制度,促进农村产业结构升级和城镇化进程。

第五章:政府调整城乡收入分配的区域统筹路径。本章从政府层面和市场层面论证了政府调整区域城乡收入分配、构建区域统筹发展机制的突破口即区域经济增长空间关联的存在,然后运用网络分析方法,构建中国区域经济增长空间关联网络并进行特征刻画和块模型分析,基于 QAP 方法实证中国区域经济增长空间关联的影响因素,最后提出政府调整城乡收入分配的区域统筹路径:中央政府应当将区域空间关联作为调整城乡收入分配的重要决策变量;针对各区域在空间关联中的不同地位和作用以及经济增长板块的不同功能,进行定向调控和精准调控;转变落后地区的发展方式、缩小区域之间经济发展条件的差异。

第六章:政府调整城乡收入分配格局的财政金融政策。城乡收入差距过大,可能引发社会风险。因此,通过政策手段,适当缩小城乡收入差距既是社会风险控制的需要,也是代际公平与利益平衡的需要。财政金融政策是政府调整城乡收入分配格局的最直接手段。本章主要分析政府调整城乡收入分配格局的财政政策与效果、政府调整城乡收入分配格局的金融策略与效果。最后从风险控制、公平与效率均衡视角,提出政府调整城乡收入分配格局的财政金融优化策略。

第七章:政府调整城乡收入分配格局的城镇化路径。城镇区域相对农村区域而言,有更好的公共服务设施。城镇居民相对农村居民而言,是一个更高收入的群体。城镇化将农村居民变为城镇居民,这对于改变农村居民收入状况通常具有积极意义。城镇化是政府调整城乡收入分配格局的重要路径。如果农村居民变为城镇居民后,其收入状况没有改变,这样会加大城镇居民内部的不均衡,城镇化在收入分配格局调整中的作用会大打折扣。本章创建了两个城镇化理论模型,一个是只考虑效用最大化或自由市场状况下的一般均衡理论模型,另一个则兼顾效率与(收入分配)公平。结果表明,当城镇内部的不均等足够小,或当移民成本足够大时,兼顾公平的城镇化水平高于自由市场均衡下的城镇化水平。本章探讨了从政府关注收入分配到城镇化水平的传导机制,发现关注收入分配问题一方面促进了道路基础设施建设,从而减少了移民成本;另一方面带来了工业贷款的增加,从而通过工业化增加了移民的就业机会。二者都能帮助推进城镇化。

第四节　思路与研究方法

本书坚持理论、实证与政策研究的三结合。首先,从动态公平视角,构建政府调整城乡收入分配格局的新的理论框架。考虑资本规模报酬递增和递减两种情况,构建一般动态宏观模型、政府调节城乡收入分配格局的动态模型和有政府调控的城市和农村的经济增长模型。理论框架主要采用数理推导,具体运用社会公平理论与演化经济学的分析方法,理论模型用 Matlab 进行数值模拟。其次,从全国层面和区域层面、从当前时点层面和历史变迁层面计量,揭示城乡收入分配格局、城乡收入差距的现状。主要采用泰尔指数等收入差距刻画方法进行现状和问题揭示。最后,针对资本规模报酬递减条件下政府调整城乡分配格局的农业生产路径、农村投资路径、城乡统筹路径、区域统筹路径和财政金融路径五条政策路径,进行理论、实证与政策研究。农业生产路径部分主要运用劳动分工理论和超边际分析方法;农村投资路径部分主要运用面板模型和空间杜宾面板模型;城乡统筹路径部分主要运用问卷调查及相关分析方法;财政金融路径部分主要运用格兰杰因果检验等计量分析方法。

第一章 动态公平视角下政府调整城乡收入分配格局的理论框架

本章主要基于演化思想,构建动态公平视角下政府调整城乡收入分配格局的理论框架。在动态公平视角下,考虑资本规模报酬递增和递减两种情况,构建一般动态宏观模型、政府调节城乡收入分配格局的动态模型和有政府调控的城市和农村的经济增长模型,运用数理模型刻画资本规模报酬递增和递减两种情况下经济增长速度与期初资本存量的关系、政府调控的经济增长目标与资源分配策略,并进行数值模拟。基于动态模型提出资本规模报酬递增条件下政府调整城乡分配格局的路径和思路以及资本规模报酬递减条件下政府调整城乡分配格局的基本思路,并论证在资本规模报酬递减条件下政府调整城乡分配格局的农业生产路径、农村投资路径、城乡统筹路径、区域统筹路径、财政金融路径和城镇化路径。

第一节 动态宏观模型的构建

一、模型的设定

在新中国成立之时,乃至改革开放之初,无论是城市还是农村,资本严重匮乏,而劳动力相对富足。随着改革开放的推进,由于"后发优势"的存在,技术利用通常也是"无障碍"的。因此,我们假定模型中劳动力可以无限供给,技术也是"无障碍"使用,则经济增长主要决定于资本的积累和增长。其生产函数可设置为:

$$Y_t = Af(K_t, L) \tag{1.1}$$

式(1.1)中,Y_t 是第 t 期的产出。A 代表技术,K_t 为第 t 期资本存量,L 是劳动力,由于假定劳动力可以无限供给和技术"无障碍"使用,所以 A 和 L 视为常量。假定生产函数具体形式为:

$$Y_t = A K_t^\alpha L \tag{1.2}$$

则人均生产函数为:

$$y_t = A L^\alpha \left(\frac{K_t}{L} \right)^\alpha \tag{1.3}$$

令常量 $A^* = A L^\alpha$,人均资本 $k_t = \frac{K_t}{L}$,则人均生产函数为:

$$y_t = A^* k_t^\alpha \tag{1.4}$$

假定折旧率为 δ,第 t 期的投资量为 I_t,则资本的增长方程为:

$$K_{t+1} = (1 - \delta) K_t + I_t \tag{1.5}$$

则人均资本的增长方程为:

$$k_{t+1} = (1 - \delta) k_t + i_t \tag{1.6}$$

式(1.6)中,i_t 为第 t 期的人均投资量。假定产出的固定份额 φ 用于储蓄,即:

$$s_t = \varphi y_t \tag{1.7}$$

在不考虑开放的条件下,其均衡条件为 $i_t = s_t$,则人均资本的差分方程为:

$$k_{t+1} = (1 - \delta) k_t + \varphi A^* k_t^\alpha \tag{1.8}$$

二、经济增长速度与期初资本存量的关系

令 $\eta_t = \dfrac{y_{t+1}}{y_t}$ 度量从第 t 期到第 $t+1$ 期的经济增长率。则：

$$\eta_t = \frac{y_{t+1}}{y_t} = \frac{A^* \, k_{t+1}^{\alpha}}{A^* \, k_t^{\alpha}} = \left(\frac{k_{t+1}}{k_t}\right)^{\alpha} = (1 - \delta + \varphi \, A^* \, k_t^{\alpha-1})^{\alpha} \tag{1.9}$$

对 η_t 求关于 k_t 的导数，可以揭示 t 期经济增长率对期初资本存量的依赖关系：

$$\frac{d \eta_t}{d k_t} = \alpha(\alpha - 1)\theta A^* \, k_t^{\alpha-2}(1 - \delta + \varphi \, A^* \, k_t^{\alpha-1})^{\alpha-1} \tag{1.10}$$

式（1.10）中，$\dfrac{d \eta_t}{d k_t}$ 符号取决于规模报酬系数 α。当规模报酬递增时，$\alpha > 1$，则 $\dfrac{d \eta_t}{d k_t} > 0$，表明期初资本存量越多，经济增长速度越快。当规模报酬递减时，$\alpha < 1$，则 $\dfrac{d \eta_t}{d k_t} < 0$，表明期初资本存量越少，经济增长速度越快。

第二节　政府调节城乡收入分配格局的动态模型

一、有政府调控的城市和农村的经济增长模型

在新中国成立之时和改革开放之初，设城市的人均资本存量为 k_c，农村的人均资本存量为 k_r，由于城市发展条件相对优于农村，则 $k_c > k_r$。假定政府的调控资源为 G，既可以分配给农村，也可以分配给城市。假定政府资源分配给城市的比例为 ρ，则分配给农村的比例为 $1 - \rho$。城市第 t 时期的人均产出为 y_{ct}，农村 t 时期人均产出为 y_{rt}，则城市和农村的经济增长模型为：

$$y_{ct} = A^*(\rho G + k_{ct})^{\alpha} \tag{1.11}$$

$$y_{ct} = A^* \left[(1 - \rho)\, G + k_{ct} \right]^{\alpha} \tag{1.12}$$

二、政府调控的经济增长目标与资源分配策略

在经济快速追赶的发展阶段,政府首要的目标是"做大蛋糕",使城市产出和农村产出之和最大化。在劳动力可以在城乡自由流动的条件下,政府的调控资源必然分配给经济增长速度更快的地区。在资本极其匮乏的阶段,少量资本投入,可以有更大的回报,因此规模报酬是递增的。这时,$\alpha > 1$,则 $\dfrac{d\,\eta_t}{d\,k_t} > 0$,期初资本存量越多,经济增长速度越快。因此,政府的调控资源更倾向于分配给发展条件相对较好、人均资本存量更多的城市区域。当资本稀缺性逐步减弱,资本的回报会下降,会进入规模报酬递减的状态。这时,$\alpha < 1$,则 $\dfrac{d\,\eta_t}{d\,k_t} < 0$,期初资本存量越少,经济增长速度越快。此时,政府的调控资源更倾向于分配给发展条件相对较差、人均资本存量较少的农村区域,使城市和农村的资本存量差距逐步收敛(见图1-1)。

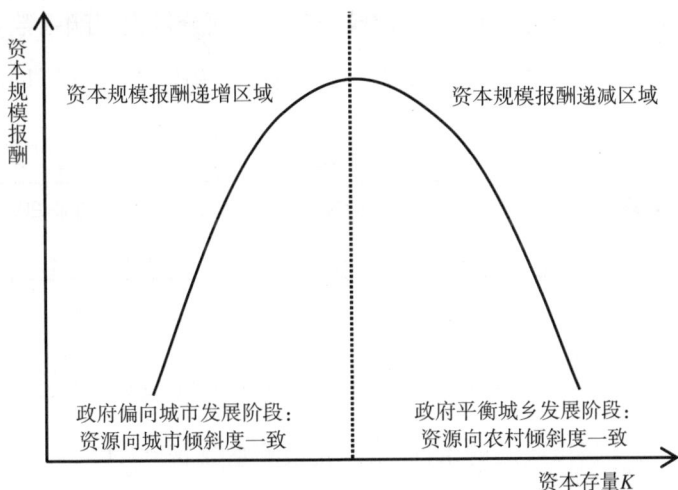

图 1-1 政府调控的经济增长目标与资源分配策略

第三节　动态宏观模型的数值模拟

一、参数设定与政府调控资源分配选择

假定一个经济体,在经济发展初期,城市发展条件优于农村发展条件。见表 1-1,假定城市资源禀赋(人均资本存量)标准化为 1.5,农村资源禀赋(人均资本存量)标准化为 1。此外,政府拥有的调控资源为 0.5。政府资源可以用于支持农村,也可以用于支持城市。假定折旧率为 $\delta = 0.95$,产出的固定储蓄份额为 $\varphi = 0.5$。政府调控资源的分配情况分三种。一是政府将调控资源 0.5 全部分配给城市。即采用城市优先发展战略。则城市资源禀赋达到 2,而农村资源禀赋为 1,保持不变。在此情形下,构建模型一。二是政府将调控资源的 0.3 分配给城市,0.2 分配给农村。则城、乡资源禀赋分别为 1.8 和 1.2。在此情形下,构建模型二。三是政府将全部调控资源分配给农村。即采用城乡平衡发展战略。则城市资源禀赋为 1.5,保持不变,而农村资源禀赋也为 1.5,与城市一样。在此情形下,构建模型三。下面分规模报酬系数 $\alpha > 1$ 和规模报酬系数 $\alpha < 1$ 两种情况来进行数值模拟。模拟软件采用 Matlab。

表 1-1　资源禀赋设定

城市禀赋	农村禀赋	政府禀赋
1.5	1	0.5

二、规模报酬系数 α>1 条件下政府调控资源分配的数值模拟

假定在资本极度匮乏的条件下,规模报酬系数 $\alpha = 1.05$,模拟时期为 20 期。三种模型下城乡资源禀赋状态、城乡总收益、城市收益、农村收益和城乡差距的模拟结果见表 1-2。从城乡总收益来看,模型一的结果最优。也就是

说，从"做大蛋糕"的角度来考虑，政府将调控资源全部分配给发展条件较好的城市，是一种最优选择。但城乡收入差距最大，也就是要了效率，却牺牲了公平。从城乡发展差距来看，模型三的结果最优，城乡实现均衡发展。但城乡总收益最低。在此模型中，要了公平，却牺牲了效率。模型二相对于模型一和模型三而言，在效率与公平之间作出了某种平衡。在经济发展起步阶段，坚持效率优先的原则，显然最优选择是模型一，即城市优先发展战略。在经过一定阶段后，坚持效率优先兼顾公平的原则下，模型二是最优选择。再经过一定阶段，在公平优先原则下，模型三才是最优选择。

表1-2　模拟结果　　　　　　　（α=1.05,20期）

指标	模型一	模型二	模型三
城乡资源禀赋状态	城市资源禀赋2 农村资源禀赋1	城市资源禀赋1.8 农村资源禀赋1.2	城市资源禀赋1.5 农村资源禀赋1.5
城乡总收益	25776	25057	24655
城市收益	19112	16273	12328
农村收益	6664	8784	12328
城乡差距	2.87	1.86	1.00

三、规模报酬系数 α<1 条件下政府调控资源分配的数值模拟

经济发展到一定阶段，资本存量积累到一定程度，资本回报会由递增转为递减。在此情况下，假定资本规模报酬系数 α=0.9，模拟时期为20期。三种模型下城乡资源禀赋状态、城乡总收益、城市收益、农村收益和城乡差距的模拟结果见表1-3。无论是从城乡总收益还是从城乡收入差距来看，模型三的结果都是最优。也就是说，无论是从"做大蛋糕"还是"分好蛋糕"的角度来考虑，政府将调控资源全部分配给发展条件较差的农村，是一种最优选择。实现了效率与公平的兼得。因此，"鱼和熊掌"在一定条件下是可以兼得的。关键要看经济处于什么样的发展阶段。无论是城乡总收益还是城乡收入差距，模

型一的结果都是最差的。因此,在资本回报递减的条件下,政府继续偏向支持发展条件较好的城市是一种错误的选择。无论是模型一、模型二还是模型三,城乡收入差距都有缩小的趋势。因此,市场机制会纠正城乡发展差距。当然,政府的正确调控会加速这一进度,并能促进效率的改进。

表 1-3　模拟结果　　　　　　　　(α=0.9,20 期)

指标	模型一	模型二	模型三
城乡资源禀赋状态	城市资源禀赋 2 农村资源禀赋 1	城市资源禀赋 1.8 农村资源禀赋 1.2	城市资源禀赋 1.5 农村资源禀赋 1.5
城乡总收益	322.35	325.20	326.74
城市收益	190.17	179.85	163.37
农村收益	132.18	145.34	163.37
城乡差距	1.44	1.24	1.00

第四节　政府调整城乡收入分配格局的动态思路和路径

一、资本规模报酬递增条件下政府调整城乡分配格局的基本思路

在资本规模报酬递增的条件下,政府为了效率提升和"做大蛋糕",将调控资源向发展条件好的城市区域倾斜。这时,发展的重心在城市。为了使城市资本积累快速推进,政府甚至会采用各种手段,将农村利益转入城市。工业集中于城市,农业集中在农村,通过工农产品"剪刀差"[①]和农业税收便可以实现农村利益转入城市。根据中共中央政策研究室和国务院发展研究中心《农

---

① "剪刀差"主要存在于从 20 世纪 50 年代初农产品统购统销到 20 世纪 90 年代初,完全放开工业品价格和农产品购销价格之前这段时间(参见武力:《1949—1978 年中国"剪刀差"差额辨正》,《中国经济史研究》2001 年第 4 期)。

业投入》总课题组(1996)的一个估计(见表1-4),在1950—1978年的29年间,中央政府通过工农产品"剪刀差"从农业领域转移利益达5100亿元,这一时期的农业税收为978亿元。而中央的财政支农金额为1577亿元,因此,政府农村转移的利益为4500亿元,平均每年达155亿元。1979—1994年的16年间,中央政府通过隐蔽形式"剪刀差"(包括农村信用社的资金流失等形式)从农业领域转移利益达15000亿元,这一时期的农业税收入为1755亿元,而中央的财政支农金额为3769亿元。因此,政府农村转移的利益为12986亿元,平均每年812亿元。[①]

表1-4 农村利益转移

(单位:亿元)

指标	1950—1978 年	1979—1994 年
"剪刀差"	5100	15000
农业税	978	1755
财政支农	1577	3769
平均每年从农村净转移利益	155	812

资料来源:根据《农业投入》总课题组:《农业保护:现状、依据和政策建议》,《中国社会科学》1996年第1期,提供的数据整理而得。

严瑞珍等(1990)的研究认为,从1953年到1985年全国预算内的固定资产投资共7878亿元,平均每年240亿元左右,大体相当于每年的"剪刀差"绝对额。30多年来国家工业化的投资主要是通过"剪刀差"取得。[②] 冯海发和李溦(1993)的研究认为,1952—1990年期间,中国农业通过"剪刀差"方式为工业化提供了高达8708亿元的资金积累,平均每年223亿元。[③]

---

① 《农业投入》总课题组:《农业保护:现状、依据和政策建议》,《中国社会科学》1996年第1期。

② 严瑞珍等:《中国工农业产品价格剪刀差的现状、发展趋势及对策》,《经济研究》1990年第2期。

③ 冯海发、李溦:《我国农业为工业化提供资金积累的数量研究》,《经济研究》1993年第9期。

这种城市倾向的发展战略,必然造成经济发展中的"马太效应"。其结果必然是城乡发展差距的拉大。在城乡发展差距拉大并可能引发社会风险时,政府需要通过转移支付、加大财政农村投入等手段,在一定程度上保证农村的发展。

二、资本规模报酬递减条件下政府调整城乡分配格局的基本思路

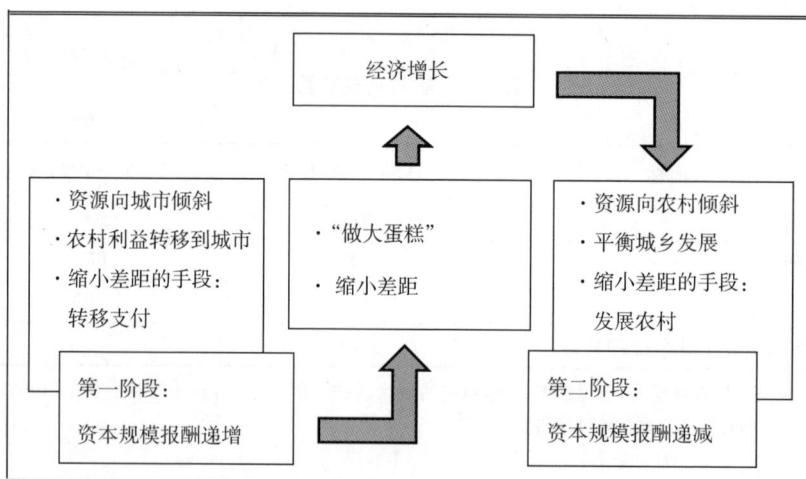

图 1-2　政府调整城乡分配格局的动态路径和手段

图 1-2 归纳了政府调整城乡分配格局的动态路径和手段,根据前面的理论模型和数据模拟,在资本规模报酬递减的条件下,政府的最优策略是大力支持人均资本存量较少的农村地区的发展,使城市和农村平衡发展。在此条件下,发展效率会进一步提升,"蛋糕"也会做大。此时城乡收入差距会自动缩小,城乡收入分配格局朝着优化的方向发展。因此,在此条件下,政府调整城乡分配格局的主要手段不是转移支付,而是资源向农村倾斜,发展落后的农村区域,提高落后区域的发展水平。

三、政府调整城乡分配格局的动态路径

（一）政府调整城乡分配格局的农业生产路径

2015年,中国的城镇居民人均纯收入和农村居民人均纯收入分别为31195元、11422元,城乡收入倍差2.73(见表1-5)。其中,一次分配中工资及经营性收入对城乡收入差距的贡献为69.33%;二次分配中转移性收入对城乡收入差距的贡献为16.56%;财产性收入对城乡收入差距的贡献为14.11%。因此,缩小一次分配中的差距是政府调整城乡收入差距的关键所在。在市场条件下,最重要的就是要提高农业及农村的生产效率,增加农民在一次分配中的获得感。

表1-5　2015年城乡居民收入来源及差距贡献　　　（单位：元）

指标	城镇居民	农村居民	城乡收入差距	差距贡献（%）
工资及经营性收入	22813	9104	13709	69.33
财产性收入	3042	252	2790	14.11
转移性收入	5340	2066	3274	16.56
人均总收入	31195	11422	19773	——

数据来源：国家统计局,收入差距及差距贡献由笔者计算。

根据重庆区县858位农民及农民工调查结果发现(见表1-6),有527位农民或农民工认为其主要收入来源是务农(种植),所占比例为61.42%。因此,提高农业生产效率,增加农民在农业生产中的收入,具有极其重要的意义。但囿于现实的农业生产条件,土地的家庭联产承包责任制度,中国的农业生产很难模仿国外的大型农场,无法获得规模经济效益。因此,基于中国农业生产的特殊性,促进中国农业生产方式创新,是政府调整城乡收入差距最重要的突破口。中国农业生产方式创新必须以家庭经营为基础,推进区域专业化,构建现代农业服务体系。

表 1-6 重庆区县农民收入主要来源调查结果

被访者个人收入来源	频数（个）	占比（%）
务农（种植）	527	61.42
养殖（渔/畜）	9	1.05
打工	359	41.84
工薪福利收入	5	0.58
商业经营收入	42	4.90
养老保险	8	0.93
农村/城镇低保	2	0.23
其他	4	0.47
总计	956	111.42

注：样本量为858，由于是多选项，因此个案百分比之合超过100%。

数据来源：笔者对重庆区县的农民及农民工调查。

（二）政府调整城乡分配格局的农村投资路径

在城市倾向的发展阶段，大量投资向城市倾斜，导致城乡资本存量的巨大差异。见图 1-3 和表 1-7，在 1982 年，城市固定资产投资完成额超过 1000 亿元，城市人均固定资产投资完成额为 466.42 元；而农村固定资产投资完成额只有 329.90 亿元，农村人均资产投资完成额仅为 41.15 元；城乡固定资产投资完成额之比为 3.04∶1，人均完成额之比为 11.34∶1。整个 20 世纪 80 年代，城乡固定资产投资都在快速增长，城乡固定资产投资完成额之比有缩小趋势。但到 1992 年后，城市固定资产投资大幅度增长，而农村却增长缓慢，城乡固定资产投资完成额之比迅速增大。2015 年城市固定资产投资完成额551590.04 亿元，城市人均投资额为 71527.32 元；而农村固定资产投资只有65038.25 亿元，农村人均固定资产投资额为 10777.56 元；城乡固定资产投资完成额之比为 8.48∶1，人均完成额之比为 6.64∶1。

（单位：亿元）

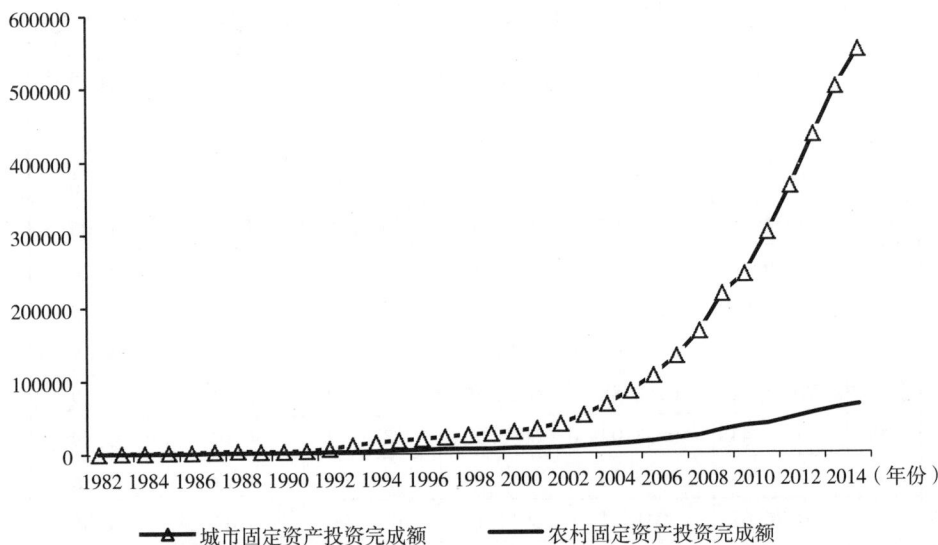

图1-3　1982—2014年农村与城市固定资产投资完成额情况

资料来源：历年《中国统计年鉴》。

表1-7　1982—2015年城乡固定资产投资完成额情况

年份	城市固定资产投资完成额（亿元）	城市人均固定资产投资完成额（元）	农村固定资产投资完成额（亿元）	农村人均固定资产投资完成额（元）	城乡固定资产投资完成额之比	城乡固定资产投资人均完成额之比
1982	1001.87	466.42	329.90	41.15	3.04	11.34
1983	1064.01	477.69	415.80	51.50	2.56	9.28
1984	1453.76	605.30	553.90	68.94	2.62	8.78
1985	2064.76	822.81	677.60	83.91	3.05	9.81
1986	2545.78	965.55	820.20	101.08	3.10	9.55
1987	3096.34	1118.86	1061.10	130.00	2.92	8.61
1988	3888.57	1356.75	1321.90	160.49	2.94	8.45
1989	3518.37	1191.05	1276.40	153.48	2.76	7.76
1990	3640.53	1205.67	1242.60	147.69	2.93	8.16
1991	4551.94	1458.81	1536.60	181.59	2.96	8.03
1992	7074.58	2198.78	2000.40	235.35	3.54	9.34

续表

年份	城市固定资产投资完成额(亿元)	城市人均固定资产投资完成额(元)	农村固定资产投资完成额(亿元)	农村人均固定资产投资完成额(元)	城乡固定资产投资完成额之比	城乡固定资产投资人均完成额之比
1993	11934.57	3597.68	2768.90	324.44	4.31	11.09
1994	15522.86	4542.97	3507.80	409.40	4.43	11.10
1995	18011.45	5120.67	4375.60	509.10	4.12	10.06
1996	20369.47	5460.40	5342.30	627.88	3.81	8.70
1997	22249.94	5640.18	5746.80	682.70	3.87	8.26
1998	25724.68	6182.63	5914.80	711.32	4.35	8.69
1999	27075.11	6188.88	6122.70	746.32	4.42	8.29
2000	30013.44	6538.02	6695.90	828.32	4.48	7.89
2001	34236.94	7123.20	7212.30	906.49	4.75	7.86
2002	40376.67	8041.24	8011.10	1023.90	5.04	7.85
2003	52365.64	9998.02	9754.90	1269.33	5.37	7.88
2004	67114.73	12363.86	11449.20	1512.34	5.86	8.18
2005	84832.99	15091.62	13678.50	1834.96	6.20	8.22
2006	105562.00	18110.42	16629.50	2273.03	6.35	7.97
2007	132200.61	21803.41	19859.50	2777.71	6.66	7.85
2008	166876.60	26741.76	24090.10	3421.94	6.93	7.81
2009	217164.29	33662.62	30678.40	4450.14	7.08	7.56
2010	243797.79	36399.68	36691.00	5467.05	6.64	6.66
2011	301644.54	43666.60	39366.60	5995.89	7.66	7.28
2012	364854.15	51256.52	46260.49	7203.22	7.89	7.12
2013	435747.43	59600.80	54003.94	8577.36	8.07	6.95
2014	501264.87	66910.26	60526.09	9783.42	8.28	6.84
2015	551590.04	71527.32	65038.25	10777.56	8.48	6.64

数据来源:Wind 资讯。由于农村集体单位固定资产投资从 2012 年开始没有数据,2012—2015 年的农村集体单位固定资产投资数据根据全社会固定资产投资完成额的增长速度由笔者进行估计。

城乡固定资产投资的巨大差异必然会造成城乡发展差异。为了验证这一观点,对城乡固定资产投资人均完成额之比(tzcj)和城乡收入倍差(srcj)进行因果关系检验。首先进行两变量的平稳性检验,发现原始的两变量都不平稳,但一阶差分后都是平稳的(见表1-8)。然后对两变量进行一阶差分,进行格兰杰因果关系检验,结果见表1-9。选择滞后时期为2期、3期和4期进行检验。滞后2期和滞后4期,在10%的显著水平下,验证了城乡固定资产投资差异是城乡收入差异的原因;滞后3期,在5%的显著水平下,验证了城乡固定资产投资差异是城乡收入差异的原因。无论哪种条件下,城乡收入差异不都能成为城乡固定资产投资差异的原因。因此,有从城乡固定资产投资差异到城乡收入差异的单向因果关系。其中最明显的因果关系表现在滞后3期。

表1-8　平稳性检验(Augmented Dickey-Fuller test,带常数)

变　　量	T 统计量	P 值
城乡收入倍差(srcj)	−2.2883	0.1816
城乡收入倍差一阶差分[d(srcj)]	−3.0337	0.0427
城乡固定资产投资人均完成额之比(tzcj)	−0.6381	0.8481
城乡固定资产投资人均完成额之比一阶差分[d(tzcj)]	−3.9275	0.0052

表1-9　格兰杰因果关系检验结果

格兰杰因果关系假设	滞后 2 期		滞后 3 期		滞后 4 期	
	F 统计量	P 值	F 统计量	P 值	F 统计量	P 值
城乡固定资产投资差异不是城乡收入差异的原因	2.6286	0.0913	4.2770	0.0154	2.4034	0.0838
城乡收入差异不是城乡固定资产投资差异的原因	1.7499	0.1936	1.1228	0.3604	1.0336	0.4144

以上分析表明,现阶段政府调整城乡收入分配格局,最重要的就是要加大农村投资,缩小城乡投资差异。

（三）政府调整城乡分配格局的城乡统筹路径

在城市倾向的发展阶段,为了动员资源流向城市,必然形成一套与之相适应的制度机制。现阶段,政府要调整城乡收入分配格局必须要从制度调整入手,建立合理的制度机制,要让落后的农村地区以及农村低收入人群享有更好的发展条件,建立有利于农村的发展制度。具体有两个方面的制度需要重构。一是"教育、就业、养老、医疗、税收"方面的基础制度。教育制度决定了农村人口的发展能力;就业制度决定了农村人口参与社会经济成果的分配路径;医疗制度决定了农村人口发展能力的可持续性和后续保障。亚当·斯密指出,税收是缩小贫富差距的"根本大法",具有明显而直接的效应。① 这些制度是奠定农村发展的基础性制度,是调整城乡分配格局的基石。二是城乡统筹和以城带乡发展机制。由于市场经济体制的建立,现阶段支持农村发展,不能选择第一阶段所使用的行政手段,不能以牺牲城市利益来保证农村的发展。否则,会损害城市生产的积极性,从而降低整个生产效率。由于城市优先发展,奠定了良好发展条件。建立城乡统筹发展机制,促进城市带动农村发展,既保证城市发展利益,同时又能促进农村的快速发展,是当前可以选择的有效路径。建立城乡统筹发展机制,既是农村的需求,也是城市的需求。在资本积累到一定程度后,城市资本回报率会走低。因此,城市资本向农村转移,可以更好地优化城市资本的配置效率,同时也可以带动农村发展,促进农村资本的快速积累。由于农村人力成本低,土地资源丰富,城市的产业链条也可以向农村转移,降低生产成本。

(四) 政府调整城乡分配格局的区域统筹路径

邓小平同志在 1988 年提出了"两个大局"的思想:"沿海地区要加快对外开放,使这个拥有两亿人口的广大地带较快地先发展起来,从而带动内地更好地发展,这是一个事关大局的问题。内地要顾全这个大局。反过来,发展到一

---

① [英]亚当·斯密:《国民财富的性质和原因的研究》,郭大力、王亚南译,商务印书馆2002 年版,第252 页。

定的时候,又要求沿海拿出更多力量来帮助内地发展,这也是个大局。"①由于
沿海地区优先发展,沿海与内陆之间的差距十分巨大(见表1-10)。上海市是
居民人均可支配收入最高的地区,2015年,全体居民人均可支配收入49867
元,是全国平均水平的2.27倍,是西藏的4.07倍,甘肃的3.70倍。2015年,
上海的城镇居民人均可支配收入最高,为52962元,而甘肃的农村居民人均可
支配收入最低,为6936元,上海城镇居民人均可支配收入是甘肃农村居民人
均可支配收入的7.64倍。2015年,上海的农村居民人均可支配收入与甘肃
的城镇居民人均可支配收入已基本相当。因此,要调整城乡收入分配格局,实
现高水平的城乡协调发展,应当要建立区域统筹发展机制,做好"第二个大
局",让沿海地区有效带动内地快速发展。

表1-10　2015年各地区全体居民人均可支配收入及
城乡居民人均可支配收入情况

(单位:元)

区域	全体居民 人均可支配收入	城镇居民 人均可支配收入	农村居民 人均可支配收入
全国	21966	31195	11422
北京	48458	52859	20569
天津	31291	34101	18482
河北	18118	26152	11051
山西	17854	25828	9454
内蒙古	22310	30594	10776
辽宁	24576	31126	12057
吉林	18684	24901	11326
黑龙江	18593	24203	11095
上海	49867	52962	23205
江苏	29539	37174	16257

① 《邓小平文选》第三卷,人民出版社1993年版,第277—278页。

续表

区域	全体居民 人均可支配收入	城镇居民 人均可支配收入	农村居民 人均可支配收入
浙江	35537	43715	21125
安徽	18363	26936	10821
福建	25404	33275	13793
江西	18437	26500	11139
山东	22703	31545	12930
河南	17125	25576	10853
湖北	20026	27052	11844
湖南	19318	28838	10993
广东	27859	34757	13360
广西	16873	26416	9467
海南	18979	26356	10858
重庆	20110	27239	10505
四川	17221	26205	10247
贵州	13697	24580	7387
云南	15223	26373	8242
西藏	12254	25457	8244
陕西	17395	26420	8689
甘肃	13467	23767	6936
青海	15813	24542	7933
宁夏	17329	25186	9119
新疆	16859	26275	9425

数据来源:国家统计局:《中国统计年鉴 2016 年》。

(五) 政府调整城乡分配格局的财政金融路径

通过政策手段,适当缩小城乡收入差距既是社会风险控制的需要,也是代际公平与利益平衡的需要。财政金融政策是政府调整城乡收入分配格局的最直接手段。财政金融政策调整城乡收入分配格局具有三个重要特征。一是具有直接性,可以迅速改革城乡收入分配格局。二是具有全面性,既涉及"分蛋糕",又牵扯"做蛋糕"。三是具有"杀伤性",可能为了公平而牺牲了效率。因此,政府在使用财政金融调整城乡分配格局时,需要在风险控制、公平与效率之间寻找均衡。

(六) 政府调整城乡分配格局的城镇化路径

城乡收入差距拉大的重要原因是城镇区域相对农村区域而言,有更好的公共服务设施以及更好的制度条件。城镇化将农村居民变为城镇居民,这对于改变农村居民收入状况通常具有积极意义。农村居民变为城镇居民,这部分进入城镇的农村居民,可以享受城镇的公共服务设施以及良好的制度条件,将实现福利改进。就农村而言,城镇化后,农村居民减少,人均资源占有量增多,农村居民收入有望实现更高增长。因此,城镇化自然是政府调整城乡收入分配格局的重要路径。其他条件不变,关注收入分配(即兼顾公平)的省(自治区、直辖市),其城镇化水平比不关注的要高两个百分点左右(罗知等,2018)。

事实上,城镇化与经济发展和收入分配之间具有本质的关系。换言之,城镇化与效率高度相关。同时,城镇化与收入分配也高度相关(万广华,2008)。如果没有人类历史上最大规模的人口迁徙,中国的不均等问题将会更加严重(万广华,2013)。道理非常简单:假如超过2.7亿的农村移民仍然生活在相对落后的农村地区,中国今天的收入分配格局将难以想象。

在城镇化快速推进的条件下,我们可以看到城乡收入差距缩小,同时全体居民人均收入增长超过单独城镇居民收入增长和农村居民收入增长。例如,2018年,重庆市常住人口3101.79万人,比上年增加26.63万人,其中城镇人口2031.59万人,占常住人口比重(常住人口城镇化率)为65.50%,比上年提高1.42个百分点。2018年,重庆全市居民人均可支配收入26386元,比上年增长9.2%。按常住地分,城镇居民人均可支配收入34889元,增长8.4%;农村居民人均可支配收入 13781 元,增长 9.0%(见表 1-11)。

表 1-11　2018 年重庆市居民人均可支配收入

指标	全市居民		城镇常住居民		农村常住居民	
	绝对量（元）	比上年增长（%）	绝对量（元）	比上年增长（%）	绝对量（元）	比上年增长（%）
人均可支配入	26386	9.2	34889	8.4	13781	9.0
工资性收入	13928	10.5	20054	9.4	4848	10.3
经营净收入	4311	7.3	3973	7.8	4813	7.2
财产净收入	1649	8.1	2536	6.8	335	8.7
转移净收入	6497	8.2	8326	6.8	3786	9.9

数据来源:2018 年重庆市国民经济和社会发展统计公报。

　　本章基于动态视角,考虑到经济起步阶段和资本积累到一定阶段时资本回报的差异性,构建了资本规模报酬递增和资本规模报酬递减的两态宏观时序模型。同时,在考虑城乡发展条件差异的条件下,模型加入了政府资源分配的调控行为。得出如下结论:

　　"动态公平"是在经济的动态演进中实现的,其目标取向是追求高效率条件下的公平,而不是低效率下的"即时公平"。"动态公平"是在经济发展和资本逐步积累中实现的。探讨公平问题不能脱离经济的发展条件和发展阶段。

　　在经济发展起步阶段,资本极度匮乏,资本规模报酬是递增的。在城市发展条件优于农村的情况下,坚持效率优先显然是最优选择,即城市优先发展战略。在经过一定阶段后,当坚持效率优先兼顾公平的原则,政府应当将资源在城乡之间按比例进行合理分配。

　　经济发展到一定阶段,资本存量积累到一定程度,资本回报会由递增转为递减。无论是从"做大蛋糕"还是"分好蛋糕"的角度来考虑,政府将调控资源全部分配给发展条件较差的农村都是一种最优选择。此时,实现了效率与公平的兼得。因此,"鱼和熊掌"在一定条件下是可以兼得的。关键要看经济处于什么样的发展阶段。在资本回报递减的条件下,政府继续偏向支持发展条件较好的城市是一种错误的选择。

在资本规模报酬递增的条件下,城乡发展差距可能会拉大。在城乡发展差距大到可能会引发社会风险时,政府需要通过转移支付等手段,将城市收益向农村转移。在资本规模报酬递减的条件下,政府调整城乡分配格局的主要手段不是转移支付,而是资源向农村倾斜,加大农村资本投入。

当前调整城乡收入分配格局,具体有六条可行的路径:一是促进农业生产方式创新,提高农业生产效率,缩小一次分配中的城乡差距;二是加大农村投资,增加农村资本积累;三是建立合理的城乡统筹发展制度,促进农民收入增长;四是建立区域统筹发展机制,促进发达地区对落后地区的带动作用,实现高水平的城乡统筹;五是在风险控制、公平与效率之间寻找均衡,使用财政金融政策手段;六是转变农民的身份,推进城镇化,让更多农村居民享受城镇的公共服务设施以及良好的制度条件。

第二章　城乡收入分配格局的现状刻画与历史演进

自 1978 年改革开放以来,中国经济发展取得了举世瞩目的成就,人民生活水平有了显著提高,经济体制改革取得了重大成果。但未从根本上触动计划经济体制时期建立的城乡二元体制,只是取消了城乡二元体制中的极端形式。而在收入分配方面,由于城乡二元体制的存在,城乡社会保障力度、机制体制的不一致,使得中国城乡居民在一次分配中形成了收入差距,在二次分配中又拉大了这个差距,也导致中国城乡收入差距的不断扩大、居民收入分配格局的不合理(厉以宁,2013)①。本章将从全国以及区域(东部、中部、西部以及东北)视角分析中国城乡收入分配差距的现状和历史变化,并刻画全国、不同区域的城乡收入差距特征。

第一节　城乡收入分配格局的现状与历史演进

本节基于 1978—2016 年全国城乡居民人均收入统计数据,对宏观数据进行描述性统计分析,通过城乡居民收入比、人均收入涨幅等基本指标对中国城

---

① 厉以宁:《中国经济双重转型之路》,中国人民大学出版社 2013 年版,第 134 页。

乡居民收入分配差距的演变过程进行比较分析;再通过泰尔指数对中国城乡居民收入差距进行测算,并对收入分配差距历史变化进行进一步分析阐述,从而得出一般性结论。所有原始数据均来自《新中国六十年统计资料汇编》以及国家统计局的公开数据。

一、全国城乡收入差距现状和历史特征

自改革开放以来,中国的城乡居民人均收入均有了很大幅度的提高(见表2-1)。其中,城镇居民人均可支配收入从1978年的343.40元增长到2016年的33616.00元,年均增长幅度达到12.82%;农村居民人均纯收入[①]从1978年的133.60元增长到2016年的12363.00元,年均增长幅度达到12.65%。这在一定程度上表明了中国城乡居民享受到了中国在改革开放以来取得的经济增长成果,人民生活水平得到了很大程度的改善。

表2-1　1978—2016年全国城乡居民收入情况

年份	城镇居民家庭平均每人可支配收入(元)	农村居民家庭平均每人纯收入[②](元)	城乡人均收入绝对差额(元)	城乡人均收入比
1978	343.40	133.60	209.80	2.57
1979	405.00	160.20	244.80	2.53
1980	477.60	191.30	286.30	2.50
1981	500.40	223.40	277.00	2.24
1982	535.30	270.10	265.20	1.98
1983	564.60	309.80	254.80	1.82
1984	652.10	355.30	296.80	1.84
1985	739.10	397.60	341.50	1.86

---

①　由于统计标准更改,2013—2016年农村人均纯收入数据采用人均可支配收入,本章涉及的相关指标均按此标准处理。

②　由于统计指标更改,表格中2013—2016年农村居民家庭平均每人纯收入变更为农村居民家庭平均每人可支配收入录入。

续表

年份	城镇居民家庭平均每人可支配收入（元）	农村居民家庭平均每人纯收入（元）	城乡人均收入绝对差额（元）	城乡人均收入比
1986	900.90	423.80	477.10	2.13
1987	1002.10	462.60	539.50	2.17
1988	1180.20	544.90	635.30	2.17
1989	1373.90	601.50	772.40	2.28
1990	1510.20	686.30	823.90	2.20
1991	1700.60	708.60	992.00	2.40
1992	2026.60	784.00	1242.60	2.58
1993	2577.40	921.60	1655.80	2.80
1994	3496.20	1221.00	2275.20	2.86
1995	4283.00	1577.70	2705.30	2.71
1996	4838.90	1926.10	2912.80	2.51
1997	5160.30	2090.10	3070.20	2.47
1998	5425.10	2162.00	3263.10	2.51
1999	5854.00	2210.30	3643.70	2.65
2000	6280.00	2253.40	4026.60	2.79
2001	6859.60	2366.40	4493.20	2.90
2002	7702.80	2475.60	5227.20	3.11
2003	8472.20	2622.20	5850.00	3.23
2004	9421.60	2936.40	6485.20	3.21
2005	10493.00	3254.90	7238.10	3.22
2006	11759.50	3587.00	8172.50	3.28
2007	13785.80	4140.40	9645.40	3.33
2008	15780.80	4760.60	11020.20	3.31
2009	17174.70	5153.20	12021.50	3.33
2010	19109.40	5919.00	13190.40	3.23
2011	21809.80	6977.30	14832.50	3.13
2012	24564.70	7916.60	16648.10	3.10
2013	26467.00	9429.59	17037.41	2.81

续表

年份	城镇居民家庭平均每人可支配收入（元）	农村居民家庭平均每人纯收入（元）	城乡人均收入绝对差额（元）	城乡人均收入比
2014	28843.85	10488.88	18354.97	2.75
2015	31194.83	11421.71	19773.12	2.73
2016	33616.00	12363.00	21253.00	2.72

事实上,中国从 2010 年超越日本成为世界第二大经济体以来,国内生产总值稳居世界第二位,占世界经济总量的比重逐年上升。根据世界银行公布的收入分组标准,2010 年中国实现了由中等偏下水平到中等偏上水平的重大跨越,人均国民总收入(GNI)相当于中等偏上收入国家平均水平。在世界银行公布的 214 个国家(地区)人均国民总收入排名中,中国由 2012 年的第 112 位上升到 2014 年的第 100 位,同时 2012—2014 年,中国人均国民总收入年均增速达到了 7.3%,远高于世界平均增长水平。①

从各项原始数据和对其初步处理的结果分析来看,中国城乡居民收入差距存在以下几个特征:

一是中国城乡居民人均收入绝对差额不断扩大,绝对差额年均增速高于城乡各自居民收入年均增速(见表 2-1 和图 2-1)。自 1978 年以来,中国的城乡居民人均收入绝对差额仅在 1980—1983 年间有所缩小,其余年份均处在不断扩大的状态。其中城乡居民人均收入绝对差额的年均增长率达到了12.92%,高于城镇以及农村的居民收入年均增长幅度,分别为 12.82%及 12.65%。

二是中国城乡居民人均收入比常年稳定在 2 甚至 2.5 以上,收入比变动情况在 2009 年前呈现"W"型曲线上升趋势,2009 年后则逐年下滑。中国的

---

① 国家统计局:《国际地位显著提高　国际影响力明显增强——十八大以来我国经济社会发展状况的国际比较》,2016 年 3 月 9 日,见 www.stats.gov.cn/tjsj./sjjd/201603/t20160309_1328611.html。

（单位：元）

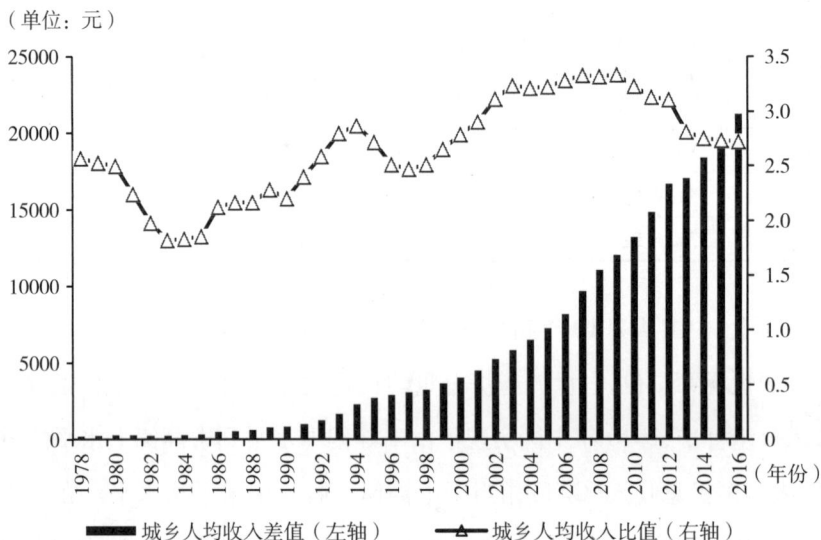

图 2-1　1978—2016 年全国城乡居民人均收入之比和绝对差额变化情况

城乡收入差距与国际上其他国家对比是明显偏高的,世界银行通过研究 36 个国家的数据指出各国城乡之间收入比在 2 以上的极为罕见①。从图 2-1 的城乡人均收入比值变化曲线来看,中国城乡收入差距在改革开放初期呈现明显下降趋势,但从 1984 年开始,一直呈现不断增长趋势,虽然在 1994—1997 年间有小幅度降低,但之后直至 2009 年以更高的速度增长并在高位运行。2009 年来,中央对城乡收入分配差距有所关注,出台和调整收入分配政策,中国城乡人均收入比出现了逐年下滑态势,但对收入分配差距的控制调整仍任重道远。

三是城乡居民人均收入增长速度存在显著差异,人均收入绝对差额增速惊人(见表 2-2 和图 2-2)。中国农村居民人均收入涨幅只在 1979—1983 年、1990 年、1995—1997 年以及 2010 年后明显高于城镇居民人均收入涨幅;而人均收入绝对差额只在 1981—1983 年间出现负增长,其余年份常年稳定在 10% 以上正增长,甚至在 1986 年和 1993 年、1994 年出现了超过 30% 的涨幅。

---

① 世界银行:《共享增长的收入:中国收入分配问题研究》,中国财政经济出版社 1998 年版,第 121 页。

表 2-2　1979—2016 年全国城乡居民人均收入及绝对差额变化情况

(单位:%)

年份	城镇居民人均收入涨幅	农村居民人均收入涨幅	人均收入绝对差额涨幅	年份	城镇居民人均收入涨幅	农村居民人均收入涨幅	人均收入绝对差额涨幅
1979	17.94	19.91	16.68	1998	5.13	3.44	6.28
1980	17.93	19.41	16.95	1999	7.91	2.23	11.66
1981	4.77	16.78	−3.25	2000	7.28	1.95	10.51
1982	6.97	20.90	−4.26	2001	9.23	5.01	11.59
1983	5.47	14.70	−3.92	2002	12.29	4.61	16.34
1984	15.50	14.69	16.48	2003	9.99	5.92	11.91
1985	13.34	11.91	15.06	2004	11.21	11.98	10.86
1986	21.89	6.59	39.71	2005	11.37	10.85	11.61
1987	11.23	9.16	13.08	2006	12.07	10.20	12.91
1988	17.77	17.79	17.76	2007	17.23	15.43	18.02
1989	16.41	10.39	21.58	2008	14.47	14.98	14.25
1990	9.92	14.10	6.67	2009	8.83	8.25	9.09
1991	12.61	3.25	20.40	2010	11.26	14.86	9.72
1992	19.17	10.64	25.26	2011	14.13	17.88	12.45
1993	27.18	17.55	33.25	2012	12.63	13.46	12.24
1994	35.65	32.49	37.41	2013	7.74	19.11	2.34
1995	22.50	29.21	18.90	2014	8.98	11.23	7.73
1996	12.98	22.08	7.67	2015	8.15	8.89	7.73
1997	6.64	8.51	5.40	2016	7.76	8.24	7.48

　　四是城乡居民收入比重与人口比重变动步调不一致,城乡居民总收入分配中对城镇居民有较为明显的偏向(见表 2-3)。在 1978 年,中国城镇居民以17.92% 的人口比重占有 35.94% 的收入比重,而伴随着改革开放的推进和城镇化进程的加速,直至 2016 年中国城镇居民已经以 57.35% 的人口比重占有超过 78% 的收入,同时农村人口则以 42.65% 的人口比重仅仅占有收入的21.48%。进一步观察可以发现,在 1992 年,中国城乡居民总收入基本相当,但城镇人口仅占总人口比例的 27.46%,而直至 2010 年,中国城乡人口数才达

（单位：%）

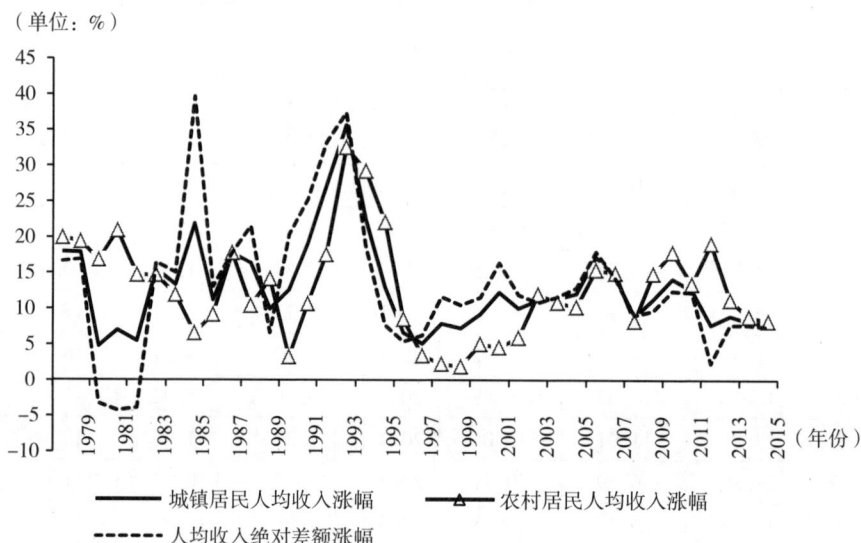

图2-2　1979—2015年全国城乡居民人均收入及绝对差额变动情况

到基本一致的水平。中国城乡居民收入比重和人口比重变动严重不协调的情况,从侧面反映了中国在国民收入分配中城乡居民收入的总体份额分割相对倾向于城镇居民,城乡居民收入差距不仅体现在人均收入,在总收入的分割中差距也客观存在。

表2-3　1978—2016年全国城乡居民人口及收入比重情况①

（单位:%）

| 年份 | 城镇 | | 农村 | | 年份 | 城镇 | | 农村 | |
	人口比重	收入比重	人口比重	收入比重		人口比重	收入比重	人口比重	收入比重
1978	17.92	35.94	82.08	64.06	1998	33.35	55.67	66.65	44.33
1979	18.96	37.17	81.04	62.83	1999	34.78	58.55	65.22	41.45
1980	19.39	37.52	80.61	62.48	2000	36.22	61.28	63.78	38.72

① 城乡居民收入比重以城镇居民人均可支配收入、农村居民人均纯收入、城乡人口数为原始数据加权计算得到。具体计算公式为:城乡收入比 = $\dfrac{城镇居民人均可支配收入×城镇人口}{农村居民人均纯收入×农村人口}$。

续表

年份	城镇		农村		年份	城镇		农村	
	人口比重	收入比重	人口比重	收入比重		人口比重	收入比重	人口比重	收入比重
1981	20.16	36.12	79.84	63.88	2001	37.66	63.65	62.34	36.35
1982	21.13	34.68	78.87	65.32	2002	39.09	66.63	60.91	33.37
1983	21.62	33.46	78.38	66.54	2003	40.53	68.77	59.47	31.23
1984	23.01	35.43	76.99	64.57	2004	41.76	69.70	58.24	30.30
1985	23.71	36.61	76.29	63.39	2005	42.99	70.85	57.01	29.15
1986	24.52	40.85	75.48	59.15	2006	44.34	72.31	55.66	27.69
1987	25.32	42.34	74.68	57.66	2007	45.89	73.85	54.11	26.15
1988	25.81	42.98	74.19	57.02	2008	46.99	74.61	53.01	25.39
1989	26.21	44.79	73.79	55.21	2009	48.34	75.72	51.66	24.28
1990	26.41	44.12	73.59	55.88	2010	49.95	76.31	50.05	23.69
1991	26.94	46.95	73.06	53.05	2011	51.27	76.68	48.73	23.32
1992	27.46	49.46	72.54	50.54	2012	52.57	77.47	47.43	22.53
1993	27.99	52.09	72.01	47.91	2013	53.73	76.52	46.27	23.48
1994	28.51	53.31	71.49	46.69	2014	54.77	76.91	45.23	23.09
1995	29.04	52.63	70.96	47.37	2015	56.10	77.73	43.90	22.27
1996	30.48	52.41	69.52	47.59	2016	57.35	78.52	42.65	21.48
1997	31.91	53.64	68.09	46.36	—	—	—	—	—

综合以上几个特征来看,现阶段中国城乡收入差距虽在一定程度上有所缓和,但在城乡人均收入绝对差额、城乡总收入分配份额等方面还有相当大的改善空间,缩小城乡收入差距,促进社会公平,推动人民共同富裕,仍是今后一段时间值得关注的焦点。

二、全国城乡收入差距的泰尔指数测算

前面分析发现,自1978年改革开放至2009年,中国城乡收入差距先上涨而后持续扩大;2009年后,由于政府关注和中央财政支持,城乡收入差距呈现

明显缩小趋势,但相对世界上其他大多数国家而言,中国城乡收入差距仍明显
偏大。图 2-3 是根据国家统计局公布的基尼系数绘制的 2003—2016 年全国
基尼系数变化示意图,从图 2-3 中可以清晰地看出度量中国居民总体收入差
距的基尼系数在 2008 年前后分别出现波动上升和明显下降趋势,短时期内呈
现倒"U"型曲线,这与前两小节中城乡居民收入比变动情况较为吻合。但全
国基尼系数是基于对总人口的不同收入阶层的划分而进行测算的,因此,基尼
系数是对总的收入差距进行度量,并非是对城乡之间收入差距的准确度量
(魏君英,2011)。

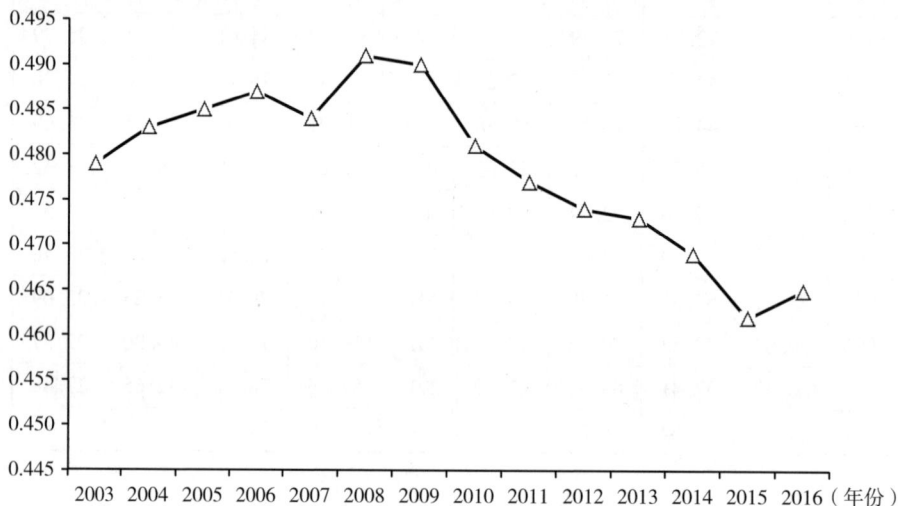

图 2-3　2003—2016 年全国基尼系数变化情况

　　就前面采用的城乡居民人均收入比而言,其虽然在一定程度上反映了中
国城乡居民收入分配差距,但这一指标无法反映近 40 年中国经历城镇化进程
后城乡人口所占比重的重大变化,因而这一方法不能准确测度中国的城乡收
入差距。基于此,本节将采用根据夏洛克斯(Shorrocks,1980)研究和定义的泰
尔指数对中国城乡收入差距进行进一步较为精准的测度。以 *Theil₁* 表示某年
度城乡收入差距的泰尔指数,计算结果见表 2-4 和图 2-4。

表 2-4　1978—2016 年全国城乡收入差距泰尔指数①

年份	泰尔指数	年份	泰尔指数	年份	泰尔指数
1978	0.0914	1991	0.0910	2004	0.1591
1979	0.0903	1992	0.1084	2005	0.1585
1980	0.0885	1993	0.1283	2006	0.1603
1981	0.0682	1994	0.1348	2007	0.1612
1982	0.0487	1995	0.1215	2008	0.1580
1983	0.0371	1996	0.1038	2009	0.1565
1984	0.0393	1997	0.1004	2010	0.1462
1985	0.0417	1998	0.1044	2011	0.1368
1986	0.0643	1999	0.1170	2012	0.1327
1987	0.0686	2000	0.1290	2013	0.1113
1988	0.0690	2001	0.1380	2014	0.1058
1989	0.0799	2002	0.1545	2015	0.1023
1990	0.0726	2003	0.1624	2016	0.0994

（泰尔指数）

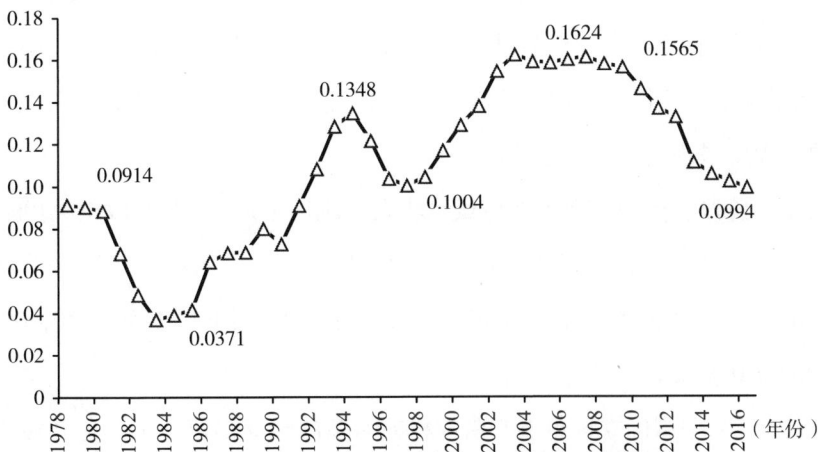

图 2-4　1978—2016 年全国城乡收入差距泰尔指数变化趋势

① 城乡收入差距泰尔指数计算公式如下：

$$Theil_t = \sum_{j=1}^{2} \left(\frac{I_{jt}}{I_t} \right) \ln\left(\frac{I_{jt}}{I_t} \Big/ \frac{P_{jt}}{P_t} \right) = \left(\frac{I_{1t}}{I_t} \right) \ln\left(\frac{I_{1t}}{I_t} \Big/ \frac{P_{1t}}{P_t} \right) + \left(\frac{I_{2t}}{I_t} \right) \ln\left(\frac{I_{2t}}{I_t} \Big/ \frac{P_{1t}}{P_t} \right)$$

其中，$j=1$、$j=2$ 分别表示城镇、农村地区，I_{jt} 表示某年度城镇地区（$j=1$）或农村地区（$j=2$）的收入总额（通过对应的人口和人均收入乘积计算得到），I_t 表示某年度居民总收入；P_{jt} 表示某年度城镇或农村人口数，P_t 表示某年度总人口。

综合以上分析发现,改革开放以来中国城乡居民收入差距呈现阶段性变化:

第一阶段(1978—1983年):中国城乡收入差距逐渐缩小。这一阶段,泰尔指数从0.0914迅速下滑至1983年的最低点0.0371,下降幅度达到57%。结合前面分析来看,同一时期内中国城乡收入绝对差额经历连续三年负增长,城乡人均收入比同样在1983年降低至1.8225的历史最低点。该阶段采取的改革措施有:实行农村家庭联产承包责任制;提升对农副产品收购价格的水平,放宽价格管制。

该项举措打破了计划经济体制下的全民平均主义的"大锅饭"格局,促进了农业发展和农民收入水平的提高。1982年1月1日,中共中央批转第一个关于农村工作的文件,即《全国农村工作会议纪要》,肯定了正在农村试行的家庭联产承包责任制。由于家庭联产承包责任制采取了统一经营和分散经营相结合的原则,使得集体优越性和个人积极性同时得到了发挥,适合中国国情,其迅速推广使得广大农村地区逐渐从贫困走向温饱,也使得这一阶段的城乡收入差距呈现明显下降趋势。

第二阶段(1983—1994年):城乡收入差距逐年扩大,并在1992—1994年迅速扩大。泰尔指数迅速由0.0371扩大到0.1348。在这一时期,经济体制改革的措施有:积极推广企业承包经营责任制;放宽对非国有部门的限制,允许和鼓励其发展。

1984年,中国确立改革重心由农村向城镇的转移加速了工业化和城镇化的步伐,城镇居民工资收入水平也得到相应提高。而在1989—1991年间,国民经济结构矛盾突出,社会供求总量失衡严重,因此我国必须开始全面整顿乡镇企业,从而造成农民收入增长放缓。1992年,市场经济体制改革确立了由计划经济向市场经济转型的目标,对于提升市场活力,加快中国经济的增长速度具有重要推动作用。此后,城市非国有企业的出现和迅速发展,市场经济的逐步形成,使得城市发展快于农村,城镇居民收入进入高速增长时代。在同期,国务院决定实行分税制财政管理体制改革,赋予了地方政府更多自主权。以 GDP 增长为导向的地方政府,为了大力发展城镇经济,采取了带有较为明显城镇偏向的财政政策,致使同期城乡收入差距迅速扩大,于 1994 年达到了顶点。

第三阶段(1994—1997 年):中国城乡收入差距有所回落。1994—1997 年间,泰尔指数由 0.1348 下滑至 0.1004,城乡差距缩小。在这个阶段,采取的措施有:适度紧缩的货币政策;国家提高农副产品收购价格;国有企业减员增效;1996 年开始在全国试点农村最低生活保障制度。

这一时期,适度紧缩的货币政策使得中国经济增速减缓,但由于长期受到计划经济思想的束缚,企业普遍对市场增长空间预期过于乐观,盲目投资、重复建设和资源错配导致许多国有制造业企业出现严重产能过剩和大面积亏损,国有企业不得不进行"减员增效"。同时政府调高了农副产品收购价格,1994 年和 1995 年农副产品平均价格分别提高了约 40% 和 20%①。1996 年国家开始了农村最低生活保障制度试点工作,该项制度有效化解了农村低收入群体的社会保障问题,对于消除贫困、提高农民收入都具有积极推动作用。

第四阶段(1997—2003 年):城乡收入差距再度扩大。泰尔指数由 0.1004 快速增长到 0.1624。在 1997—1998 年亚洲金融危机的外部冲击下,面对有效需求减少、国有企业生存压力日益增加的局面,政府采取了一系列调控和改革政策:明确了按生产要素分配是中国收入分配制度的重要内容;实施积极的财政政策和中性偏紧的货币政策;分流下岗职工。

在这一阶段,国家采取了以增发国债为主导的积极财政政策,国有企业逐步恢复活力,城镇经济发展复苏。1997 年 9 月,《中国共产党第十五次全国代表大会报告》指出要完善分配结构和分配方式,在坚持按劳分配为主体,多种

---

① 数据来自《中国统计年鉴 2001》关于全国农产品收购价格分类指数统计:1994 年和 1995 年全国农产品收购价格指数分别为 139.9 和 119.9(上年价格指数=100)。

分配方式并存的前提下,把按劳分配与按生产要素分配结合起来①,明确了按生产要素分配是中国收入分配制度的重要内容。与此同时,伴随中国经济的高速发展,中国在2001年成功加入世界贸易组织(WTO),在世界市场的大环境下,由于人力资本回报率远远高于物质资本回报率,人力资本已经取代物质资本成为推动经济增长的主要动力②。因此,在城镇生产要素和人力资本占有率均高于农村的情况下,城镇居民收入水平提升更为显著。而农村乡镇企业面对金融危机,出口增速减缓,国内市场疲软,经历了连续三年衰退期。以上原因导致了中国在这一阶段城乡收入差距重新出现迅速扩大的趋势。

第五阶段(2003—2009年):城乡收入差距有所波动,但维持在高位运行。泰尔指数稳定在0.15以上的历史高位。该阶段,主要的改革措施有:逐步构建农村社会保障体系;农村基础设施建设财政投入增加;农村税费制度改革,加大对农民补贴力度。

这一时期,中央政府高度重视城乡收入之间的差距,为减轻农民负担,提高农民收入,缩小城乡差距,出台了农村税费改革、种粮补贴等一系列加速农民收入增长的政策。然而,随着中国收入分配制度日益完善,在当前收入分配制度下,各种生产要素按贡献参与分配,劳动者的收入取决于劳动力本身以及自身所拥有的生产要素的质和量。由于不同单位或个体占有生产要素的数量与质量以及生产要素的配置效率和使用效率都存在较大差异,因此各生产要素在市场中贡献也存在差异,这在一定程度上决定了生产要素所有者的收入分配差距③。同时对外开放程度加深和城镇化进程加速,2001年加入WTO,

---

① 邹东涛主编:《发展和改革蓝皮书 中国经济发展和体制改革报告 No.1 中国改革开放30年(1978—2008)》,社会科学文献出版社2008年版,第312页。

② Galor, O., Moav, O., "From Physical to Human Capital Accumulation: Inequality and the Process of Development", *Review of Economic Studies*, Vol.71,2004.

③ 邹东涛主编:《发展和改革蓝皮书 中国经济发展和体制改革报告 No.5 以民为本:中国全面建设小康社会10年(2002—2012)》,社会科学文献出版社2012年版,第189页。

2004 年年底全面对外开放金融业等重大突破,首先惠及的都是城镇居民,均不利于城乡收入差距缩小。因而泰尔指数维持相对稳定的高位运行。

第六阶段(2009 年至今):城乡收入差距逐年下滑,逐步接近改革开放初期水平。泰尔指数由 0.1565 下降至 0.0994,重新回落到 0.1 以下,年均降幅达到 6.70%。2008 年 10 月颁布的《中共中央关于推进农村改革发展若干重大问题的决定》中提出几大改革举措:统筹城乡规划,推进户籍制度改革;允许土地承包经营权流转,允许农民参与开发集体土地;推进商业性、合作性、政策性的"三性结合"农村金融体系的构建。

近年来,中国农村居民的转移性净收入有了明显的增长,农村居民人均转移性纯收入由 2003 年的 96.8 元增长到 2012 年的 686.7 元,而同期城镇居民人均转移性收入由 2112.2 元上涨到 6368.1 元;农村居民人均转移性收入占可支配收入比重由 2013 年的 17.47% 上涨到 2015 年的 18.09%,超过同期 17.12% 的城镇居民人均转移性收入占比;国家财政农林水事务支出占国家财政支出比重由 2009 年的 8.81% 增长到 2015 年的 9.88%。[①] 以上数据充分说明了中央政府对于城乡收入分配差距现状越来越关注,通过政策扶持、加大财政支出和支付转移等手段实现了中国城乡收入差距的逐年缩小。

三、全国城乡收入差距的泰尔指数分解

借助泰尔指数对近年来中国城镇和农村居民各自的人均收入差距进行具体测算和分解,可以更清楚地发现导致中国人均收入差距扩大的原因。先将全国 31 个省份划分为四大区域[②]。根据国家统计局公开数据,计算 2005—2015 年全国整体泰尔指数 T 以及城镇和农村居民组内收入差距 T_w、组间收

[①]　人均转移性收入(包括农村居民人均转移性纯收入)和财政支出数据均来自国家统计局公开数据库,由于统计口径更改,对 2013 年前后的转移性收入数据进行区分处理。

[②]　区域划分方法依据国家统计局 2011 年 6 月 13 日公布的《东西中部和东北地区划分方法》划分。

入差距 T_b 泰尔指数[①],基础数据为四大区域的人均收入和各省份人口数[②],计算结果见表 2-5 和图 2-5。

表 2-5 2005—2015 年全国城乡居民内部收入差距泰尔指数分解

年份	城镇内部泰尔指数 T_{w1}	农村内部泰尔指数 T_{w2}	城乡组内泰尔指数 T_w	组内差距贡献度（%）	城乡组间泰尔指数 T_b	组间差距贡献度（%）	总体泰尔指数
2005	0.0220	0.0400	0.0271	14.54	0.1595	85.46	0.1866
2006	0.0221	0.0404	0.0271	14.39	0.1613	85.61	0.1884
2007	0.0192	0.0359	0.0236	12.96	0.1583	87.04	0.1819
2008	0.0182	0.0325	0.0219	12.48	0.1533	87.52	0.1752
2009	0.0182	0.0327	0.0218	12.46	0.1530	87.54	0.1748
2010	0.0181	0.0308	0.0211	12.90	0.1427	87.10	0.1638
2011	0.0170	0.0301	0.0201	13.22	0.1317	86.78	0.1518
2012	0.0162	0.0285	0.0189	12.99	0.1269	87.01	0.1458
2013	0.0127	0.0176	0.0138	11.14	0.1100	88.86	0.1238
2014	0.0125	0.0171	0.0135	11.50	0.1043	88.50	0.1178
2015	0.0125	0.0165	0.0134	11.68	0.1011	88.32	0.1144

由表 2-5 和图 2-5 可以清晰地看出,自 2005 年以来,无论是中国城乡组内还是城乡组间,抑或是总体泰尔指数都呈现较为明显的下降趋势,这与第三

---

① 各泰尔指数计算公式如下:

$$T = T_w + T_b$$

$$T_{wi} = \sum_j \left(\frac{Y_{ij}}{Y_i}\right) \ln\left(\frac{Y_{ij}}{Y_i} \Big/ \frac{N_{ij}}{N_i}\right)$$

$$T_w = \sum_i \left(\frac{Y_i}{Y}\right) T_{wi}$$

$$T_b = \sum_i \left(\frac{Y_i}{Y}\right) \ln\left(\frac{Y_i}{Y} \Big/ \frac{N_i}{N}\right)$$

其中, $i = 1$ 、 $i = 2$ 分别表示城镇、农村; $j = 1$ 、 $j = 2$ 、 $j = 3$ 、 $j = 4$ 分别表示东、中、西部和东北地区; Y 为总收入; N 为人口数。

② 2005—2015 年区域人均收入数据来自《中国统计年鉴 2014》及《中国统计年鉴 2016》,分省人口数据来自国家统计局公开数据。

（泰尔指数）　　　　　　　　　　　　　　　　　　　　　　　（单位：%）

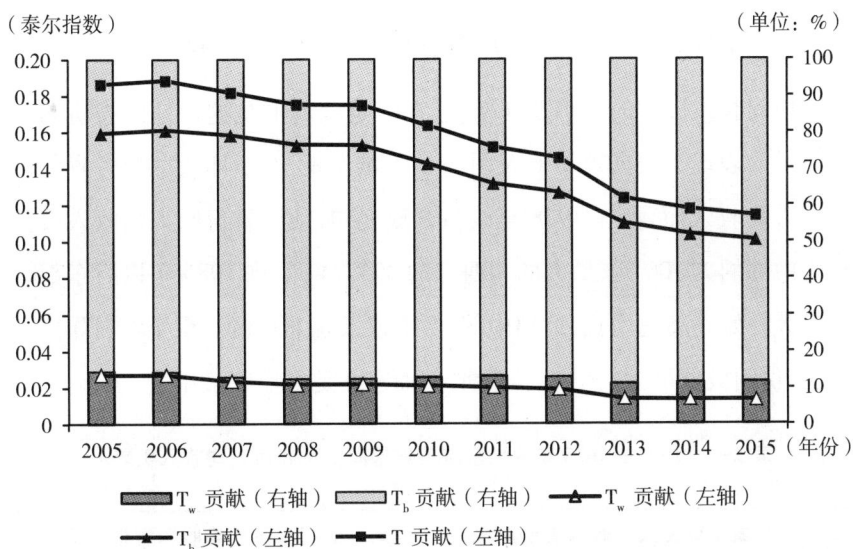

图2-5　2005—2015年全国城乡居民内部收入差距近年变化趋势

章第一节的讨论结果一致。但从不同差距的贡献度来看,组间收入差距贡献度明显高于组内收入差距贡献度,而且组间差距贡献度仍呈现逐年上涨的趋势。这充分说明,虽然中国城镇(或农村)居民内部收入差距不断缩小,但基于中国城乡二元经济结构,城乡收入差距仍是居民收入差距的主要成因,所以现阶段还需对收入分配方式、政策等进行调整,保证收入分配的公平性。

第二节　城乡收入分配格局的区域特征

本节将全国省份划分为东、中、西部和东北四大经济区域,基于1978—2015年的宏观数据,对四大经济区域的城乡人均收入数据进行描述性统计分析。再通过泰尔指数对区域间城乡收入差距进行测算,对收入差距现状进行进一步刻画和阐述,以期得到一般性结论。原始数据来自《新中国五十年统计资料汇编》《新中国六十年统计资料汇编》以及国家统计局公开数据。

一、全国城乡收入差距的区域特征及其历史演进

省份间收入极差的大小及其变化,在一定程度上是这一地区省份间经济协同发展的表现。根据表2-6及图2-6不难发现,对于四大区域各省份间城镇居民人均收入而言,在1978年改革开放之初,地区省份间人均收入极差最小的为中部的25.00元,最大的为西部的303.74元,到1985年以后东部极差变为最大并始终高速增长,远超中部、西部以及东北地区。至于农村居民人均收入,省份间极差最大的仍为东部地区,而东北地区始终最小。

表2-6 1978—2015年四大区域各省份间城乡居民人均收入极差①

（单位:元）

年份	城镇居民人均收入省份间极差				农村居民人均收入省份间极差			
	东部	中部	西部	东北	东部	中部	西部	东北
1978	135.89	25.00	303.74	165.07	166.94	40.95	103.78	13.55
1980	236.44	110.92	339.17	125.50	229.00	63.94	131.80	67.60
1985	444.28	177.36	343.23	134.50	420.77	92.46	278.00	87.86
1990	905.80	403.57	536.13	340.00	1043.33	143.85	253.01	118.90
1995	3446.96	1399.74	1946.15	516.56	2726.00	329.06	568.14	156.65
2000	6360.00	1494.60	1535.60	547.80	3334.00	362.89	707.00	333.10
2005	10521.10	1053.30	2253.30	835.10	5243.80	487.90	1111.90	468.90
2010	16257.00	1084.60	4509.60	3856.10	8702.60	1096.00	2104.90	697.20
2015	26809.70	3262.46	6827.02	6923.11	12347.65	2389.98	3839.68	961.65

2000年以来中国四大经济区域部分省份的城镇居民人均可支配收入数据见表2-7。由表2-7不难看出,区域间相邻省份的城镇人均收入总是发达省份增长幅度高于较为落后省份。增幅差距的直接结果就是其人均收入极差的快速增长,也间接反映了区域经济发展的集聚效应及经济发展优势省份对

---

① 城镇居民人均可支配收入,海南省、青海省缺失1978—1980年数据;农村居民人均纯收入,海南省缺失1978年、1979年数据,均不计入当年地区人均收入极差及下文中位值的计算。其他缺省值均采用插值法补足。

（单位：元）

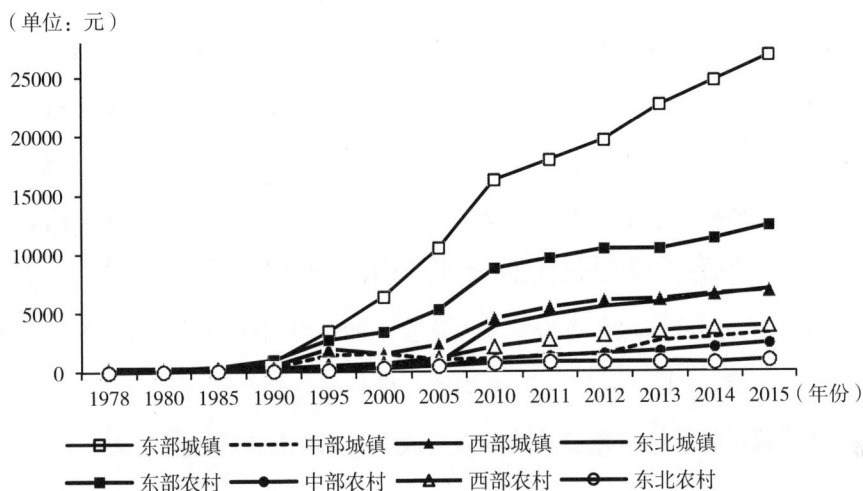

图 2-6　1978—2015 年四大区域城乡人均收入省份间极差变化趋势

周边省份的资源吸附效应。这一现象在东部地区的京津冀和长三角地区体现尤为明显——北京市和河北省的城镇人均收入差距由 2000 年的 4688.54 元迅速增长到 2010 年的 12809.50 元，而在 2015 年已经达到了 26707.01 元，差距甚至比当年河北省城镇居民人均收入的 26152.16 元还要高。值得注意的是，这一现象自 2010 年以后在东北地区有了明显的体现，辽宁省和黑龙江省的收入差距也呈现迅速扩大趋势。

表 2-7　2000—2015 年东、中、西部及东北地区省份城镇人均可支配收入

（单位：元）

年份	东部		中部		西部		东北	
	北京市	河北省	河南省	湖南省	重庆市	贵州省	辽宁省	黑龙江省
2000	10349.70	5661.16	4766.26	6218.70	6176.30	5121.22	5357.80	4913.00
2005	17653.00	9107.10	8668.00	9524.00	10243.50	8151.10	9107.60	8272.50
2010	29072.90	16263.40	15930.30	16565.70	17532.40	14142.70	17712.60	13856.50
2013	44563.93	22226.75	21740.67	24351.99	23058.22	20564.93	26696.96	20848.40
2014	48531.85	24141.34	23672.06	26570.16	25147.23	22548.21	29081.75	22609.03
2015	52859.17	26152.16	25575.61	28838.07	27238.84	24579.64	31125.73	24202.62

相对而言,对于农村居民人均收入,虽然发达省份增长仍高于相对落后省份,但除东部外,在中、西部及东北地区这一表现并不明显。可能是因为农业经济很大程度受限于自然环境,农村经济发展的集聚效应更多的是由城镇发展带来的,只是间接地受到了城镇经济的产业集聚效应影响。而东部地区农村经济更多地受到了地理位置以及开放政策的影响,地缘和区位优势因素占据主导地位,所以东部地区省份间农村人均收入差距较大。

选择四大经济区域各省份城乡人均收入的中位值作为该地区的城乡人均收入的代表值,见表2-8,区域间人均收入极差变化趋势见图2-7。计算四大经济区域城乡收入绝对差额及城乡人均收入比,计算结果见表2-9。

表2-8 1978—2015年四大经济区域城乡人均收入

（单位:元）

年份	东部		中部		西部		东北		区域间收入极差	
	城镇	农村	城镇	农村	城镇	农村	城镇	农村	城镇	农村
1978	371	155	320	112	319	123	363	182	52	70
1980	473	223	406	176	412	174	420	237	67	63
1985	827	494	644	373	715	326	704	414	183	169
1990	1700	963	1323	634	1410	571	1230	760	469	393
1995	4892	2494	3578	1364	3958	1062	3375	1757	1517	1432
2000	7787	3625	5199	2061	5407	1554	4913	2148	2874	2071
2005	12480	4983	8727	2995	8329	2317	8691	3264	4151	2667
2010	23421	85043	15859	5573	15403	4341	15412	6237	8018	4163
2015	34429	15025	26718	10923	26240	8904	24901	11326	9528	6121

由表2-8及图2-7可见,区域间城乡人均收入变化趋势呈现三个明显阶段:

第一阶段:1978—1983年改革开放之初,四大经济区域间城乡人均收入差距均维持在较低水平。这是改革开放之前的国家区域发展战略导致的。改革开放之前,中国区域经济发展主要以平衡发展战略为主导思想。20世纪

（单位：元）

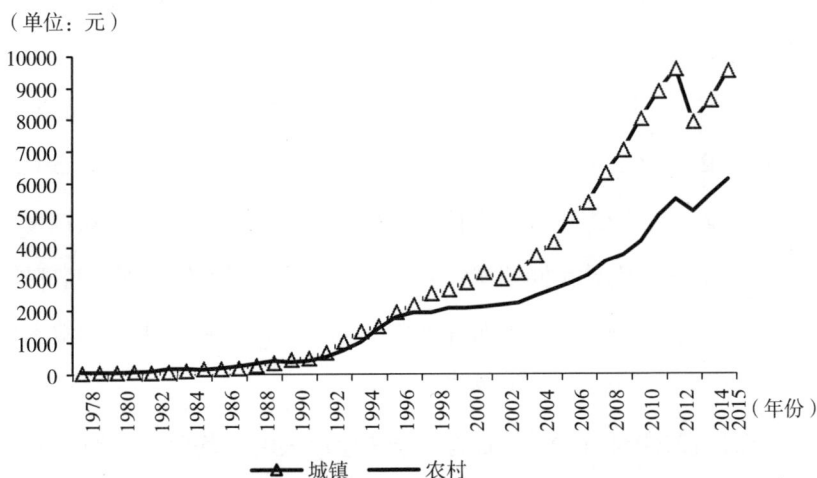

图 2-7　1978—2015 年四大经济区域间人均收入极差变化趋势

50—70 年代,在国家投资地区布局以及区域经济发展方面,中国始终将生产力的平衡分布作为发展目标,在资源分配和政策投入上采取了地区平均主义做法。同时受到当时国际形势的影响,在"三五"和"四五"期间（即 1966—1975 年）,国家立足于积极备战,把国防建设放在首位,强调内地建设,集中力量建设"三线"战略大后方。基建投资等明显向中西部内陆地区倾斜,比较典型的就是"三五"期间,中西部地区的基本建设投资比重一度达到 70.40%,直至"五五"期间,东部基建投资比重达到 45.70%,首次超过"一五"期间的 44.10%。[①]

这一战略的结果直接体现就是东部沿海地区省份虽然占据地缘优势,但是其城乡人均收入并未与内陆地区省份有较大差距。在这一阶段,四大经济区域间城乡人均收入极差相当于是东部地区和中部地区的差距。

第二阶段:1985—2002 年前后,区域间城乡人均收入差距呈现逐渐扩大趋势。这一时期,中国区域经济发展战略发生了重大转变,中国将经济特区作

---

① 基建投资比重数据来自刘本盛:《中国经济区划问题研究》,《中国软科学》2009 年第2 期。

为切入点,逐步探索沿海地区对外开放发展战略,从而将区域平衡发展战略转向东部优先发展战略。1978—1984 年,中西部地区①人均经济增长速度高于东部地区;1984 年,中部、西部人均收入与东部地区之比达到了 0.43 和 0.35 的高峰,而到了 2003 年,中西部地区的人均产出只有东部地区的 30% 和 25%。②

这一阶段,东北老工业基地增长明显缺乏动力,使得东北三省城镇发展速度明显落后,直接表现就是同期城镇人均收入落后于同期的中部和西部地区。而对于农村人均收入而言,由于西部地区的基本生产条件仍未得到根本性改变,其农村居民人均收入仍较为落后。

第三阶段:2000 年至今,东部地区与其他地区的人均收入差距先有所缓和,而后迅速以更快的速度扩大。2000 年 10 月,第九届全国人大四次会议制定的"十五"计划,标志着西部大开发战略正式启动。2004 年 3 月,第十届全国人大二次会议正式把"振兴东北老工业基地"确立为一个新的区域发展战略。到"十五"末期,中央对西部的资金投入比重由"九五"时期的 18.00% 提高到 31.90%,同期东部地区投资比重降低至 45.40%。③

这一时期,中西部地区经济建设取得了显著成效,其中西部地区内蒙古自治区经济发展成效显著,其城镇居民人均可支配收入由 2002 年的 6051.00 元,排名第 29 位,提高到 2015 年的 30549.10 元,排名第 10 位。

表 2-9　1978—2015 年四大经济区域城乡人均收入绝对差额及人均收入比

年份	城乡人均收入绝对差额(元)				城乡人均收入比			
	东部	中部	西部	东北	东部	中部	西部	东北
1978	216.1	207.5	196.5	181.7	2.3943	2.8539	2.6039	2.0000
1980	250.1	230.3	237.2	182.8	2.1239	2.3115	2.3611	1.7707

---

①　本节引用的所有五年计划中,对于东、中、西部的划分是指中共中央在"七五"计划中采用的东、中、西部三大经济带的划分办法。

②　马汴京:《我国地区经济差距影响因素经验研究》,经济科学出版社 2014 年版,第 73 页。

③　刘本盛:《中国经济区划问题研究》,《中国软科学》2009 年第 2 期。

年份	城乡人均收入绝对差额（元）				城乡人均收入比			
	东部	中部	西部	东北	东部	中部	西部	东北
1985	333.0	270.4	389.4	290.6	1.6742	1.7242	2.1964	1.7023
1990	736.1	688.9	839.4	470.2	1.7641	2.0868	2.4703	1.6189
1995	2397.6	2213.7	2896.3	1618.5	1.9614	2.6230	3.7277	1.9214
2000	4161.7	3138.0	3853.2	2764.8	2.1481	2.5229	3.4791	2.2870
2005	7496.6	5732.0	6012.2	5426.6	2.5043	2.9139	3.5950	2.6626
2010	14916.8	10286.4	11061.8	9174.1	2.7540	2.8458	3.5482	2.4708
2011	16530.8	11698.8	12609.4	10205.9	2.6386	2.7764	3.4582	2.3445
2012	18279.3	13158.6	14184.2	11604.2	2.6073	2.7586	3.4102	2.3487
2013	16795.5	13464.2	14506.2	11550.4	2.3476	2.4962	2.9749	2.1809
2014	18022.8	14560.7	15588.4	12437.7	2.3056	2.4542	2.9077	2.1538
2015	19404.6	15795.2	17336.2	13574.7	2.2915	2.4461	2.9471	2.1985

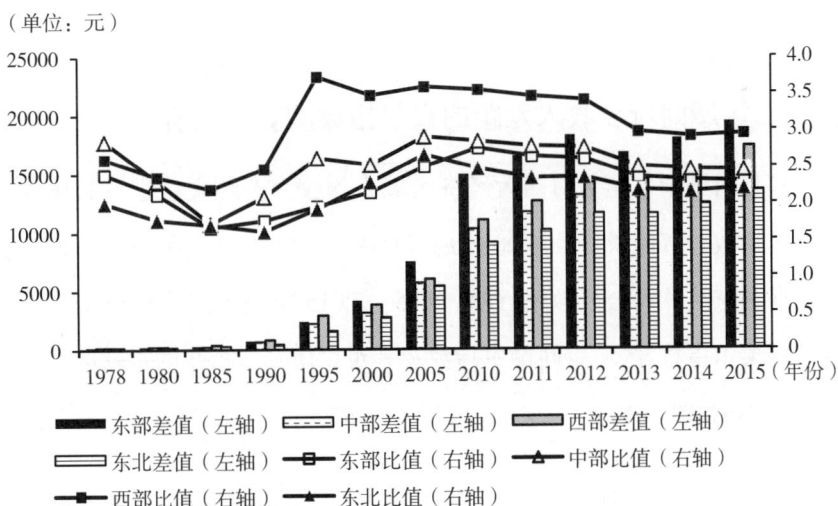

（单位：元）

图 2-8　1978—2015 年四大经济区域城乡人均收入绝对差额及人均收入比变化趋势

如表 2-9 和图 2-8 所示，四大经济区域的城乡间人均收入差距有明显的区域性特征和阶段性特征。

区域性特征:从城乡人均收入绝对差额角度看,东部城乡收入差距高于中西部地区,东北地区最小,而在1995年,西部地区城乡人均收入差额增长幅度一度超过东部地区;从城乡人均收入比角度看,西部地区城乡人均收入比常年高于其他地区;而东部地区虽然其绝对差额较大,但城乡人均收入比相对较低。

阶段性特征:四大经济区域的城乡人均收入比在1978—1983年和2008年以后出现了明显下降趋势,而中西部地区在20世纪90年代后期也出现城乡收入比下降趋势;城乡收入绝对差额增长在1995年有相对放缓趋势,但其后又迅速扩大。

总体来看,东部地区虽然城乡间人均收入差距较大,但其城乡人均收入增长速率较为同步,说明东部地区的城乡协调发展状况相对较好。西部地区城乡人均收入比常年高于3,表明其城乡发展相对不平衡,城乡间收入差距处于迅速扩大趋势。

二、区域间城乡收入差距的泰尔指数测算与分析

本部分借助泰尔指数对四大经济区域人均收入差距现状进行具体测算,利用泰尔指数分解能够更直观地体现区域间人均收入差距的现状和变化特征。根据国家统计局公开数据,计算2005—2015年四大经济区域泰尔指数、区域组内泰尔指数、区域组间泰尔指数及其对总体泰尔指数的贡献度,计算结果见表2-10和图2-9。

表2-10 2005—2015年四大经济区域间城乡人均收入差距泰尔指数分解

年份	东部地区泰尔指数	中部地区泰尔指数	西部地区泰尔指数	东北地区泰尔指数	区域组内泰尔指数	组内贡献度(%)	区域组间泰尔指数	组间贡献度(%)
2005	0.1191	0.1476	0.2039	0.0929	0.1396	74.14	0.0487	25.86
2006	0.1197	0.1489	0.2090	0.0950	0.1411	74.28	0.0488	25.72

续表

年份	东部地区泰尔指数	中部地区泰尔指数	西部地区泰尔指数	东北地区泰尔指数	区域组内泰尔指数	组内贡献度（%）	区域组间泰尔指数	组间贡献度（%）
2007	0.1186	0.1477	0.2060	0.0938	0.1400	76.48	0.0431	23.52
2008	0.1169	0.1416	0.1999	0.0891	0.1365	77.48	0.0397	22.52
2009	0.1159	0.1423	0.2001	0.0922	0.1364	77.68	0.0392	22.32
2010	0.1075	0.1327	0.1860	0.0821	0.1262	76.38	0.0390	23.62
2011	0.0987	0.1236	0.1738	0.0730	0.1170	76.58	0.0358	23.42
2012	0.0953	0.1198	0.1680	0.0719	0.1134	77.42	0.0331	22.58
2013	0.0839	0.0982	0.1387	0.0759	0.0978	78.98	0.0260	21.02
2014	0.0796	0.0929	0.1313	0.0725	0.0928	78.95	0.0247	21.05
2015	0.0760	0.0902	0.1269	0.0726	0.0897	78.99	0.0239	21.01

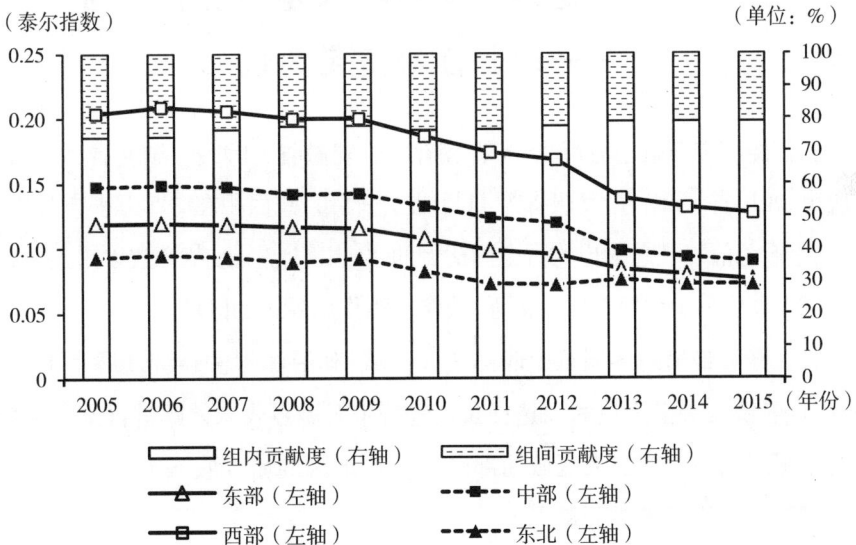

图 2-9 2005—2015 年四大经济区域间城乡人均收入差距泰尔指数变化趋势

由区域泰尔指数分解可以看出，2005 年（尤其是 2009 年）至今，四大经济区域的城乡居民收入差距大体呈现逐年缩小趋势。中部地区自 2013 年后，区域城乡泰尔指数降低至 0.1 以下；东部地区自 2015 年已降低至 0.0760，接近城乡收入差距最小的东北地区水平。

横向比较来看,四大经济区域城乡居民收入差距由大到小排名为:西部、中部、东部、东北。西部地区的城乡居民收入差距最大,而东部地区虽然城乡收入差额较大,但是城乡收入涨幅较为同步,所以东部地区居民收入差距维持在相对较低水平。

由泰尔指数分解的贡献度来看,中国居民收入差距主要表现为城乡间收入差距,与前面分析结果一致。组间贡献度以及组间泰尔指数出现下降趋势,表明中国居民收入区域间差距有所缩小,反映了中国区域间协调发展近况良好,西部大开发以及振兴东北老工业基地等区域经济发展战略取得了良好的效果。

第三节　特定地区城乡收入差距现状刻画
——以长江经济带为例

长江经济带覆盖上海市、江苏省、浙江省、安徽省、江西省、湖北省、湖南省、重庆市、四川省、云南省、贵州省等 11 个省、直辖市,总面积在 205 万平方公里左右,其生产总值以及总人口均占全国比例的 40%以上。① 改革开放以来,长江经济带已发展成为中国综合实力最强、战略支撑作用最大的区域之一。

长江经济带横跨中国东中西部三大区域,其沿江省份经济发展水平参差不齐,但经济发展潜力巨大。选择长江经济带对城乡收入差距进行刻画分析,有助于了解东中西部三大区域局部经济发达地区的城乡收入差距,为进一步调整城乡收入格局提供分析参考。

将长江沿岸的九省二市划分为上、中、下游三大区域。下游包括:上海市、浙江省、江苏省、安徽省;中游包括:江西省、湖北省、湖南省;上游包括:重庆

---

① 《国务院关于依托黄金水道推动长江经济带发展的指导意见》,2014 年 9 月 12 日,见 http://www.gov.cn/zhengce/content/2014-09/25/content_9092.htm。

市、四川省、云南省以及贵州省。① 根据国家统计局公开数据,计算得到 2005
年、2010 年 2015 年长江上、中、下游地区的城乡人口比重和收入比重,见表
2-11;计算城乡人均收入绝对差额和收入比,变化趋势见图 2-10。

表 2-11　2005 年、2010 年、2015 年长江上、中、下游地区城乡人口及收入比重

（单位:%）

年份	下游城镇		下游农村		中游城镇		中游农村		上游城镇		上游农村	
	人口比重	收入比重	人口比重	收入比重	人口比重	收入比重	人口比重	收入比重	人口比重	收入比重	人口比重	收入比重
2005	50.93	75.38	49.07	24.62	39.17	65.08	60.83	34.92	32.78	64.19	67.22	35.81
2010	59.06	80.73	40.94	19.27	45.69	70.26	54.31	29.74	39.63	69.81	60.37	30.19
2015	64.19	81.75	35.81	18.25	53.11	73.44	46.89	26.56	47.65	72.21	52.35	27.79

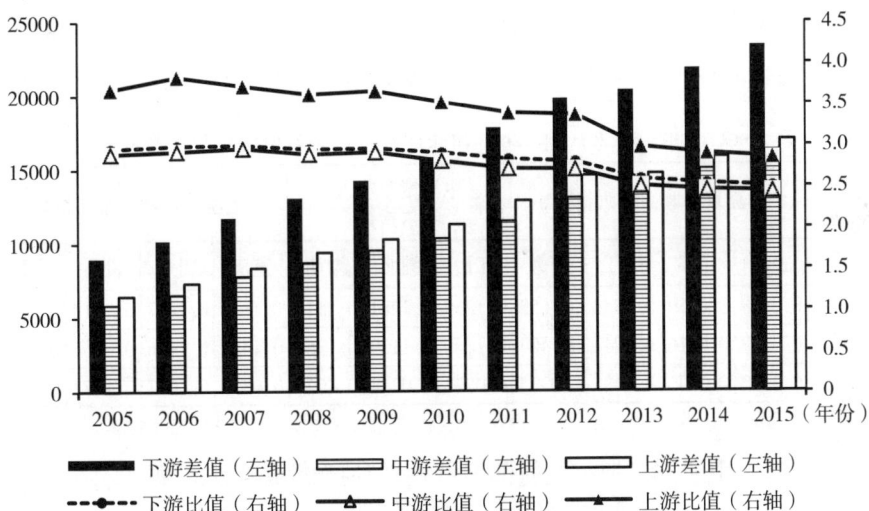

图 2-10　2005—2015 年长江上、中、下游城乡人均收入绝对差额和收入比变化趋势

由表 2-11 可以看到,长江下游城镇化水平最高,其城镇居民收入占比在
2010 年就已超过 80%,城镇居民收入水平较中下游高;长江中游和上游地区

---

① 根据《国务院关于依托黄金水道推动长江经济带发展的指导意见》一文参考划分。

的城镇化水平有一定差距,2015 年城镇人口比重分别为 53.11%和 47.65%,差距为 5.46%,但其城镇收入比重差距却仅有 1.23%。

纵向来看,2005 年以来三大区域的城乡居民收入差距正在逐渐缩小,城镇人口比重上升超过 13%,但城镇收入比重上涨低于 9%(例如中游地区,从 2005 年至 2015 年,其城镇居民人口比重上升了 13.94%,收入比重上升了 8.36%)。

由图 2-10 可以看出,长江中游地区的城乡人均收入差额和收入比均低于上游和下游地区,一定程度上反映其城乡收入差距水平相对较低。三大区域的城乡人均收入绝对差额仍呈现不断扩大趋势,表明了城乡人均收入差距仍在扩大;但城乡收入比均出现一定程度下降,说明农村居民人均收入有了较快的上涨趋势。

下面仍借助泰尔指数对长江经济带各地区的城乡收入差距进行测算,以确定近年来长江上、中、下游地区的城乡收入差距。各省份城乡收入泰尔指数计算结果见表 2-12;上、中、下游地区城乡收入泰尔指数计算结果见表 2-13;长江经济带城乡收入泰尔指数计算结果见表 2-14。

表 2-12　2005 年、2010 年、2015 年长江经济带各省份城乡收入泰尔指数

年份	下游城乡收入泰尔指数				中游城乡收入泰尔指数			上游城乡收入泰尔指数			
	上海	江苏	浙江	安徽	江西	湖北	湖南	重庆	四川	贵州	云南
2005	0.0208	0.0819	0.0838	0.1653	0.1259	0.1281	0.1516	0.1842	0.1477	0.2618	0.2760
2010	0.0207	0.0816	0.0743	0.1404	0.1145	0.1139	0.1368	0.1453	0.1476	0.2361	0.2342
2015	0.0240	0.0595	0.0485	0.0935	0.0842	0.0718	0.1029	0.0855	0.1017	0.1677	0.1562

表 2-13　2005 年、2010 年、2015 年长江经济带上、中、下游
地区城乡收入泰尔指数分解

年份	下游			中游			上游		
	组内泰尔指数	组内差距贡献度(%)	总体泰尔指数	组内泰尔指数	组内差距贡献度(%)	总体泰尔指数	组内泰尔指数	组内差距贡献度(%)	总体泰尔指数
2005	0.0846	50.24	0.1683	0.1368	99.67	0.1372	0.1996	93.37	0.2138
2010	0.0774	56.84	0.1361	0.1229	99.57	0.1235	0.1790	93.54	0.1914
2015	0.0559	55.82	0.1001	0.0873	99.55	0.0877	0.1212	95.32	0.1271

表 2-14　2005 年、2010 年、2015 年长江经济带城乡收入泰尔指数分解

年份	下游地区泰尔指数	中游地区泰尔指数	下游地区泰尔指数	组内泰尔指数	组内差距贡献度(%)	组间泰尔指数	总体泰尔指数
2005	0.1258	0.1366	0.2059	0.1476	75.01	0.0492	0.1967
2010	0.1072	0.1232	0.1860	0.1295	73.75	0.0461	0.1756
2015	0.0747	0.0871	0.1241	0.0901	73.55	0.0324	0.1225

总体来看,长江经济带总体泰尔指数(包括各省份)均呈现下降趋势,说明长江经济带范围内居民收入差距自 2005 年以来整体呈现下降趋势。组内差距贡献度超过 70%,说明城乡居民收入差距的存在仍是居民收入差距变化的主要原因。城乡收入差距由沿海向内陆呈现上升趋势(2015 年下、中、上游地区泰尔指数分别为 0.0747、0.0871 和 0.1241)。

分别来看,经济发达省份城乡收入差距相对低于欠发达省份,例如直辖市上海的城乡收入泰尔指数只有 0.02 左右,重庆市城乡收入泰尔指数从 2005 年的 0.1842 下降到 2015 年的 0.0855,下降幅度达到 53%。另外,经济较发达的下游地区,其城乡收入差距贡献度只有 50%—57%,远低于中上游地区的90% 以上,说明下游经济发达地区的省份间居民收入差距较大。

本章从全国以及区域(东部、中部、西部以及东北)视角分析中国城乡收入分配差距的现状和历史变化,对特别地区的城乡收入差距进行了具体分析,并利用泰尔指数对城乡居民收入差距进行了具体测算,发现:

城乡收入差距是中国居民收入差距的主要成因,具有明显的时空差异特征。泰尔指数分解显示,城乡收入差距对居民收入差距的整体贡献度达到了85% 以上。

第三章 政府调整城乡收入分配格局的农业生产路径

　　合理引导农业生产方式创新是政府调整城乡收入分配格局的最重要手段之一。因为城乡收入差距的最主要来源是第一次分配。但现实的情况是,中国现有的小农经济模式具有排斥规模经济的特征,制约了中国农业的发展。1978年以来的家庭联产承包责任制改革,重新确立了"家庭"作为农业生产经营的基本单位,对提高农民生产积极性起到了重要作用(林毅夫,1992)。但在改革中由于急于求成和自发演进,"统分结合的双层经营"演变成了"大包干"(牛若峰,1990),原有的高度集中变成了高度分散,土地的超小规模和超高零碎,对于农业家庭而言,具有明显的排斥规模经济的特征(张培刚,2004)。同时,现实情况下,土地大规模流转存在诸多难以跨越的障碍,扩大农户土地经营规模受到制约。部分学者提出,让一部分农户退出农业生产,通过土地流转实现土地集中,从而获得农业经营的规模效益。但对多数中国农民而言,土地是他们生活的基本保障,更是生活保险的象征,与此同时还衍生出许多难以割舍的情感以及文化与传统(张杰,2006)。土地对于农民而言,具有"拐杖"意义上的作用(黄宗智,1990)。目前虽然有不少农民外出务工,但随着产业结构的变迁、年龄的增长以及身体素质的下降,多数农民在城镇工作压力会增大(章铮,2006),土地依然是他们未来生活的主要依靠。当前土地流转面临着诸多现实的困难。本章提出,一方面,在家庭生产条件下,实行农业区域专业化生产,既可实现规模经济,并可产生破解"三农"问题的立体效应。农业区域专业化是一个国家农业生产社会化和现代农业发展的重要标志之一(农业部农业区域专业化研究课题组,2003)。以家庭经营为基础的农业区域专业化,可以通过农业技术渠道效应、人力资本渠道效应和金融资本渠道效应获得外部规模经济(蒙德拉克,2004);通过农户的专业化生产,因熟能生巧而实现专业化经济(亚当·斯密,1776);通过区域之间资源的优势互补、分工合作,从而获得分工经济(杨小凯,2003)。以家庭经营为基础的农业区域专业化,可以促进与农业相关的第二、三产业的发展,吸收农村剩余劳动力,实现农业与农村经济的良性循环(郑凤田,2004)。另一方面,以家庭经营为基础的农业区域专业化,必须要有现代农业服务体系作为支撑。因此,本章重点从推进以家庭经营为基础的农业区域专业化和加强现代农业生产服务体系的构建两个方面探索政府调整城乡收入分配的农业生产路径。

第一节　推进以家庭经营为基础的农业区域专业化

一、国内外研究现状回顾

国外研究现状。一是关于农业区域专业化对提高农业生产效率的研究。富兰克林·费希尔和彼得·特明(Franklin M.Fisher 和 Peter Temin,1970)研究发现,1840—1910 年间美国小麦生产效率的提高主要归因于机械化与区域专业化,其中 20% 归因于区域专业化;格雷·肯尼斯(Kenneth R.Gray,1979)分析了 20 世纪 70 年代苏联农业生产效率与同期美国农业生产效率的差异,发现农业区域专业化水平低是苏联农业生产效率低下的重要原因之一;帝姆·科埃利和尤安·弗莱明(Tim Coelli 和 Euan Fleming,2004)研究了巴布亚新几内亚小农经济种植粮食作物和经济作物中多样化经济和专业化经济问题。结果表明,种植粮食作物和经济作物并不存在多样化经济,在咖啡和其他经济作物之间存在多样化不经济,从而证实了农业生产中专业化经济的存在;米什拉等(Mishra 等,2008)运用杜邦扩展模型研究了专业化与纵向一体化对美国农业的重要作用。结果表明,农业专业化与纵向一体化是推动美国农场获利的关键因素;布兰查德、赫维·勒卢和菲利普(Stéphane Blancard, Hervé Leleu 和 Jean-Philippe Boussemart,2009)在非凸性条件下运用 FCH 和 FDH(自由处置包方法)模型,基于 2003 年法国农场的数据,计量分析了农业生产效率。结果表明,农业部门的非效率主要是由缺乏专业化引起,缺乏专业化对农业生产低效率的解释度可以达到 50%。

二是关于农业区域专业化发展与制约条件的研究。迈克尔·奇泽姆(Michael Chisholm,1963)研究发现,农产品专业化水平的提高主要归因于交通设施的改善,同时土壤与气候条件对特殊农产品的专业化生产产生制约;市场相对于自然资源对区域产业发展具有更重要的作用;农产品市场国际化的趋势十分明显,其流动性越来越强;人口聚集的区域具有农业专业化更好发展的条件;哈罗德·利曼和康克林(J. Harold Leaman 和 E. C. Conkling,1975)研究发现,运输成本与专业化水平和贸易水平呈负相关关系;斯蒂芬·雷丁(Stephen Redding,2002)基于七个 OECD 国家自 1970 年以来的 20 个行业的发展数据,揭示了专业化的动力机制。研究发现,各国专业化模式在发生改变。在短期(5 年)内,专业化模式变动的原因是由于世界价格和技术效率的改变;长期来看,国家资源禀赋的变化是专业化模式变动的重要原因。里卡多·莫拉和卡洛斯(Ricardo Mora 和 Carlos San Juan,2004)从区域层面和农场层面分析了 1979—1997 年西班牙农业专业化的演化进程。发现在这一时期,西班牙农业专业化水平在区域层面有所提高,那些专业化初始水平高的区域在此期间专业化水平提高得更快。

三是关于专业化与生产风险的研究。赛尔吉奥、爱丽丝·高利尔和马尔科·马尔伽里尼(Sergio De Nardis，Alessandro Goglio 和 Marco Malgarini，1996)研究了 1978—1989 年欧盟国家区域专业化与经济波动的关系。研究发现，区域专业化的多样性，使经济的非对称波动主要是在区域层面的，而不是国家层面的，从而降低国家经济运行的不稳定性；瑟波奈姆和奥韦德(Sebnem Kalemli-Ozcan 和 Oved Yosha，2003)研究认为，专业化在提高效率的同时，必然引起风险的增大。解决的办法之一是通过保险或期货市场分散风险。但更重要的分散风险的方法是，各区域间收入来源的多样化，同时需要资本市场的一体化；罗伯特·巴西莱和爱丽丝·吉拉迪(Roberto Basile 和 Alessandro Girardi，2009)通过非参数空间自协方差模型研究了欧盟地区专业化与风险分担的关系，结果表明，地区风险分担指数显著地影响着区域专业化水平。

国内研究现状。农业部农业区域专业化研究课题组(2003)分析了国外农业区域专业化发展的进程及一般形式，提出了相关的政策措施以发展农业区域专业化。认为中国仍处于初级阶段，并具有实现跨越式发展的基础与机遇，提出中国应发展有中国特色的农业区域专业化。曹暕等(2005)认为农业区域专业化是农业发展的趋势，并通过农业部门生产总值和分品种两种指标的考察计算，描述了中国改革开放以来农业区域专业化生产的发展过程。李永实(2007)应用比较优势理论分析了农业区域专业化发展问题，认为按照区域农产品生产优势来选建农业专业化部门，能够实现农业增效，提高农业生产整体水平。唐华俊和罗其友(2008)借鉴发达国家的实践并结合中国的现实对农业区域专业化进行了理论思考。而在目前国内外的研究中，对农业区域专业化系统的理论研究较为缺乏，同时，对中国农业区域专业化的实践研究也相对缺乏。

二、以家庭经营为基础的农业区域专业化发展的重大意义

本节研究认为：中国农业家庭经营的基础不能动摇。在农业生产模式与外部环境没有根本改变的情况下，大规模的土地流转并不能改进农业生产效

率,反而可能带来社会风险;中国当前的农户兼业化是在农业发展总体水平不高的条件下、在工农产品"剪刀差"的背景下发生的,具有明显的农业抑制特征,是对农业一定程度上的"放弃"或"忽视",与农业发达国家的农户兼业化具有本质的区别,不具有长期合理性;以家庭经营为基础的农业区域专业化通过外部规模经济、专业化经济和分工经济有利于农业劳动生产率的提高,推动第二、三产业中与农业相关的行业发展,吸收农村剩余劳动力,推动农业分工深化,产生破解"三农"问题的立体效应。以家庭经营为基础的农业区域专业化是当前农业发展道路的理性选择。

(一) 中国农业发展道路的两种"认识倾向"

农业作为国民经济的基础,制约着整个国民经济的健康可持续发展。然而农业发展与农业的现代化是一项极其复杂的系统工程,一直困扰着多数发展中国家。中国是一个历史悠久、土地资源贫乏的农业大国和人口大国,其农业发展问题极其复杂。目前,研究中国农业发展道路问题的文献较多,有两种"认识倾向"值得关注。第一种认识倾向强调农业的集约经营与规模经营,认为中国农业的现代化发展关键要加快土地流转。其理论依据是,中国人地矛盾一直十分突出,1978 年以来的家庭联产承包责任制导致了人均耕地面积太小。现有农户作为农业生产的基本单位,不具有规模经济。因此,其解决的办法是让一部分农户退出农业生产,通过土地流转进行土地集中,推动大农场的产生,甚至采用企业化模式,从而获得农业经营的规模效益。第二种认识倾向认为,当前的农户兼业化是一种长期的组织均衡形态,应当努力将农村劳动力转移到第二、三产业,大力发展劳务经济,促进农民增收。事实上,自 20 世纪90 年代以来,中西部地区一直致力于发展劳务经济,农民外出务工成为中西部地区农民收入的重要来源。然而,近年来,沿海地区出现了"民工荒",同时农村地区的农业劳动力也呈现短缺状态。全国粮食价格快速上涨,粮食可持续供给问题受到全社会的广泛关注。中国的农业发展到底遇到了什么问题,在新农村建设与城乡统筹战略实施的背景下,中国该走怎样的农业发展道路?这些问题既受到学术界的广泛关注,同时也是中国政府迫切需要解决的问题。为回答这些问题,本章在反思以上两种"认识倾向"的基础上,深入剖析了中国农业的家庭经营基础和中国当前农户兼业化的长期合理性问题,并探讨了实行以家庭经营为基础的农业区域专业化生产的经济学基础。

（二）正确认识中国农业的家庭经营——对第一种认识倾向的反思

第一种认识倾向认为中国农业的症结在于现有农户作为农业生产的基本单位,不具有规模经济。其破题之举是通过流转让土地集中,提高农业的经营规模。我们认为,这种观点在一定程度上忽视了农业的家庭经营基础,没有考虑农业生产的特殊性,与中国农村经济社会发展的现实状况不相符合,其原因有以下三个方面:

一是农业生产的特殊性决定农业家庭经营的基础不能动摇。探讨农业发展问题,必须要把握农业生产的特点。农业生产具有周期性质,且生产周期长,其劳动的监督成本很高,农业劳动合约具有不完全性,农业劳动力的交易成本极高,因此国外农业生产组织大多都采用家庭生产(蒙德拉克,2004)。美国是全球农业最发达的国家之一,有204万个农场,其小型家庭农场的数量超过90%,占整个农业资产的70%(焦瑾璞,2007)。中国在改革开放前所采用的大集体的农业生产组织形式,可谓实现了规模经营,但绩效较差。1978年后实行家庭联产承包责任制,家庭生产模式显著提升了农业生产效率。国内改革的实践证明,农业的家庭生产是最有效率的方式(黄云鹏,2003)。因此,否定农业的家庭经营不符合农业生产的自身要求。

二是农业经营规模的扩大与获得规模经济没有必然的联系。在印度,规模在2公顷以下的农场每公顷收入比规模在10公顷以上的农场高出1倍多。科尼亚通过研究15个发展中国家不同规模农场的各种要素投入和劳动生产率之间的关系表明,农场规模越大,农业投入和单产反而更低(向国成、韩绍凤,2005)。任治君(1995)实证研究了中国农业的规模经济问题,结果表明,规模经济不显著,经营规模与土地生产率表现为反比关系。罗必良(2000)从农业的产业性质、组织管理费用、资产专用性、市场交易特征、垄断利润解释了造成农业缺乏规模经济的原因。事实上,规模经营并不等于就会有规模经济。规模经济理论表明,实现规模经济是有条件的,农业经营规模的扩大,如果不能导致相应的成本下降,则不能够获得农业经营的规模经济。

三是现实情况下土地大规模流转存在诸多问题。在农业生产模式没有实质性改变、农业生产的外部环境依然欠佳,以及农业与其他产业间处于不平等分工的现实背景下,农业生产的总体比较利益必然低下,农业经营的规模经济效应很难实现。土地流转后,拥有较多土地的农户必须有强烈的动机将土地用于其他具有比较利益较高的非农领域。因此,大规模的土地流转不仅不能改进农业生产效率,反而会导致土地的"非农化",降低农产品的有效供给水平,对农业的可持续发展造成负面影响。

基于以上分析发现,当前中国农业生产的家庭经营基础决不能动摇,中国农业发展道路的探索应当在以家庭经营为基础的框架下进行,在农业生产模式与外部环境没有根本改变的情况下,大规模的土地流转并不能改进农业生产效率,反而可能使农业生产水平降低,对农民生活造成冲击,甚至可能带来社会风险。

(三) 正确理解中国当前的农户兼业化——对第二种认识倾向的反思

第二种认识倾向强调当前的农户兼业化具有长期合理性,农业发展的重点在于将农业劳动力转移到第二、三产业,大力发展劳务经济;认为解决农业问题应当在"农业之外"。这种认识倾向应当说有一定现实基础,因为近些年来,农业劳动力的就地转移以及中西部的农村劳动力大量向发达地区迁移,的确使不少农民收入增长。而且从全球来看,无论国家发达与否,无论人均土地的多少,农户兼业化已经成为普遍现象而存在,仅有的差别就是兼业化的程度不同(向国成、韩绍凤,2005)。美国人均拥有土地量较多,因此,农户专业化程度较高。但即便如此,美国的农户兼业化现象也是普遍存在的。但中国当前的这种农户兼业化真的具有长期合理性吗?下面从农户兼业化的动力机制出发,通过建立一个简易的农户兼业化模型来分析当前中国农户兼业化的长期合理性问题。

1. 农户兼业化的一个理论模型

假定一个农户家庭有两个农业劳动力,每个劳动力提供的劳动量为 L ,耕种土地面积为 S ,如果两个人共同经营所有土地,单位土地的产出为 $A > 0$,单独一个人经营所有土地,单位土地的产出为 $B > 0$ 且 $B \leqslant A$,一个家庭成员去从事第二、三产业的单位劳动产品为 $C \geqslant 0$ 。设农产品的平均价格为 P_1 ,第二、三产业产品的平均价格为 P_2 。如果作为纯农户,两个人共同经营所有土地,农产品的产量用 Y_1 表示,收入用 Z_1 表示,则家庭生产函数和收入函数为:

$$Y_1 = AS \quad\quad Z_1 = P_1 Y_1 = P_1 AS \quad\quad\quad (3.1)$$

如果采用兼业化,让家庭中的一个成员去从事第二、三产业,另一个依然从事农业生产,从事农业的成员其农产品产出用 Y_2 表示,从事第二、三产业的成员其产量用 X 表示,兼业化后的总收入用 Z_2 表示,则家庭生产函数和收入函数为:

$$Y_2 = BS \quad\quad X = CL \quad\quad Z_2 = P_1 Y_2 + P_2 X = P_1 BS + P_2 CL \quad\quad (3.2)$$

对于一个理性的农户而言,无论作为纯农户,还是作为兼业化农户,取决于 Z_1 和 Z_2 的大小。为了比较的方便,进一步计算出 Z_1 和 Z_2 的差:

$$Z_1 - Z_2 = P_1 AS - (P_1 BS + P_2 CL) = P_1 S(A - B) - P_2 CL \quad\quad (3.3)$$

如果式(3.3)的值小于零,说明作为纯农户的收益小于兼业化的收益,选择兼业化;反之则选择作为纯农户。基于式(3.3),可以得出以下启示:

农户的兼业化决策受劳动力剩余程度($A - B$)的影响。A 与 B 的差值越小,说明劳动力剩余程度越高。如果 A 等于 B 或 A 稍大于 B,说明劳动力剩余程度高,则式(3.3)的结果为负,同时第二、三产业又有就业机会的话,理性农户必然选择兼业化。如果 A 等于 B,则意味着面对同样数量的土地,两个劳动力投入与一个劳动力投入得到同样数量的农产品产出。则该农户有一个完整的剩余劳动力,农户选择兼业化的机会成本为零。必须注意的是,A 与 B 的值的大小与生产水平相关,如果农业生产水平较高,A 与 B 的值较大;反之,A 与 B 的值较小。如果 A 与 B 的值较大,无论作为纯农户,还是作为兼业化农户,农业产品数量 Y_1 或 Y_2 均较大,农产品的供给能力较强。如果 A 与 B 的值较小,无论作为纯农户,还是作为兼业化农户,农业产品数量 Y_1 或 Y_2 均较小,农产品的供给能力较差。但农户的兼业化决策显然并不受 A 与 B 绝对差值大小的影响,只受 A 与 B 相对差值的影响。因此,农户兼业化既可以在农业水平高的条件下发生,也可以在农业水平低的条件下出现。所以,无论是在农业发达国家还是欠发达国家,我们都能看到农户兼业化的存在,但农业发达国家的农户兼业化是以较高的农业生产效率为基础的,其农产品的可持续供给能力强,而许多欠发达国家的农户兼业化是以较低的农业生产效率为基础的,其农产品的可持续供给能力弱。因此,农业发达国家的农户兼业化与欠发达国家的农户兼业化具有显著的差异,绝不能等同视之。

农户的兼业化决策受工农产品"剪刀差"的影响。对式(3.3)的右端进行整理,可以得到式(3.3′):

$$Z_1 - Z_2 = P_2 \left[\frac{P_1}{P_2} S(A - B) - CL \right] \qquad (3.3′)$$

式(3.3′)表明,$\dfrac{P_1}{P_2}$ 是影响农户兼业化决策的重要因素。如果 $\dfrac{P_1}{P_2}$ 的值较小,则式(3.3′)结果为负的可能性就大,农户会选择兼业化。$\dfrac{P_1}{P_2}$ 实际表示的是农产品与第二、三产业产品的价格对比。$\dfrac{P_1}{P_2}$ 的值较小,说明农产品价格偏低,从事农业的比较收益会下降,农户具有选择兼业化的动机。对于发展中国家而言,大多都有农业哺育工业阶段,通过工农产品"剪刀差"将农业剩余转向工业,从而导致 $\dfrac{P_1}{P_2}$ 的值较小。如果有第二、三产业的就业机会,农户自然会选择兼业化。需注意的是,在 $\dfrac{P_1}{P_2}$ 的作用下,即使没有剩余劳动力的存在,农户也可能选择兼业化。在式(3.3′)中,假定 A 与 B 的差值很大,比如 A 大于 $2B$,说明不存在任何剩余劳动力,但只要 $\dfrac{P_1}{P_2}$ 的值足够小,式(3.3′)同样可能为负。在这种情况下的兼业化,Y_1 必须小于 Y_2,农产品的供给水平会下降,农业的可持续发展受到挑战。但如果市场机制健全,$\dfrac{P_1}{P_2}$ 由工农产品的正常市场交易形成,在短期内可能存在工农产品逆差,但从长期来看,市场机制具有"纠偏"与重新定价的功能,在市场机制健全的条件下,$\dfrac{P_1}{P_2}$ 对农户的长期兼业化决策影响较小。

农户的兼业化决策受土地面积大小与第二、三产业就业机会及生产效率的影响。式(3.3′)表明,如果家庭土地面积 S 较大,式(3.3′)的结果就可能为正,则农户不会选择兼业化;反之,如果家庭土地面积 S 较小,式(3.3′)的结果就可能为负,农户就可能选择兼业化。

当然,农户是否可以选择兼业化,还要看农户成员是否有从事第二、三产业的机会。如果没有机会从事第二、三产业则 C 变量为零,由于 $B \leqslant A$,则式(3.3′)为正,农户也只能被迫作为纯农户。但此时如果 A 与 B 的差值很大,没有剩余劳动力,同时又存在工农产品"剪刀差",不给予农户成员从事第二、三产业的机会,则作为纯农户可以保证农产品的产出与供给不会减少,同时可以将农业剩余更多地转移至工业部门和三产部门。这是发展中国家政府在农业哺育工业阶段的理性选择。

即使农户成员有机会从事第二、三产业,还要看在第二、三产业中的劳动生产效率,即在式(3.3′)中的变量 C 的大小。变量 C 较大,式(3.3′)就可能为负,则选择兼业化。因为 C 的作用,农户家庭的两个人将会在第一产业和第二、三产业间进行合理分工。从农业领域转向第二、三产业必然存在学习成本和转型成本(这些成本在模型中没有单独列出,包含在变量 C 中),文化程度较高的年轻农民更容易实现这一转型,其在第二、三产业中的劳动生产效率会较高,变量 C 较大。因此,在农业发展水平本身较低的发展中国家的农户兼业化会在一定程度上降低农业劳动力的素质,不利于农业的现代化发展。

2. 中国农户兼业化的典型特征

中国的农户兼业化伴随着较低的农业生产效率。中国在 1985 年左右开始出现有规模的农户兼业化。那时主要采取"离土不离乡"的模式。据统计,1983—1988 年,转移至乡镇企业的农村劳动力达 6300 万人(国务院研究室课题组,2006)。而在 1985 年,根据国家统计局公布的数据,按照 1995 年美元不变价统计方法计算,中国平均每个农业劳动力生产的农业增加值仅为 213 美元,而农业发达国家如美国、加拿大、澳大利亚、日本、法国、比利时、丹麦、荷兰同期的这一指标分别是 27502 美元、20793 美元、23444 美元、21494 美元、25980 美元、28005 美元、25534 美元和 29206 美元。中国的农业劳动生产率仅相当于美国的 0.77%、加拿大的 1.02%、澳大利亚的 0.91%、日本的 0.99%、法国的 0.82%、比利时的 0.76%、丹麦的 0.83%、荷兰的 0.73%。1992 年后,以农民外出务工的模式将农户兼业化推向新的高潮(国务院研究室课题组,2006)。根据《第二次全国农业普查主要数据公报》(第五号)显示,至 2006 年,中国有农村劳动力 5.3 亿人,其中 1.3 亿人外出打工,占农村总劳动力的 24.53%(国家统计局综合司,2008)。而在 1992 年,根据国家统计局公布的数据,中国平均每个农业劳动力生产的农业增加值仅为 250 美元(根据 1995 年美元不变价统计计算),而农业发达国家的美国、加拿大、澳大利亚、日本、法国、比利时、丹麦、荷兰同期的这一指标分别是 33761 美元、30705 美元、

25835 美元、26925 美元、37185 美元、39305 美元、33410 美元、41798 美元。中国的农业劳动生产率仅相当于美国的 0.74%、加拿大的 0.81%、澳大利亚的 0.97%、日本的 0.93%、法国的 0.67%、比利时的 0.64%、丹麦的 0.75%、荷兰的 0.60%。目前,虽然中国许多重要的大宗农产品产量均居世界第一位,但是人均产量较低,至今仍不是农业强国(马述忠、乜国婉,2007)。因此,虽然美国、加拿大、澳大利亚、日本、法国、比利时、丹麦、荷兰等农业发达国家也普遍存在农户兼业化的事实,但是这些国家是以较高的农业劳动生产率为背景的。用我们的模型来解释,就是由于农业劳动生产率的提高,导致这些国家的 B 与 A 较接近,农业剩余劳动力产生,从而推动农户兼业化。因此,发达国家农户兼业化是由于农业高度发展而内生形成的。而中国的农户兼业化进程却伴随着较低的农业生产效率。

中国的农户兼业化产生于工农产品"剪刀差"的背景下。新中国成立后,在很长一段时间里面临着一个关键性的外生变量,即国际政治、军事竞争和严酷的外部经济环境共同形成的压力。为应对这一压力,国家确立了以优先发展重工业为核心的赶超战略(林毅夫、蔡昉、李周,1994)。为了优先发展重工业,国家不得不全面排斥市场机制的作用,以牺牲经济效率为代价,选择政治上的集权制度、经济上的计划控制和产权上的国家垄断。由于当时中国是一个典型的农业大国,这一选择的实质就是要从农业中提取经济剩余以满足重工业高速发展对资本的需求。由于工农业产品"剪刀差"的存在,从事农业的比较利益低下,甚至无利可图,农户具有强烈的兼业化动机。但在新中国成立至改革开放初期,由于要保证农产品的有效供应,同时为了将更多的农业剩余转向工业,根据我们的模型,国家的理性选择是限制农户在第二、三产业就业,所以农户兼业化的机会很少。1978 年的家庭联产承包责任制,解放了农业劳动生产力,农业生产效率得到提高,农产品供给紧缺度下降。1985 年前后,国家开始解除限制,农民在第二、三产业的就业机会逐渐增加,农户兼业化的比例也大幅提升。

中国当前的农户兼业化并不完全是农村过剩劳动力推动的,具有明显的农业抑制特征。中西部地区的部分农村因农户兼业化(主要形式为外出务工),导致了不同程度的土地"撂荒"现象。[1] 根据我们的模型分析,这种"撂荒"现象说明留守的农民根本无力耕种家庭所有的土地,农村劳动力已经过度流失,反映了中国当前的农户兼业化并不完全是由于农村过剩劳动力推动的。因为"撂荒"的存在,说明农户兼业化也不是模型中家庭耕地面积 S 太小的结果,因家庭耕地面积太小而缺乏规模经济的言论不能用来解释当前的农户兼业化。根据我们的模型,中国的现实情况是 A 可能要高出 B 很多,但是农户依然选择兼业化,其主要原因是,在现有的发展模式下,农业的生产效率较低,比较利益明显低下,甚至出现种粮反而赔钱的情况。根据我们的模型,农户兼业化中,进入第二、三产业的大多是文化水平较高的青壮年。中国的现实情况也正是如此。据农业部关于安徽农村劳动力转移的最新调查显示,农民外出务工之后,留守农村的劳动力多是老人和妇女,且文化程度低,接受新技术能力弱,许多人看不懂种子、农药、肥料的使用说明书,农业新技术推广十分困难(安徽省农委,2008)。以上事实表明,当前的农户兼业化具有明显的农业抑制特征。农业抑制导致了农户兼业化,农户兼业化又进一步加深农业抑制,从而形成农业发展的恶性循环。

3. 对中国农户兼业化的总体评价与展望

从中国农户兼业化的典型特征来看,中国当前的农户兼业化与农业发达国家的农户兼业化具有本质的区别。中国当前的农户兼业化是在农业发展总体水平不高的条件下、在工农产品"剪刀差"的背景下发生的,具有明显的农业抑制特征,是对农业一定程度上的"放弃"或"忽视",反映了农民对农业的

---

[1] 中西部地区撂荒的情况比较普遍。新华社记者魏莘 2008 年走访了河南省信阳市 3 个县的 12 个乡镇,发现有 9 个乡镇出现季节性撂荒。农田撂荒的比例严重的达到 70% 左右(见新华网《撂荒的农田》,2008 年 4 月 24 日)。除了显性撂荒之外,还有隐性撂荒,突出表现为减少生产投入、降低复种指数、不求致富但求自足等粗放耕作。

一种"失望"心态。我们必须清醒地认识到,中国当前的农户兼业化并不完全是农村过剩劳动力推动的,同时也不是家庭耕地面积太小而缺乏规模经济的结果。因此,当前将农村工作的重点放在促进农村劳动力的转移上,将"三农"问题的解决放在"三农"之外,而忽略农业本身的发展是不合理的。虽然当前通过农村劳动力转移,一定程度上促进了农民收入增长,但这种增长不具有可持续性,长此以往,我们可能会付出巨大的代价。因此,中国当前的农户兼业化不具有长期合理性。

但需注意的是,我们的结论与速水佑次郎和神门善久(2003)的观点不一样,速水佑次郎认为农户兼业化不能获得规模经济,只是农户组织的过渡形态。而我们的模型表明,农户兼业化与规模经济无关,而且农户兼业化可以长期存在。虽然中国当前的农户兼业化不具有长期合理性,但农户兼业化在农业发展水平较高的条件下一样可能存在,因此,在将来中国农业发展水平提高后,同样可能存在农户兼业化,但那种农户兼业化是由农业发展内生推动的,正如现在农业发达国家的农户兼业化一样,与中国当前的农户兼业化具有本质的区别。

(四) 推进以家庭经营为基础的农业区域专业化:中国农业发展道路的现实选择

当今世界农业发达国家(包括美国、法国、加拿大、澳大利亚、比利时、丹麦、荷兰等)在农业生产模式上具有两个鲜明的特征:一是坚持家庭经营为基础,二是根据区域资源特色,建立规模化、特色化与专业化的产业区。美国的华盛顿州集中生产苹果,南部的几个州集中生产棉花,中部的几个州集中生产小麦;荷兰成为牛奶与花卉的产业区;比利时则成为养鸡与产蛋的专业产区;法国成为小麦以及麦制品的专业产区;丹麦精于生猪养殖。规模化、特色化与专业化的产业区实际上就是农业的区域专业化。以家庭经营为基础的农业区域专业化是一种新的农业生产模式,其具体做法是各地区根据区域自身的综合优势(包括外生绝对优势、外生比较优势、内生绝对优势和内生比较优势)专门生产某种产品或某类产品,而具体的生产单位以农户为主。以家庭经营为基础的农业区域专业化已引起包括世界银行、联合国工业发展组织、经济合作与发展组织等的高度重视。但以家庭经营为基础的农业区域专业化究竟怎样促进了农业经济增长,一直还是个谜。少数学者提出了一些看法,但总体上还很不全面。根据我们的研究发现,以家庭经营为基础的农业区域专业化具有"一石三鸟"的效应,可以同时实现农业规模经济、专业化经济与分工经济,从而提高农业生产效率。同时以家庭经营为基础的农业区域专业化,可以促进与农业相关的第二、三产业的发展,吸收农村剩余劳动力,推动农业分工深化,实现农业与农村经济的良性循环,从而产生破解"三农"问题的立体效应。

1. 以家庭经营为基础的农业区域专业化的经济增长效应

以家庭经营为基础的农业区域专业化可以获得规模经济①。马歇尔在《经济学原理》中阐述了两种规模经济的形成途径:一是依赖于个别生产组织对资源有效利用、组织和经营效率的提高而形成的"内部规模经济";二是依赖于多个生产组织之间合理的地区布局等所形成的"外部规模经济"。

由于土地对农民而言具有特殊的社会经济含义以及土地流转存在困难的现实,扩大农户生产规模的社会成本较高。即使扩大了农户生产规模,也不一定能够获得规模经济,因为农业生产具有特殊性,其监督成本很高,通过扩大农户生产规模来获得"内部规模经济"不如工业生产那样容易。从规模经济理论来看,农业生产应当着眼于"外部规模经济"。以家庭经营为基础的农业区域专业化,可以减少生产组织变动的社会成本,同时可以通过三种"渠道效应"获得"外部规模经济",促进农业发展。一是"农业技术渠道效应"。区域

---

① 规模经济是指在一定范围内,生产产品绝对量增加时,其单位成本下降,即扩大经营规模可以降低平均成本,从而提高利润水平。

专业化可以有效降低推广成本,加速农业技术向现实生产力的转化进程,将现代化技术导入农业。由于农民科技文化素质相对较低以及农业技术研发的外部性,新的农业技术主要依靠外生供给或政府供给。如果农户不集中连片进行农业生产,农业技术的推广成本就很高。目前许多中西部的基层农业技术服务部门工作效率低下,严重制约了农业发展。如果在区域内所有农户都生产相同的一两种农产品,便可以提高技术服务的专业化水平,降低技术推广成本,实现技术服务的规模经济。二是"人力资本渠道效应"。在现有模式下,农业技术的有效需求不足,农业人才浪费严重。据抽样统计,目前纯农业技术类大学毕业生与中专毕业生真正从事农业技术相关工作的不足10%(李敬,2007)。而且近年来,高校纯农业技术类招生下滑,农业大学向综合型大学发展,明显弱化了农业教育,不少农业中专学校转向非农专业的职业教育,呈现农业教育非农化的现象。区域专业化,降低了区域内农业生产品种,需要精细化生产,会刺激农业技术的有效需求,为农业人才提供才能发挥的空间,从而加速农业人力资本积累。三是"金融资本渠道效应"。区域专业化后,农户的生产经营变得更加"透明",减少了农户与金融组织之间的信息不对称性;由于一个地区的大多数农户的生产经营相对一致,其信息成本的搜索也会体现出规模经济;区域专业化使农业生产体现出清晰的产业链和价值链,便于金融组织设计符合产业链和价值链的金融产品,同时也便于风险控制。因此,通过区域专业化,可以诱导出可持续的农业金融需求,使金融资本顺利进入农业领域,同时减少农业融资成本。

2. 以家庭经营为基础的农业区域专业化可以获得专业化经济

专业化经济是指因农户的专业化生产从而导致生产效率提高的经济现象。与规模经济不同,专业化经济主要源于驾轻就熟、学习成本减少和个人在特定领域内的经验积累(Yang,1991)。一般来说,专业化经济是对特定个人和特定活动而言的,然而对于农户而言也存在专业化经济。在传统的自给自足模式下,农业的商品化率较低,一个农户从事很多种农产品的生产,其家庭成员需要学习多种生产技术,在农民本身文化素质较低的情况下,其学习成本很高,而在每种农产品生产上的经验积累也很有限,其生产效率低下。而在农业区域专业化的模式下,每个农户将生产范围缩小,从事生产的产品种类数减少,会提高在特定产品生产上的经验积累速度,产生熟能生巧效应,其业务技能会因"业专而日进",其工作转换的成本也较低,同时因业专会导致一些改良性的技术出现(亚当·斯密,1776),最终农户的生产函数会表现为边际和平均劳动生产率与农户农业生产的专业化水平成反比(专业化水平与农户从事的生产产品种数成反比)。但专业化经济属于局部递增报酬,即不能超出家庭总的劳动时间限制(杨小凯,2003)。

下面我们借鉴杨小凯(2003)的一个模型来说明以家庭生产为基础的农业区域专业模式下的专业化经济。假定在该模式下,每个农户可以生产 x 和 y 这两种产品,投入 $i \in (x, y)$ 产品的劳动份额称为生产 i 的专业化水平,用 l_i 表示此水平。农户的生产函数假定为:

$$x^p = x + x^s = l_x^{\alpha} \qquad y^p = y + y^s = l_y^{\alpha} \tag{3.4}$$

式(3.4)中, x^p 和 y^p 为两种产品的产量, x 和 y 为两种产品的自给量, x^s 和 y^s 是在市场上出售的商品数量, $\alpha > 1$ 为专业化经济程度参数(表明熟能生巧情况的存在)。假设该农户可供给的劳动总量是 1 个单位,则:

$$l_x + l_y = 1 \tag{3.5}$$

对农户的生产函数求一阶导数和二阶导数,得到:

$$\frac{d\,x^p}{d\,l_x} = \alpha\,l_x^{\alpha-1} > 0 \qquad \frac{d^2\,x^p}{d\,l_x^2} = \alpha(\alpha-1)\,l_x^{\alpha-2} > 0 \tag{3.6}$$

$$\frac{d\,y^p}{d\,l_y} = \alpha\,l_y^{\alpha-1} > 0 \qquad \frac{d^2\,y^p}{d\,l_y^2} = \alpha(\alpha-1)\,l_y^{\alpha-2} > 0 \tag{3.7}$$

式(3.6)和式(3.7)中, $\frac{d\,x^p}{d\,l_x}$ 和 $\frac{d\,y^p}{d\,l_y}$ 是两种产品的边际劳动生产率,两者都大于零,表示产出与劳动之间存在正向关系。产出对劳动的二阶导数大于零,说明劳动生产率随专业化水平 l_i 的上升而提高。$AL_x = \dfrac{x^p}{l_x}$、$AL_y = \dfrac{y^p}{l_y}$ 表示平均劳动生产率,则:

$$AL_x = l_x^{\alpha-1} \qquad \frac{dAL_x}{dl_x} = (\alpha - 1)\, l_x^{\alpha-2} > 0 \qquad (3.8)$$

$$AL_y = l_y^{\alpha-1} \qquad \frac{dAL_y}{dl_y} = (\alpha - 1)\, l_y^{\alpha-2} > 0 \qquad (3.9)$$

式(3.8)与式(3.9)表明,平均劳动生产率同样是随着专业化水平上升而上升。令 AC_x 和 AC_y 分别为两种产品平均成本,当 $l_i \leqslant 1$ 时,则:

$$AC_x = \frac{l_x}{x^p} = l_x^{1-\alpha} \qquad \frac{dAC_x}{dl_x} = (1 - \alpha)\, l_x^{-\alpha} < 0 \qquad (3.10)$$

$$AC_y = \frac{l_y}{y^p} = l_y^{1-\alpha} \qquad \frac{dAC_y}{dl_y} = (1 - \alpha)\, l_y^{-\alpha} < 0 \qquad (3.11)$$

从产品平均成本来看,当 $l_i \leqslant 1$ 时,平均劳动成本随专业化水平提高而下降,但当 $l_i > 1$ 时,劳动超过可供给工作时间限制,平均成本变得无穷大。

3. 以家庭经营为基础的农业区域专业化可以获得分工经济

分工经济是指因劳动分工导致生产效率提高并使分工各方共同受益。亚当·斯密(1776)在《国富论》中提出,"劳动分工是提高生产率最主要的因素",劳动分工可以促进效率提高与收入增长。杜阁(1766)认为分工有利于社会最底层成员生活水平的提高,并使收入分配趋于平均化。涂尔干(1933)论述了分工有利于社会的"有机团结"。因此,合理的分工不仅有利于效率的提高,并且有利于和谐社会的建设。农业区域专业化是地区间分工发展的表现,可以使总的农业生产效率提高,同时还有利于地区间收入差距的缩小,使效率与公平同时实现。如果两个区域农业技术效率和资源禀赋等存在差别,两个区域分别在两种不同的产品上各具优势,通过区域专业化可以实现优势互补,各得其所,获得分工的好处。

下面建立一个人口规模相同的两地区两种农产品的区域专业化模型来说

明分工经济产生的机制。假定两种农产品(分别用 X 和 Y 表示)都是必需品,两个地区农户对两种产品没有任何特殊偏好,则两个地区的农户效用函数可以表示为:

$$U_i = X_i^c Y_i^c \tag{3.12}$$

式(3.12)中, $U_i(i=1,2)$ 为两地区的效用, X_i^c 为 X 的消费量, Y_i^c 为 Y 的消费量。在生产中假定没有专业化经济①,可设定两个地区的生产函数和时间约束为:

$$X_1^p = a_{1x} l_{1x} \qquad Y_1^p = a_{1y} l_{1y} \qquad l_{1x} + l_{1y} = 1 \tag{3.13}$$

$$X_2^p = a_{2x} l_{2x} \qquad Y_2^p = a_{2y} l_{2y} \qquad l_{2x} + l_{2y} = 1 \tag{3.14}$$

式(3.13)与式(3.14)中, a_{ij} 为 $i(i=1,2)$ 地区生产农产品 $j(j=x,y)$ 的平均和边际劳动生产率系数。假定 $a_{1x} > a_{2x}$, $a_{1y} < a_{2y}$,即第1个地区生产 X 产品有优势,而第2个地区生产 Y 产品有优势。为简便起见,假设 $a_{1x}=5, a_{2x}=3$, $a_{1y}=3$, $a_{2y}=4$ 。由于人口规模相同,因此每个地区的劳动力约束都为1。

如果两个地区都自给自足,将时间约束代入生产函数,根据式(3.12)和式(3.13),则第1个地区的效用函数为最大化:

$$\max U_1 = 5 l_{1x} \times 3(1 - l_{1x}) \tag{3.15}$$

解得 $l_{1x} = 0.5$, $U_1 = 3.75$ 。同理,根据式(3.12)和式(3.14),则第2个地区的劳动分配情况和效用为 $l_{2x}=0.5$, $U_2=3$ 。

如果根据两个地区的各自优势进行完全分工,采用区域专业化的生产模式,让第一个地区专门生产产品 X ,则 X 的总产量为5;第二个地区专门生产产品 Y ,则 Y 的总产量为4。区域专业化,必然要进行产品交换,从而导致交

① 大多数情况下是有专业化经济存在的,在有专业化经济的情况下,模型结论不会改变。这样设定的目的是,我们能更好地说明在没有专业化经济的情况下,分工经济也存在;同时也因为专业化经济已经在前面进行了相关论述。在农业生产领域如果没有专业化经济,也就是说没有熟能生巧的情况。这往往是农业技术发展遇到瓶颈,经验知识已经达到最大化,在中国传统的小农经济背景下这种情况也是可能发生的。但就算是这种情况,区域专业化一样可能获得分工经济,促进效率提高。

易成本,假如因交易成本导致的损失系数 ρ 为产量的 10%,则能够进行实际消费的 X 的产品量为 4.5,Y 的产品量为 3.6。由于 X 和 Y 都是必需品,所以两个地区会产生相互依赖,导致产品分配的平均化。即:

$$U_1 = U_2 = \frac{4.5}{2} \times \frac{3.6}{2} = 4.05$$

我们比较自给自足和区域专业化条件下两个地区的效用可以发现,区域专业化后,由于分工经济效应,导致两个地区效用水平都明显提高。需注意的是,如果交易成本导致的损失系数 ρ 太大,即成本太高,区域间产品很难实现交易,则区域专业化条件下的效用可能会低于自给自足,因此,理性的选择是自给自足。所以交易成本是区域专业化能否可行的关键影响因素。

但即使一个区域比另一个区域的两种产品的生产率都高,处于绝对优势地位,但只要这两个地区在两种产品的生产率的比率上存在差异,则因比较优势的存在,两个区域从分工中同样可以获得好处(李嘉图,1817)。需注意的是,分工与专业化相关,在由两个地区和两种产品组成的经济里,分工是这样一种生产结构,即至少有一个地区选择一种专业化模式,且两个地区的生产模式各不相同。因此专业化对分工并不充分(Yang,2001)。另外,由于分工经济与专业化经济的来源不同,模型已经证明分工经济在没有专业化经济的条件下也会存在。

4.农业区域专业化生产模式下农村产业发展和农村剩余劳动力转移的问题

农业区域专业化通过规模经济、专业化经济与分工经济提高了农业生产效率,同时也会导致农村剩余劳动力的出现。如果这些剩余劳动力不能有效转移,反过来又会对农业发展造成反向抑制。部分学者正是基于此提出解决农业问题在农业之外的观点。事实上,从动态视角来看,农业区域专业化本身可以解决农村剩余劳动力转移的问题。农业区域专业化会导致与农业相关的第二、三产业的发展。由于农业区域专业化,初级农产品可以集中连片生产,不仅可以保证农产品可持续的规模供给,同时也便于初级农产品的标准化生产,提高农产品质量。因此,以初级农产品为原料的农村加工业可以减少原料的供给成本,获得原料供给优势,从而促进农业的产业化分工,使农村加工业得到迅猛发展。农业区域专业化后,在一定的区域形成规模优势,部分农业生产环节可以独立出来,形成新的农业服务部门。比如,专门服务于农业的种子与幼苗供给、种畜与幼畜供给、农机具供给、农产品运输、农产品贸易等部门会因区域规模的扩大以及农业劳动生产率的提高从农业部门分离出来,从而实现农业生产的深度分工。这些与农业相关的第二、三产业的发展,可以为由农业劳动生产率提高形成的农村剩余劳动力提供广阔的就业空间,同时又会促进农业生产效率的进一步提高,从而实现整个农业与农村经济的良性循环。

三、影响中国农业区域专业化的主要因素

农业区域专业化可以对中国农业经济增长产生明显的促进作用。但不同的地区农业区域专业化水平具有明显差异。是什么因素成为中国农业区域专业化的障碍呢?本部分从交易成本、农业风险、人口资源压力和区位因素等方面揭示阻碍中国农业区域专业化的主要因素。

(一) 交易成本对农业区域专业化的制约

区域专业化生产依赖于产品的交易。如果无法交易,就无法实现产品的交换,则生产者必须生产其所需的所有产品,则是一种自给自足的经济。而交易必然产生交易成本(Transaction Costs)。

当交易成本高出一定水平,则交易变得无利可图,交易便不会发生,分工的专业化生产会消失。因此交易成本是农业区域专业化的重要制约。

下面我们借鉴杨小凯(2003)的一个模型来说明交易成本对农业区域专

业化的制约①。假定社会上有 M 个决策前完全相同的农业消费者和生产者。M 是一个极大数。每个人都有如下效用函数：

$$u = (x + k x^d)(y + k y^d) \tag{3.16}$$

式(3.16)中，x 和 y 为两种产品的自给量，x^d 和 y^d 为两种产品的购买量。购买过程中有交易成本，每购买一单位产品，其中的 $1 - k$ 部分因交易成本而消失。k 为交易成本系数，取值为 0—1 之间。

农业生产者的生产函数为：

$$x^p = x + x^s = l_x^\alpha \qquad y^p = y + y^s = l_y^\alpha \tag{3.17}$$

式(3.17)中，x^p 和 y^p 为两种产品的产量，x^s 和 y^s 是在市场上出售的商品数量，$\alpha > 1$ 为专业化经济程度参数(表明熟能生巧情况的存在)。假设每位农业生产者可供给的劳动总量是 1 个单位，则：

$$l_x + l_y = 1 \tag{3.18}$$

农业生产者的预算约束为：

$$p_x x^s + p_y y^s = p_x x^d + p_y y^d \tag{3.19}$$

式(3.19)中，p_x 和 p_y 是两种产品的市价，式(3.19)的左边是销售收入，右边是消费支出。

运用超边际分析方法，可解得，在自给自足的条件下，农业生产者的效用为 $2^{-2\alpha}$；在完全专业化分工的条件下，农业生产者的效用为 $\dfrac{k}{4}$。因此，只有当 $k > 2^{2(1-\alpha)}$ 时，完全专业化分工与专业化下的效用才大于自给自足下的效用。因此，只有在交易成本足够小、交易效率较高时，有效率的专业化分工才会产生。因此，交易成本是农业区域专业化的重要制约因素。

（二）　自然风险对农业区域专业化的制约

农业的区域专业化实际上是将"所有的鸡蛋放在同一个篮子里"，必然会

---

① 杨小凯：《经济学——新兴古典与新古典框架》，社会科学文献出版社 2003 年版，第 99 页。

面临各种风险的制约。为了规避风险,一些地区只能在一定程度上放弃农业的区域专业化。自然风险是农业区域专业化的"拦路虎"。由于区域专业化生产,同一地区的农作物面临同样的气候和生物学要求,当不利的自然灾害发生时,往往对一个地区的农业发展会产生致命的打击。

世界上有两个著名的地震火山带:一是环太平洋地震火山带,其位于太平洋板块与亚欧板块、印度洋板块、南极洲板块和美洲板块交界处;二是位于北半球的地中海—喜马拉雅山地震火山带,这两大区域内地壳活动频繁,是世界上地震、火山等自然灾害频发的地区。中国正好位于这两个地震火山带的交汇处,地壳运动频繁,且我国地形地貌复杂,山区大约占整个国土面积的2/3;加上亚热带季风气候的不稳定,深受夏威夷高压的影响,导致我国频繁地出现"南涝北旱"。以我国的人口分界线(黑河—腾冲)为界,此线东南部与西北部两个地区存在明显的差异,无论是自然灾害的种类还是影响程度,东南部均明显高于西北部。究其原因,一方面,主要是地域差异,东南部的人口和城市密集,农业和经济发展水平相对较高;另一方面,东南部受亚热带季风和海洋影响大,且多山地丘陵地形,这一系列的孕灾环境和致灾因子使其各种自然灾害频发。

全球多种自然灾害(除现代火山灾害以外)在中国都有发生,且中国自然灾害发生的频率高、强度大。就20世纪而言,其间全球发生的重大自然灾害共54起,其中8起发生在中国。中国自然灾害的灾情特点突出表现为成灾人口多,农业灾情严重。面对自然灾害,部分地区只能分散经营。自然风险是农业区域专业化的重要制约因素。

(三) 人口资源压力对农业区域专业化的制约

人口资源压力对人类的生存产生重要制约。在一定的生产技术水平下,当现有资源不足以养活现有人口时,生产追求的将不是效率最大化,取而代之的是产量最大化。这将导致农业衰退与经济衰退。

产量

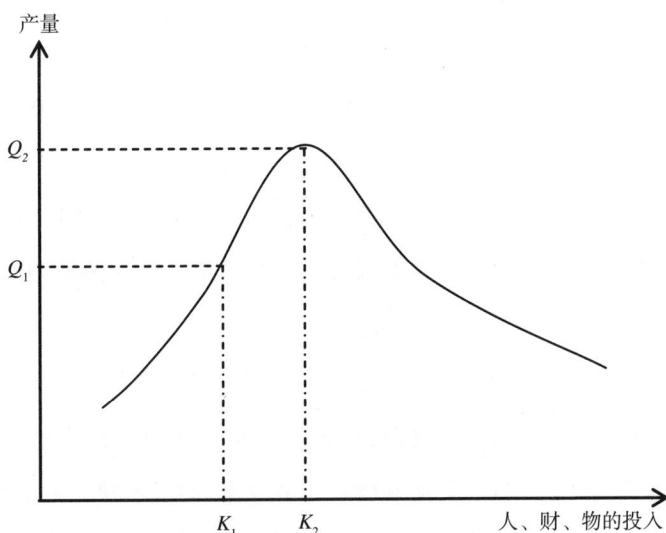

图 3-1　人口资源约束下的粮食生产行为

如图 3-1 所示,根据投入产出规律,当投入为 K_1、产量为 Q_1 时,投入产出效率可能是最高的。但如果人口过剩,产量为 Q_1 时,人均粮食产量不足以满足生活需求。在现有技术条件下,必须要追求产量的最大化,继续追加投入至 K_2,使产量达到 Q_2,从而才能满足人们的需求。此时,在单位土地上必须有更多的农村劳动力的投入,曾经通过劳动分工从事其他产业的农民必须又回到土地上,从而导致劳动分工的退化,同时工业化所需要的劳动力减少,进而导致经济的倒退。在农业生产无视效率的情况下,如果此时人口继续增加,同时没有粮食进口,必然会导致粮食危机,爆发社会风险,中国的历史已证明了这一点。这一现象可以称为人口过剩背景下的"农业发展陷阱"。第一次工业革命在英国开端,主要是以英国农业发展的基础为依托。但当时,以亩产来看,有不少国家包括中国的农业生产优于英国,说明英国农业技术可能并没有中国先进。但中国人均粮食产量远低于英国,也就是英国的农业劳动剩余高得多,从而具有了发展工业的资本,而中国及其他一些国家虽然农业技术发达,但由于人口过剩效应,抵消了农业技术进步的效应,农业劳动剩余偏少,无法跨越工业化的基础门槛。

在世界粮食生产中,中国作为世界第一人口大国,粮食生产占了举足轻重的地位。目前,自然环境的恶化对中国粮食生产造成压力。从 1949 年至今,全国平均每年受旱灾面积超过 3 亿亩,约占全国播种面积的 18%;中国耕地不仅要承受城市化建设和人口增长所带来的巨大压力,还要受到水土流失的侵蚀,根据水利部提供的资料,新中国成立以来全国水土流失毁掉耕地平均每年100 万亩以上;土壤侵蚀导致耕地的水分、土壤肥力流失后,土地贫瘠,田间持水能力降低,引起干旱频繁出现。在粮食压力下,中国的农业政策一直致力于主要粮食的自给。在谷物及谷物粉方面,中国基本保证了自给自足。在这种压力下,一些粮食生产大省,必须要放弃经济效率,而追求粮食产量的最大化,从而延缓有效率的农业区域专业化进程,甚至降低整个区域经济的增长效率。因此,人均粮食生产量大的省份,农业区域专业化水平可能较低。而人均土地较多的省份,粮食压力相对较小,农业区域专业化的制约要小些,预期的农业区域专业化水平可能要高些。

(四) 区位固有因素对农业区域专业化的制约

农业生产很大程度上依赖于热量、光照、降水等气候因素,区域内的气候、地形、土壤、水源等自然条件禀赋对农业区域专业化会产生硬约束。一方面,不同动植物的生长发育对气候条件的要求各有不同,而光照、降水、热量等气候条件又具有明显的地域差异。另一方面,不同的地形地貌对农业类型的选择也有所制约,如平原地区适宜发展耕作业,而山区适宜发展畜牧业。此外,土壤和水源也会对农业的区域专业化产生深刻影响。不同种类的土壤,其土壤肥力、土壤结构、酸碱度、土层厚度均有所不同,适宜生长的农作物也就有所不同;而水源不仅是农业稳产的保证,更是我国干旱、半干旱地区农业发展的决定性因素。因此,一个地区农业的选择必须因地制宜,即要充分考虑当地的气候、地形、土壤和水源等自然因素。

农业生产必须首先做到因地制宜。而"因地制宜"不一定支持区域专业化水平的发展。只有在"因地制宜"的框架下的区域专业化水平的提高,才能是有效率的区域专业化。

(五) 影响中国农业区域专业化主要因素的实证分析

前面分析表明,交易成本、农业风险、人口资源压力和区位因素是制约农业区域专业化的重要因素。总结起来有如下观点:一是只有在交易成本足够小、交易效率较高时,有效率的专业化分工才会产生,因此,交易效率与农业区域专业化具有正相关关系;二是自然风险越高,越会对农业区域专业化产生负面影响,因此农业自然风险与农业区域专业化水平具有负相关关系;三是受人口资源压力影响,人均粮食生产量大的省份,农业区域专业化水平可能较低,而人均土地较多的省份,粮食压力相对小些,预期的农业区域专业化水平可能要高些,因此人均粮食产量与农业区域专业化具有负相关关系,而人均土地面积与农业区域专业化具有正相关关系;四是区域内的气候、地形、土壤、水源等自然条件禀赋对农业区域专业化会产生硬约束,不同的气候、地形、土壤、水源组合,可能会有利于农业区域专业化,也可能不利于农业区域专业化,各地区的表现各异。下面针对以上观点,进一步进行实证分析。

1. 模型设计

变量与数据选择。对于农业区域专业化水平(Specialize),我们用基于区位商计算的数据。计算方法是,首先计算出各地区单个农业产业的区位商,然后基于各地区农业劳动力数量对各地区全部农业产业区位商进行加权平均。对于交易成本,借鉴杨(Yang,1991)的做法,用公路密集度(公里/万平方公里)(roadmd)来反映。对于自然风险用各地区成灾面积与各地区土地面积之比(risk)来反映。对于人口资源压力用人均粮食产量(agvrice)和人均土地面积(agvarea)来反映。对于区位固有因素,因为在短期内是不变的,直接用模型的截距来反映。为了扩大样本容量,用省际面板数据来进行实证。横截面包含 31 个省（自治区、直辖市），时间为 1999—2015 年。所有数据来源于《中国统计年鉴》《中国农村统计年鉴》以及《中国农业年鉴》。

实证模型选择。根据拟合优度选择如下双对数面板模型作为计量分析模型：

$$\text{Log}(specialize_{it}) = \alpha\text{Log}(roadmd_{it}) + \beta\text{Log}(risk_{it}) + \gamma\text{Log}(agvrice_{it}) +$$
$$\varphi\text{Log}(agvarea_{it}) + c + d_i + \varepsilon_{it} \tag{3.20}$$

式（3.20）中，$\text{Log}(*)$ 为反映变量的自然对数；$specialize$ 为农业区域专业化水平；$roadmd$ 为反映交易成本的公路密集度；$risk$ 为反映自然风险的各地区成灾面积与各地区土地面积之比；$agvrice$ 为人均粮食产量；$agvarea$ 为人均土地面积。d_i 为截面虚拟变量，反映区位固有因素对农业区域专业化的影响。c 是共同截距，ε_{it} 为随机扰动项。下标 i 是省（自治区、直辖市）的标识，下标 t 是年份（$t = 1999, 2000, \cdots, 2015$）的标识。$\alpha$、$\beta$、$\gamma$、$\varphi$ 分别是相应变量的回归系数。根据理论分析，公路密集度越高，则农业区域专业化水平越高，预期 α 为正；各地区成灾面积与各地区土地面积之比越高，则农业区域专业化水平越低，预期 β 为负；人均粮食产量越高，农业区域专业化水平越低，预期 γ 为负；人均土地面积越高，农业区域专业化水平越高，预期 φ 为正。

2. 实证检验

各变量的面板单位根检验。为了避免伪回归现象，首先对相关变量进行单位根检验。由于每种单位根检验方法各有优缺点，因此本研究选择 LLC 检验（2002）、Breitung 检验（2005）、IPS 检验（2003）、ADF 费希尔检验（1999）、PP 费希尔检验（2001）五种主要的方法同时进行检验，取五种方法检验一致的结果。变量的单位根检验结果见表 3-1，检验模式均为有截距无趋势项。结果显示，用五种方法检验的所有变量的原始序列都没有通过，而一阶差分序列全都通过了，这表明所有变量都是一阶单整的。

表 3-1　单位根检验结果

变量	LLC 检验	Breitung 检验	IPS 检验	ADF 费希尔检验	PP 费希尔检验
农业区域专业化对数	5.964***	3.386	-0.999	75.075	101.182***
农业区域专业化对数一阶差分	-15.486***	-4.424***	-8.905***	198.049***	256.103***
公路密集度对数	-1.103	1.150	4.422	29.452	40.511
公路密集度对数一阶差分	-22.403***	-7.987***	-11.146***	206.510***	251.301***
成灾面积与各地区土地面积之比对数	-1.764**	0.511	—	46.353	47.216
成灾面积与各地区土地面积之比对数一阶差分	-25.674***	-15.512***	—	479.103***	520.985***
人均粮食产量对数	5.736***	0.625	-3.301***	102.118***	126.293***
人均粮食产量对数一阶差分	-14.911***	-4.200***	-9.673***	201.104***	214.965***
人均土地面积对数	-14.257***	0.904	-3.353***	131.882***	150.153***
人均土地面积对数一阶差分	-53.642***	-1.797**	-24.641***	222.543***	181.485***

注:五种方法的零假设都是具有单位根。采用施瓦兹准则(SC)确定最优时滞(下同)。表中的 *** 表示在 1%的水平上显著,** 表示在 5%的水平上显著。

协整检验。由于 $\text{Log}(specialize)$、$\text{Log}(roadmd)$、$\text{Log}(risk)$、$\text{Log}(agvrice)$ 和 $\text{Log}(agvarea)$ 这五个变量都是一阶单整序列,说明五个变量间存在协整的可能。我们以 $\text{Log}(specialize)$ 为因变量进行协整分析,从而计量分析其他四个变量对区域专业化的影响。对式(3.20)进行估计,经协方差分析检验,选用等斜率变截距模型较优。然后再进行豪斯曼(Hausman)检验和冗余固定效应(Redundant Fixed Effects)检验,结果表明,选择截面固定效应模型较优。直接的回归分析,结果发现 DW 值较小,明显存在自相关。于是,加入 AR(1)项,进行校正,最终的回归分析结果见表 3-2(其中截面虚拟变量值未列出)。F 检验统计量(F-statisic)为 78796.18,调整后的拟合优度为 0.9999,杜宾-沃特森统计量(DW)为 2.1039,说明模型的解释力度比较强。

所有变量的回归系数均通过了 T 检验。结果表明,在样本期间,公路密集度的提高,显著地促进了农业区域专业化水平的提高;各地区成灾面积与各地区土地面积之比显著地制约了农业区域专业化水平的提高;人均粮食产量与农业区域专业化具有显著的负相关关系,而人均土地面积与农业区域专业化具有显著的正相关关系。反映区域固定效应的截面虚拟变量有正有负,说明区位条件对农业区域专业化的影响在各地区的表现是各异的。

表3-2　农业区域专业化对数与其相关影响因素之间的协整结果

变　　量	回归系数	T 检验值	P 值
常数项	−5.7821	−19.1230	0.0000
公路密集度对数	0.0860	9.1960	0.0000
成灾面积与各地区土地面积之比对数	−0.0160	−4.1067	0.0001
人均粮食产量对数	−0.1225	−2.5368	0.0118
人均土地面积对数	0.3034	4.6860	0.0000
AR(1)	0.7663	17.6643	0.0000
调整后的拟合优度=0.9999　　F 检验统计量=78796.18　　杜宾-沃特森统计量=2.1039			
反映区域固定效应的截面虚拟变量			
北京	2.2716	安徽	−0.6122	四川	−1.4512
天津	2.7138	福建	0.0504	贵州	−0.9115
河北	−0.5188	江西	−0.3727	云南	−0.6723
山西	−0.0983	山东	−0.6056	西藏	0.1590
内蒙古	−0.5948	河南	−1.1110	陕西	−0.2649
辽宁	−0.1598	湖北	−0.1049	甘肃	−0.3767
吉林	−0.4249	湖南	−1.0956	青海	0.8523
黑龙江	−0.9826	广东	−0.4828	宁夏	1.1263
上海	2.9062	广西	0.3905	新疆	0.8383
江苏	−0.0179	海南	1.5559	—	—
浙江	0.1564	重庆	−0.3866	—	—

续表

残差的面板单位根检验①				
变量	LLC 检验	Breitung 检验	IPS 检验	ADF 费希尔检验	PP 费希尔检验
残差的原序列	-16.3747	-10.5877	—	323.8520	373.2800

四、促进农业区域专业化的路径

(一) 加强市场基础设施建设,优化农产品交易条件

农业区域专业化是以市场交易为基础的。市场基础设施落后、交易条件差、交易成本高是阻碍农业区域专业化的最重要因素。

一要全面改变农村交通落后的面貌。农村公路作为农民生产生活的基本条件,是农业和农村发展的先导性、基础性设施(王庆,2016)。但目前部分地区农村的交通条件依然较差。虽然大多数行政村都已通公路,部分道路也已硬化,但普遍具有路面窄、弯多坡陡的特征。不少通村公路都是在原来的机耕路面上进行硬化,有效路面仅3—4米,会车困难,客运车辆难以通行。养护管理不力,全配套设施和养护管理资金匮乏。现有的农村交通条件对农业区域专业化造成了明显制约,必须要尽快改变农村交通落后的状况。

二要构建有效率的农村市场网络,搭建全方位的农村交易平台,解决买难问题。要加强"农家店"的建设,推动农村地区连锁经营的现代流通模式建设,降低农产品物流运输成本。要根据农村需求量少面广的特点,将"农家店"建成多功能店,除了出售消费品外,还可以代理销售邮政、电信产品以及各类保险、金融产品,以满足农民多方位的需求。同时要大力加强配送中心建

---

① 经检验,残差序列无截距与时间趋势,因此在残差的面板单位根检验时选用无截距与时间趋势的模型,而 IPS 检验必须是有截距或时间趋势的,所以此方法对残差的面板单位根检验无效。

设,杜绝威胁人们健康的产品流向农村;围绕提升中心城镇综合服务功能,加大对中心城镇服务平台建设的支持力度;积极建设农村统一结算系统,提升农村信息化水平和流通体系现代化水平。

三要以降低农产品流通成本为核心,推动农产品现代流通体系建设,解决农村的卖难问题。首先,要大力加强农贸市场建设。农贸市场有利于改变以往"马路市场"占道经营的混乱状况,对于完善乡镇市场基础设施有推动作用。其次,要进一步推动"农超对接"。订单农业在发达国家中普遍存在,订单农业的推广有利于维护长期的购销关系。在美国,农产品直销超市的比重占90%,马来西亚占70%,澳大利亚占65%,而在中国仅占15%左右。农超对接可以推动流通企业发展订单农业,有效减少农产品流通环节,与此同时还可以建立集农产品生产、加工、包装、销售为一体的新型农产品供应链。目前,应当进一步推动大型流通企业全面进军农村,推动订单农业的发展,建立稳定的购销关系。

四要大力加强农村流通基础设施建设。一方面要加强冷链系统建设。在食品和鲜活农产品冷藏运输率方面,中国与发达国家差距非常大。在美国,鲜活农产品损耗率仅为2%—3%,而在中国,这一比例为25%左右。中国每年农产品的损耗在700亿元人民币左右。加强冷链系统建设,推进冷藏、冷冻、冷链运输基础设施建设显得十分重要。同时,应支持批发市场建立农产品可追溯系统,将农产品品种和价格纳入档案,以方便及时追踪和查询农产品信息。

(二) 加强农业风险管理,降低农业区域专业化风险

"风险的盛行——有些形式在未来的交易中是不可能作出的——是另一个削减经济活动的因素"(Davis 和 North,2004)。农业生产面临诸多风险。农业风险既具有多样性,又具有分散性和季节性。农业区域专业化既受农业风险的影响,又会在一定程度上加剧风险的积累。加强农业风险管

理,建立有效的农业风险管理体系,是促进农业区域专业化的重要举措。人们厌恶风险的程度随偶然性的增加而增强(Davis 和 North,2004)。因此,农业风险管理的要义是,运用适当的手段对各种风险源进行有效的控制,以减少农业的波动,降低农业风险发生的可能性,减少由此给农民带来的意外损失(梁兆基、冯子恩、叶柱均,1998)。农业风险管理的手段主要基于两个方面:一方面是通过保险机制设计,将风险集中于不厌恶风险的人,从而使生产者获得比较确定农业区域专业化的收益。另一方面是建立分工主体之间的信任关系,减少道德风险的发生率,保证供求关系的稳定性。具体而言:

一是健全农业保险制度。农业保险是农业风险管理的首要方面。而当前中国的农业保险覆盖宽度和深度均较低,巨灾灾害单起事件的保险最高覆盖面小于3%,远远低于30%的世界平均水平。促进农业区域专业化发展,必须要健全农业保险制度。首先,必须要建立健全农业风险评价体系。不能进行农业风险的评价和农业风险发生率的计算,农业保险方案就无法付诸实行。人寿保险的思想在17世纪就出现了,但直到死亡率表的建立,才真正进入商业的应用。农业风险影响因素多,风险评价相对困难,因此很有必要设立专门的机构,进行农业风险的研究,制订相应的标准,建立专门的农业风险评价的中介机构。其次,要建立量大面广的全国性农业风险保险基金。区域性农业保险往往会失败。因为自然灾害、恶劣天气往往在一个区域内全面发生,一次灾害就可能导致保险公司破产。保险基金也必须达到一定的保量才能够分散风险。最后,要探索建立农业和巨灾保险的再保险制度。根据国外的实践经验,政府一方面会通过税收优惠和财政补贴等形式对农业和巨灾保险再保险发展提供援助,另一方面会对一些与国计民生息息相关的大宗农产品进行强制性保险和再保险。开展再保险,能有效完善巨灾风险管理机制。首先,要加强再保险立法建设。中国现有的关于再保险的法律规定主要体现在业务规定方面,而在组织管理方面并未进行任何规定,缺乏独立的再保险立法(王璐,

2011）。其次，要将基本保障与补充保障结合起来。进一步完善基本保障范围内的保险再保险的基本保费补贴、巨灾赔款低息或无息贷款等政策支持体系。依托商业化运作建立补充保障。最后，对区域差异要实行区别对待，推进中央和地方财政分级支持的多层次农业保险再保险体系的试点工作，鼓励创新农业巨灾风险转移产品。

二是建立产业发展的法律约束与诚信机制。农业区域专业化涉及产业链的延伸，包含多个交易主体之间的交易行为。这些交易主体之间既共同分享专业化带来的利益，同时也应当分摊专业化的风险。而这些利益和风险可能是跨期均衡，即在某一年度利益与风险可能是不对称的。当利益与风险不对称时，就可能出现道德风险。此时需要法律约束和诚信机制。首先，完善农产品交易、土地转包、三权（土地承包权、林权、宅基地）抵押的相关法律制度，使各种交易严格受到法律的保护。其次，要建立农村经济交易的维权体系，建立农村法律援助制度；要开展全民普法活动，增强农民的法律意识。最后，要建立产业发展的诚信机制。现实情况下，约束农村经济交易的法律成本高，需要充分发挥道德的力量，用诚信来平滑农业生产风险。

（三）化解资源约束，努力促进农业技术研发与推广

经济发展的历史证明，粮食与土地压力是制约劳动分工与经济增长的关键因素。实证分析也表明，粮食与土地压力对农业区域专业化产生了重要制约。为此，必须有效地化解资源约束，才能保障农业区域专业化的顺利演进。

一要逐步控制人口的增长，解除粮食压力。首先，随着中国人口的不断增长以及耕地面积的不断减少，粮食产量的增加速度难以抵消人口的增长速度，因此就会造成人均粮食拥有量不增反减的现象。如果能控制人口，又能提高粮食产量，粮食供应就会得到保障，农业区域专业化才会顺利推进。其次，要

进一步提高现有耕地的单产量。那些肥沃并且有耕种条件的土地已经逐渐被开垦，中国目前的耕地面积所剩不多。因此，必须合理利用现有耕地，通过土壤改良、基因改造等方式增加粮食产量。最后，要全面改变农业生产关系，突出国家粮食安全的重要性，把粮食安全摆在国家发展政策的首要地位，呼吁和引导社会各界做好农业增长改造。

二要有序推进城市化进程，保护耕地面积。目前，中国人均耕地面积仅为世界平均水平的40%。保护耕地面临的主要挑战一方面来自经济发展所带来的城镇化建设、住房建设用地的增加；另一方面来自对耕地面积不合理的利用。当前必须在保护耕地面积的基础上，有序推进城市化进程。要切实完善最严格的耕地保护制度、坚持最严格的节约集约用地制度、提高土地利用效益；探索建立长效机制、提高粮食产区耕地保护的积极性。

三要努力促进农业技术研发与推广，化解资源压力。粮食与土地的压力，可以在一定程度上用科学技术来化解。正是有了杂交水稻等农业技术的发明和推广，中国的粮食与土地的压力降低了，中国的亿万农民才能从土地上解放出来。当前，随着城市化的推进，粮食与土地的压力越来越大，农业科学技术的作用需要进一步发挥，才能缓解资源压力。要开展新的绿色革命，提高农业生产效率。通过利用生物科学技术，不断培育新的优良品种，保护土地资源和生物资源，促进生产活动与生态保护和谐发展。具体而言，就是要实施创新驱动农业发展，通过不断完善平台建设，培育和激发科技人才对农业技术的研发能力；要加快完善基层农业技术推广体系，扩大基层推广机构和推广队伍；要完善项目立项、科技投入等机制，推动农业科技管理制度的创新。

（四）加强规划引导，充分发挥政府的调控导向作用

在现有的家庭生产条件下，生产主体是极为分散的。这些分散的主体要专业化地生产产品，其协调组织成本很高，仅靠市场是无法有效实现的，必须

要有政府强有力的组织作用的发挥。否则以家庭为背景的农业区域专业化很难实现。同时,农业区域专业化需要的公共产品及服务,农业生产家庭是很难自我提供的,必须要政府来组织提供。此外,以家庭为背景的农业区域专业化是具有一定"门槛"的,这些"门槛"条件也需要政府来搭建。具体而言,政府需要做以下几项工作:

一是政府要为地区的农业区域专业化做好规划,确定好主导产业和农业开发项目。主导产业和农业开发项目的选择对农业区域专业化的推动具有决定意义。主导产业选择既要考虑自然地理条件,又要考虑劳动力素质和市场条件;既要考量到短期的市场竞争力,又要注意到产业的长期可持续发展。可以根据现有农业产业的发展状况,遴选优势项目进行扶持和培育;也可重新规划,从无到有。政府在做主导产业规划时,既要请相关专家进行深入的调查研究,又要做好广泛的民意调查,做到"上下结合",才能保证规划的科学性和适用性。

二是政府要建立有效的补贴启动机制,发挥好农业区域专业化的引导作用。科学分析农业区域专业化和农业产业链延伸的"堵点",建立有效的政府补贴启动机制,发挥好政府的引导作用,对农业区域专业化的顺利推动十分重要。成功的农业区域专业化项目,大多伴随着科学的政府补贴启动机制。例如,重庆市潼南县的菜花节项目,为了引导农民成片种植油菜,根据种植面积的大小,给予种植户一定数额的现金补贴。重庆石柱县推动辣椒的区域专业化种植,建立了多层次的补贴启动机制。分辣椒类别对椒农进行补贴,杂交良种每亩补贴 16 元,业主再按杂交良种每亩 8 元、南繁朝天红每亩 3 元补贴椒农;分种植方式对椒农进行补贴,田土翻犁和整治每亩补贴 50 元,辣椒专用膜每亩补贴 50 元,地膜覆盖栽培每亩补贴 56 元,集中育苗每亩补贴 2000 元;实行额外补贴,对病虫害统防统治每亩补贴 16 元,购买小型农机具的,除享受国家补贴外再按照 20%的标准在销售时直接补贴。

三是政府要提供农业区域专业化的公共产品,做好农业区域专业化的市场服务。首先,优化农业区域专业化需要的生产条件。农业生产条件中的绝大部分属于公共产品。农用水渠、农业用电、农业机械等农业生产条件的改善,需要政府来完成。其次,要建立有效的农业生产技术保障体系。专业化生产有别于粗放式的生产,对生产的技术要求更高,没有良好的技术做支撑,就不能真正做到专业化。最后,政府要做好农业区域专业化的市场服务工作。要建立有效的市场信息平台,为农业生产提供全方位的信息,促进产品的购销通畅。

第二节　加强现代农业生产服务体系的构建

国内外农业农村发展实践证明,农业生产性服务业的发展对于提高农业生产效率和交易效率具有积极作用。大力发展农业生产性服务对于顺利推进乡村振兴战略、农民脱贫致富、缩小城乡收入差距具有重要意义。2019 年,"中央一号文件"提出,要大力发展乡村新型服务业,开展农技推广、土地托管、代耕代种、统防统治、烘干收储等生产性服务,改善公共服务设施等。现代农业生产服务体系,根据服务内容分为两个部分。一部分是改进生产效率的农业生产性服务。即通过服务组织将现代生产要素有效导入农业,实现农户生产与现代生产要素的有机结合,转变农业发展方式、提升资源要素配置效率,从而改进农业生产性效率。具体供给内容包括:农资供应及配送服务、农机作业服务、农业基础设施服务、农业技术推广服务、农业金融保险服务等方面。另一部分是改进交易效率的农业生产性服务。主要着眼于改进农业交易效率,促进农业分工深化和农业规模经营,降低农业交易成本。具体包括农产品物流服务、农产品销售服务、农业信息服务、农产品质量安全服务、土地流转服务等方面。

一、中国现代农业生产性服务的基本情况——基于问卷调查①

(一) 农资供应及配送服务供给路径的基本情况

由表 3-3 可知,目前农资供应及配送服务供给方式主要有 4 种:(1)政府办的服务站(含免费发放);(2)合作社等组织统一购买;(3)跟随大户、专业户或龙头企业一起购买;(4)自行购买。从被调查农户的选择来看,有542 个农户曾经自行购买获得,占样本数的 90.48%;有 155 个农户选择曾在政府办的服务站(含免费发放)购买,占样本数的 25.88%,说明政府主导的服务站起到了一定程度的作用;有 89 个农户选择由合作社等组织统一购买,占样本数的 14.86%;有 77 个农户选择跟随大户、专业户或龙头企业一起购买,占样本数的 12.85%。由此可见,农户目前获得农资最主要的渠道是自行购买。

在对现有的农资供应能否满足农户的生产需要调查中,选择满足的农户有 303 个,占样本数的 50.58%;选择基本满足的农户有 251 个,占样本数的41.90%;选择不满足的农户有 45 个,占样本数的 7.51%。

---

① 基本情况基于实际问卷调查数据分析。我国国土面积辽阔,各区域农业生产条件不同,而西南地区的重庆、四川、贵州、云南 4 个省、直辖市,地形地貌既有盆地和平原,也有山区和丘陵,在农业生产条件、发展基础、发展环境、农作物类型、产出效率等方面均具有一定的代表性,因此,本书选择对该区域进行问卷调查。调查共发放问卷 625 份。其中,选择重庆市农业发展较好的江津区吴滩镇,随机发放问卷 102 份;选择四川江油市九岭镇随机发放问卷 100 份、梓潼县石牛镇 105 份、梓潼县许州镇 74 份,共 279 份;贵州省黔东南州黎平县 58 份、黔南州瓮安县 38 份、遵义市凤冈县 43 份,共 139 份;云南罗平县 70 份和冰川县 35 份,共 105 份。在对问卷的逻辑性和数据完整性进行筛选后,得到有效样本 599 份,占问卷总数的 95.8%。问卷对象针对不同性别、年龄、学历、收入水平、经营规模、经营类型的农户。调查内容包括本章涉及的两类农业生产性服务的 10 项具体服务内容。调查问题主要包括:各农业生产性服务供给内容的具体供给方式、农户对这些农业生产性服务供给方式的选择与排序、农户对农业生产性服务供给的满意程度评价、农户对农业生产性服务供给的可得性评价、农户对农业生产性服务接受度、农户在农业生产经营过程中对 10 项农业生产性服务供给内容的急需程度排序、农户现在进行农业生产性服务外包服务的支出占比以及农户对服务供给主体的选择偏好等。

表 3-3 农资供应及配送服务

调查内容	选 项	样本数（个）	占样本数百分比（%）
获得农资的主要方式	（1）政府办的服务站（含免费发放）	155	25.88
	（2）合作社等组织统一购买	89	14.86
	（3）跟随大户、专业户或龙头企业一起购买	77	12.85
	（4）自行购买	542	90.48
农资供应能否满足生产需要	满足	303	50.58
	基本满足	251	41.90
	不满足	45	7.51
农资供应的质量和价格的满意度	满意	216	36.06
	基本满意	302	50.42
	不满意	81	13.52

　　在农户对农资供应的质量和价格的满意度评价中,选择满意的农户有216个,占样本数的36.06%;选择基本满意的农户有302个,占样本数的50.42%;选择不满意的农户有81个,占样本数的13.52%。由此可见,选择基本满意以上的农户占到样本数的86.48%,农户对此类服务的供应质量和价格的满意度比较高,供应渠道比较稳定,但是我们也发现龙头企业与合作社在农资供应服务方面的引导作用还没有得到充分发挥。

（二）农机服务供给路径的基本情况

　　由表3-4可知,目前农户的农机服务主要供给方式有:(1)自购农机;(2)邻里间借用(含有偿和无偿);(3)本地农业经营大户、专业户和龙头企业提供服务(付一定费用);(4)乡镇农机站;(5)农机服务公司(如河南、东北等私人或者企业提供);(6)农机专业合作社;(7)合作社统一使用机械作业。

　　由此可见,合作社对农机服务的供给方面比较欠缺,农户选择自购农机或者农机专业服务的比例较高。农机类型方面,西南地区由于地形限制,453个农户表示所从事的农业生产只能采用小型农机,占样本数的 75.63%,中型和大型农业机械的使用率较低。

对现有的农机供应及配送服务能否满足农户的生产需要调查中,选择满足的农户有 192 个,占样本数的 32.05%;选择基本满足的农户有 320 个,占样本数的 53.42%;选择不满足的农户有 87 个,占样本数的 14.52%。在农户对农机供应的质量和价格的满意度评价中,选择满意的农户有 197 个,占样本数的 32.89%;选择基本满意的农户有 316 个,占样本数的 52.75%;选择不满意的农户有 86 个,占样本数的 14.36%。基本满意以上的农户占样本数的 85.64%。由此可见,农户对该项服务的需求空间较大。

表 3-4 农机服务

调查内容	选　项	样本数（个）	占样本数百分比（%）
农机作业的来源	(1)自购农机	457	76.29
	(2)邻里间借用(含有偿和无偿)	227	37.90
	(3)本地农业经营大户、专业户和龙头企业提供服务(付一定费用)	121	20.20
	(4)乡镇农机站	35	5.84
	(5)农机服务公司(如河南、东北等私人或者企业提供)	79	13.19
	(6)农机专业合作社	29	4.84
	(7)合作社统一使用机械作业	75	12.52
	(8)不用农机	21	3.51
农机类型	无	25	4.17
	小型	453	75.63
	中型	109	18.20
	大型	12	2.00
农机供应及配送服务能否满足生产需要	满足	192	32.05
	基本满足	320	53.42
	不满足	87	14.52

续表

调查内容	选　项	样本数（个）	占样本数百分比（%）
农机供应的质量和价格的满意度	满意	197	32.89
	基本满意	316	52.75
	不满意	86	14.36

（三）农业基础设施服务供给路径的基本情况

由表3-5可知,问卷主要针对10种农业基础设施服务进行了需求调查:(1)农村电力和能源;(2)农田水利设施;(3)网络覆盖;(4)农村道路;(5)农产品集散购销市场(农贸市场);(6)气象基础设施;(7)农业教育、科研、技术推广公共服务机构;(8)农资销售网点;(9)农业示范区建设;(10)环境生态(污水、垃圾处理)。

通过访谈得知目前农业生产急需的基础设施为农田水利设施以及农村道路,尤其是"最后一公里"问题,即田间地头到农产品储存地之间的道路建设。在硬件条件基本满足的条件下,农户对于农村的软设施(例如农业教育、科研、技术和农村环境生态等)方面意识有所提升,农村电力和能源、农产品集散购销市场(农贸市场)也存在较大的需求缺口。

在对现有的农村基础设施等服务能否满足农户的生产需要调查中,选择满足的农户有207个,占样本数的34.56%;选择基本满足的农户有285个,占样本数的47.58%;选择不满足的农户有107个,占样本数的17.86%,整体来说农户对基础设施满足程度较低。在农户对农村基础设施等服务满意度评价中,选择满意的农户有200个,占样本数的33.39%;选择基本满意的农户有333个,占样本数的55.59%;选择不满意的农户有66个,占样本数的11.02%。88.98%的受访者对道路建设的方式和出资、农田水利的使用、农贸市场利用等方面给出了基本满意或满意的评价。

表 3-5 农业基础设施服务

调查内容	选　项	样本数（个）	占样本数百分比（%）
目前急需的农业基础设施	（1）农村电力和能源	216	36.06
	（2）农田水利设施	401	66.94
	（3）网络覆盖	130	21.70
	（4）农村道路	355	59.27
	（5）农产品集散购销市场（农贸市场）	165	27.55
	（6）气象基础设施	94	15.69
	（7）农业教育、科研、技术推广公共服务机构	232	38.73
	（8）农资销售网点	103	17.20
	（9）农业示范区建设	93	15.53
	（10）环境生态（污水、垃圾处理）	196	32.72
基础设施等服务能否满足生产需要	满足	207	34.56
	基本满足	285	47.58
	不满足	107	17.86
基础设施等服务满意度	满意	200	33.39
	基本满意	333	55.59
	不满意	66	11.02

（四）农业技术推广服务供给路径的基本情况

由表 3-6 可知,目前农业技术推广服务供给方式主要包括:(1)通过电视、报纸、书籍和网络宣传自学;(2)普通农户、生产大户等相互请教和交流;(3)种子、农药、化肥等相关产品经销商;(4)政府农业技术推广服务中心组织的技术培训及技术交流和示范;(5)上级机构指派的技术人员定期指导;(6)合作社、龙头企业的统一技术指导。

从被调查农户的选择来看,有 363 个农户通过电视、报纸、书籍和网络宣传自学农业技术,占样本数的 60.60%;有 333 个农户通过普通农户、生产大户等相互请教和交流获取信息,占样本数的 55.59%;有 296 个农户选择通过种子、农药、化肥等相关产品经销商了解市场信息,占样本数的 49.42%;有 302 个农户曾接受政府农业技术推广服务中心组织的技术培训及技术交流和示范,占样本数的 50.42%,政府起到一定的引导作用;另外,有 98 个农户曾接触过上级机构指派的技术人员定期指导,占样本数的 16.36%;有 92 个农户接受过合作社、龙头企业的统一技术指导,占样本数的 15.36%。由此可见,农户目前接触过多种多样的农业技术推广服务,且农户的自主性较强,但市场企业引导不足。

表 3-6　农业技术推广服务

调查内容	选　项	样本数(个)	占样本数百分比(%)
获得农业技术和指导的主要途径	(1)通过电视、报纸、书籍和网络宣传自学	363	60.60
	(2)普通农户、生产大户等相互请教和交流	333	55.59
	(3)种子、农药、化肥等相关产品经销商	296	49.42
	(4)政府农业技术推广服务中心组织的技术培训及技术交流和示范	302	50.42
	(5)上级机构指派的技术人员定期指导	98	16.36
	(6)合作社、龙头企业的统一技术指导	92	15.36
服务能否满足农户的生产需要	满足	200	33.39
	基本满足	303	50.58
	不满足	96	16.03
农业技术和指导满意度	满意	207	34.56
	基本满意	313	52.25
	不满意	79	13.19

在对现有的农业技术推广服务能否满足农户的生产需要调查中,选择满足的农户有 200 个,占样本数的 33.39%;选择基本满足的农户有 303 个,占样本数的 50.58%;选择不满足的农户有 96 个,占样本数的 16.03%。在农户对农业技术和指导的满意度评价中,选择满意的农户有 207 个,占样本数的 34.56%;选择基本满意的农户有 313 个,占样本数的 52.25%;选择不满意的

农户有 79 个,占样本数的 13.19%。

超过了 50% 的样本农户对于农业技术和指导方面表示接受,能够自发参与进行的农业技术和指导。86.81% 的样本农户认为该类服务对其农业生产活动起到了一定或者较大的辅助作用。从事农业生产的主体获取农业技术与指导的积极性较高,获取途径相对而言较为丰富,但市场方面的龙头企业与合作社应当承担起更大的社会责任,进一步加大农业技术的推广服务。

（五）农业金融保险服务供给路径的基本情况

由表 3-7 可知,对于农业金融服务,174 个样本农户表示不需要贷款进行生产,占样本数的 29.05%;即使出现资金短缺的状况,378 个样本农户会选择在亲戚朋友间进行资金周转,占样本数的 63.11%;136 个样本农户选择金融机构抵押贷款(政策性银行、农村合作金融机构)进行资金融通,占样本数的 22.70%;113 个样本农户会选择新型农业金融机构(村镇银行、农村贷款公司等)进行融资,占样本数的 18.68%;73 个样本农户接受合作社提供资金互助,占样本数的 12.19%;仅 55 个样本农户考虑利用国家对于土地"所有权、承包权与经营权三权分置"的政策,选择将土地经营权抵押贷款或入股农业企业生产的新型方式获取资金,占样本数的 9.18%。这说明农户获取资金的途径较多,但民间借贷和银行贷款占主要地位。

深入访问发现,选择银行等机构进行贷款仅限于进行大规模农业生产,因而具备一定可抵押物的大型农户范围,其中 259 个样本农户表示受限于没有相应抵押或担保能力而无法进行资金融通,占样本数的 43.24%;286 个样本农户则是认为受到文化程度的限制,贷款申请手续过于繁杂,占样本数的 47.75%;164 个样本农户表示贷款金额太少(金融产品太少),没有选择的余地,占样本数的 27.38%。

在农户对农业金融服务供给的满意度评价中,选择满意的农户有 180

个,占样本数的 30.05%;选择基本满意的农户有 294 个,占样本数的
49.08%;选择不满意的农户有 125 个,占样本数的 20.87%。农户对农业金
融服务供给的满意度评价较其他服务业明显偏低,这一方面源于农户对农
业金融服务的了解不够,接受度不高,更主要的原因是农业金融服务发展的
滞后。

表 3-7　农业金融服务

调查内容	选　项	样本数 (个)	占样本数 百分比(%)
资金融通渠道	(1)亲戚朋友间个人借贷	378	63.11
	(2)合作社提供资金互助	73	12.19
	(3)将土地经营权抵押贷款或入股	55	9.18
	(4)金融机构抵押贷款(政策性银行、农村合作金融机构)	136	22.70
	(5)不需要贷款	174	29.05
	(6)新型农业金融机构(村镇银行、农村贷款公司等)	113	18.86
影响资金融通的主要原因	(1)抵押成本高(没有相应抵押或担保能力)	259	43.24
	(2)受到文化程度的限制,贷款申请手续过于繁杂	286	47.75
	(3)贷款金额太少(金融产品太少)	164	27.38
农业金融服务满意度	满意	180	30.05
	基本满意	294	49.08
	不满意	125	20.87

　　农民是一个风险承受能力较弱的群体,也是风险厌恶者,但是农业生产往
往又是受到外界因素影响极大的活动。由表 3-8 可以看出,与农村金融借贷
活动相似,同样只有进行大规模生产的农户有对农产品进行生产投保的意识。
受访者中,281 个样本农户表示没有进行任何的贷款和投保行为,占样本数的
46.91%;105 个样本农户表示接触过土地承包经营权抵押贷款,占样本数的

17.53%;75 个样本农户表示进行过财产权抵押贷款,占样本数的 12.52%;183 个样本农户表示自身进行过养殖/种植保险:农产品自然灾害、病虫害、意外事故等保险,占样本数的 30.55%,该类保险推广较宽;其余的各类保险的开展与覆盖程度十分有限,仅有 23 个样本农户表示对生产收益权抵押担保贷款、21 个农户对农业指数保险、8 个创新类农业保险有所了解,分别仅占样本数的 3.84%、3.51% 与 1.34%。可见,农户对于农业或者农产品的投保意识不强,对可投保的保险类型知之甚少。

农户对于农业生产的投保行为少的原因多种多样。除了农户受到思想观念和文化水平的限制,对该类金融产品不了解甚至有抵触情绪外,被调查的农户中有 215 个农户认为农产品保险的保费成本过高,占样本数的 35.89%;166 个农户认为该类保险的保障水平低,占样本数的 27.71%;197 个农户表示购买程序过于繁杂也是重要原因之一,占样本数的 32.89%;231 个农户认为该类保险产品覆盖面太窄(保险产品少),占样本数的 38.56%;92 个农户表示灾后补偿太少(补贴分摊机制不合理)同样阻碍了对农产品进行投保,占样本数的 15.36%。

表 3-8　农产品保险服务

调查内容	选　项	样本数(个)	占样本数百分比(%)
农业金融服务	(1)土地承包经营权抵押贷款	105	17.53
	(2)财产权抵押贷款	75	12.52
	(3)生产收益权抵押担保贷款	23	3.84
	(4)养殖/种植保险:农产品自然灾害、病虫害、意外事故等保险	183	30.55
	(5)农业指数保险:农产品价格指数险、天气指数等保险	21	3.51
	(6)农资农具/农产品品质保险	23	3.84
	(7)创新类农业保险:民宿险、土地流转险	8	1.34
	(8)没有任何贷款和投保	281	46.91

续表

调查内容	选 项	样本数（个）	占样本数百分比（%）
影响农产品投保的原因	(1)保费成本过高	215	35.89
	(2)保障水平低	166	27.71
	(3)购买程序过于繁杂	197	32.89
	(4)保险产品覆盖面太窄(保险产品少)	231	38.56
	(5)灾后补偿太少(补贴分摊机制不合理)	92	15.36

（六）农产品销售服务供给路径的基本情况

从表3-9可知,农产品销售服务的供给方式主要有6种:(1)个人零售;(2)批发商上门收购;(3)农产品加工企业统一收购;(4)专业合作社组织统一销售;(5)互联网出售(电商、微商等方式);(6)"旅游+观光+采摘"新型销售模式。

表3-9 农产品销售服务

调查内容	选 项	样本数（个）	占样本数百分比（%）
农产品销售渠道	(1)个人零售	496	82.80
	(2)批发商上门收购	372	62.10
	(3)农产品加工企业统一收购	82	13.69
	(4)专业合作社组织统一销售	77	12.85
	(5)互联网出售(电商、微商等方式)	53	8.85
	(6)"旅游+观光+采摘"新型销售模式	37	6.18
农产品销售服务满意度	满意	221	36.89
	基本满意	301	50.25
	不满意	77	12.85

从调查结果来看,有496个农户选择个人零售,占样本数的82.80%;有372个农户表示曾有批发商上门收购,占样本数的62.10%;82个农户选择农产品加工企业统一收购,占样本数的13.69%;77个农户曾有专业合作社组织

过统一销售,占样本数的 12.85%;另外,分别有 53 个和 37 个农户选择了互联网出售与"旅游+观光+采摘"新型销售模式,分别占比 8.85% 与 6.18%。可见,传统的个人零售仍占主导地位,但批发商上门收购渠道也较为普及。

在对现有的农产品销售服务满意度调查中,选择满意的农户有 221 个,占样本数的 36.89%;选择基本满意的农户有 301 个,占样本数的 50.25%;选择不满意的农户有 77 个,占样本数的 12.85%。对农产品的销售服务满意或基本满意占比 87.14%,可见目前农户对此项服务较为满意。

从表 3-10 中被调查农户期望获得的打开农产品销路、提高农产品质量和收益的销售方式的选择情况来看,仍然坚持个人零售方式的农户有 267 户,占比下降为 44.57%;348 个农户认为批发商上门收购的方式更为有效,占样本数的 58.10%;199 个农户选择农产品加工企业统一收购方式,占样本数的 33.22%;172 个农户选择专业合作社组织统一销售,占样本数的 28.71%。

表 3-10　期望的农产品销售服务

调查内容	选　项	样本数（个）	占样本数百分比（%）
打开农产品销路、提高农产品质量和收益的销售方式	(1)个人零售	267	44.57
	(2)批发商上门收购	348	58.10
	(3)农产品加工企业统一收购	199	33.22
	(4)专业合作社组织统一销售	172	28.71
	(5)互联网出售(电商、微商等方式)	189	31.55
	(6)"旅游+观光+采摘"新型销售模式	68	11.35

而农户对于新型农产品的销售方式期待程度远高于目前水平,占样本数 31.55% 的 189 个被调查农户认为互联网出售的模式能够有效打开农产品的销路,从而提高农产品的收益,高出目前 8.85% 的水平 20 多个百分点;占样本数 11.35% 的 68 个农户认为"旅游+观光+采摘"新型销售模式具有较好的发展前景。说明农户普遍认同新型互联网销售方式以及休闲式采摘销售模式的

兴起与出现对于农产品的销售有极大的促进作用,因此对于销售服务类的新兴方式农户的可接受度较高,呈现替代传统销售方式的趋势。

(七) 农产品物流服务供给路径的基本情况

由表 3-11 可知,农产品物流渠道主要包括 6 种:(1)自购车运输;(2)邻里和熟人间借助;(3)由合作社集中农产品运输;(4)雇佣(租赁)他人进行运输;(5)农产品物流公司;(6)电子虚拟农产品物流供应链(网络订单)。从调查结果来看,426 个农户选择自购车运输,占样本数的 71.12%;275 个农户选择邻里和熟人间借助,占样本数的 45.91%;仅有 51 个农户选择由合作社集中进行农产品运输,占样本数的 8.51%;168 个农户选择雇佣(租赁)他人进行运输,占样本数的 28.05%;另外还有 46 个农户选择农产品物流公司、21 个农户选择电子虚拟农产品物流供应链(网络订单)进行运输,分别占样本数的 7.68%和 3.51%。

表 3-11 农产品物流服务

调查内容	选 项	样本数(个)	占样本数百分比(%)
农产品物流方式	(1)自购车运输	426	71.12
	(2)邻里和熟人间借助	275	45.91
	(3)由合作社集中进行农产品运输	51	8.51
	(4)雇佣(租赁)他人进行运输	168	28.05
	(5)农产品物流公司	46	7.68
	(6)电子虚拟农产品物流供应链(网络订单)	21	3.51
服务能否满足农产品运输需要	满足	200	33.39
	基本满足	335	55.93
	不满足	64	10.68
农产品物流服务满意度	满意	188	31.39
	基本满意	336	56.09
	不满意	75	12.52

在对现有的农产品物流服务能否满足农户的运输需要调查中,选择满足的农户有 200 个,占样本数的 33.39%;选择基本满足的农户有 335 个,占样本数的 55.93%;选择不满足的农户有 64 个,占样本数的 10.68%。在农户对农产品物流服务的满意度评价中,仅有占样本数 12.52% 的 75 个受访者表示不满意该项农业生产性服务的供给情况,其余 188 个农户表示满意,占样本数的 31.39%;336 个农户表示基本满意,占样本数的 56.09%,传统型农业生产者并未特别感知到该类服务的缺失,基本呈现满意状态。由此可见,传统的自购车运输仍然占据主要地位,由合作社集体组织与互联网市场发挥的作用较小,互联网带动急速发展的物流行业并未对农业产生较强溢出,农产品的物流方式落后。

（八）农业信息服务供给路径的基本情况

由表 3-12 可知,农业信息服务供给方式主要包括 4 种:(1)合作社、大户、龙头企业等接受企业订单统一计划;(2)政府信息平台或村委会分享;(3)互联网、电视、广播、报纸等科普信息;(4)多数人经营什么我经营什么。

表 3-12　农业信息服务

调查内容	选　项	样本数（个）	占样本数百分比（%）
获得农业市场信息的途径	(1)合作社、大户、龙头企业等接受企业订单统一计划	206	34.39
	(2)政府信息平台或村委会分享	301	50.25
	(3)互联网、电视、广播、报纸等科普信息	309	51.59
	(4)多数人经营什么我经营什么	296	49.42
农业信息服务能否满足生产需要	满足	158	26.38
	基本满足	337	56.26
	不满足	104	17.36

续表

调查内容	选　项	样本数 （个）	占样本数 百分比（%）
制约获得更多的农业市场信息的原因	（1）文化程度低	406	67.78
	（2）缺乏信息获取设备或使用设备的能力	278	46.41
	（3）社会上虚假信息太多欠缺识别能力	326	54.42
农业信息服务满意度	满意	168	28.05
	基本满意	336	56.09
	不满意	95	15.86

　　调查数据显示,农户生产活动对外界的依赖程度高、盲目性也较为严重,有占样本数49.42%的296个农户选择"多数人经营什么我经营什么"的从众生产;另外,有206个农户选择合作社、大户、龙头企业等接受企业订单统一计划,占样本数的34.39%;有301个农户表示能够从政府信息平台或村委会分享中得知农业市场信息,占样本数的50.25%,政府起到了一定的引导作用;另有309个农户表示也能够从互联网、电视、广播、报纸等获取科普信息,占样本数的51.59%。农户对市场的敏感度呈现两极分化现象,农业生产品种选择中科学性与盲目性并存。

　　在对现有的农业信息服务能否满足农户的生产需要调查中,选择满足的农户有158个,占样本数的26.38%;选择基本满足的农户有337个,占样本数的56.26%;选择不满足的农户有104个,占样本数的17.36%。

　　在农户对农业信息服务满意度评价中,选择满意的农户有168个,占样本数的28.05%;选择基本满意的农户有336个,占样本数的56.09%;选择不满意的农户有95个,占样本数的15.86%。农户对该项服务的可得性评价低于满意评价,该项服务的供给不足,需要进一步拓展部分农民的农业信息获取途径。

　　调查中,占样本数67.78%的406个农户表示自身受到文化程度低的限制对于市场的把握能力较低且识别信息能力较弱;278个农户表示自身缺乏信息获取设备或使用设备的能力,占样本数的46.41%;326个农户表示社会上虚假信息太多欠缺识别能力,占样本数的54.42%。由此可见,农户由于对风险的厌恶因而对新型的农业生产关系具有较高的接受度,并且对于可靠或者有一定保障的农产品需求信息渴求程度较高。

(九) 农产品质量安全服务供给路径的基本情况

由表3-13可知,目前农产品质量安全服务的提供主体主要包括4种:(1)政府机构;(2)农业科研机构和高等院校;(3)农产品收购和加工企业;(4)合作社。受访对象中有222个、占样本数37.06%的农户表示对此服务不了解、不关注农产品质量监测;仅有65个农户表示能够依靠于农业科研机构和高等院校进行监测,占样本数的10.85%;82个农户表示合作社能够提供一定的服务,占样本数的13.69%;158个样本农户对于农产品的质量判断依赖于农产品收购和加工企业,占样本数的26.38%,这样造成信息的不对等使农户处于不利地位。

表3-13 农产品质量安全服务

调查内容	选 项	样本数(个)	占样本数百分比(%)
农产品质量监测、检疫服务提供者	(1)政府机构	312	52.09
	(2)农业科研机构和高等院校	65	10.85
	(3)农产品收购和加工企业	158	26.38
	(4)合作社	82	13.69
	(5)不了解	222	37.06
服务能否满足农户的生产需要	满足	193	32.22
	基本满足	297	49.58
	不满足	109	18.20
农产品质量监测、检疫服务满意度	满意	199	33.22
	基本满意	295	49.25
	不满意	105	17.53

在对现有的农产品质量与安全服务能否满足农户的生产需要调查中,选择满足的农户有 193 个,占样本数的 32.22%;选择基本满足的农户有 297 个,占样本数的 49.58%;选择不满足的农户有 109 个,占样本数的 18.20%。

在农户对农产品质量与安全服务供给的满意度评价中,选择满意的农户有 199 个,占样本数的 33.22%;选择基本满意的农户有 295 个,占样本数的 49.25%;选择不满意的农户有 105 个,占样本数的 17.53%。农产品质量与安全服务提供的不足使得农户在农产品的议价方面处于不利地位,因此农户选择不满意的较多。

(十) 土地流转服务供给路径的基本情况

由表 3-14 可知,目前农村土地的流向主要有 4 种:(1)农业经营大户;(2)农业合作社;(3)农业企业;(4)家庭农场等农业经营规模户。从调查结果看,有 215 个农户、占样本数 35.89% 的农户愿意将土地流转,199 个农户、占样本数 33.22% 的农户基于流转价格和合约方式可以考虑将土地流转;目前表示土地已全部流转出、不再种的农户仅有 2 个、占比 0.33%,将土地部分流转的有 265 个,占比 44.24%;而表示不愿意进行流转的农户有 185 个,占样本数的 30.88%;对比目前土地完全没有进行流转、只经营自家土地的农户却有 236 户,占样本数的 39.40%;经营的土地全部流转获得的农户有 96 个,占样本数的 16.03%。农户对土地流转的意愿较强。

从农户所知道的土地流转的主要流向来看,农业经营大户是土地流转的主要流向,样本中有 395 个农户知道该类土地流转方向,占样本数的 65.94%;有 166 个农户选择了农业合作社,占样本数的 27.71%;133 个农户选择了家庭农场等农业经营规模户,占样本数的 22.20%;而将土地流转入到农业企业的农户相对较少,仅有 95 户,占样本数的 15.86%。

表 3-14　土地流转服务

调查内容	选　项	样本数（个）	占样本数百分比（%）
目前土地进行流转情况	（1）全部流转获得	96	16.03
	（2）部分流转	265	44.24
	（3）只经营自家土地	236	39.40
	（4）已全部流转出,不再种	2	0.33
土地流转意愿	愿意	215	35.89
	可以考虑	199	33.22
	不愿意	185	30.88
知道的土地流转的主要流向	（1）农业经营大户	395	65.94
	（2）农业合作社	166	27.71
	（3）农业企业	95	15.86
	（4）家庭农场等农业经营规模户	133	22.20
	（5）无	31	5.18
农村土地流转的通畅程度	通畅	166	27.71
	基本通畅	283	47.25
	不通畅	150	25.04
土地流转服务满意度	满意	187	31.22
	基本满意	297	49.58
	不满意	115	19.20

　　在对现有的土地流转渠道是否通畅的评价调查中,选择通畅的农户有166个,占样本数的27.71%;选择基本通畅的农户有283个,占样本数的47.25%;选择不通畅的农户有150个,占样本数的25.04%。在农户对土地流转服务满意度评价中,选择满意的农户有187个,占样本数的31.22%;选择基本满意的农户有297个,占样本数的49.58%;选择不满意的农户高达115个,占样本数的19.20%。由此可见,农户对于此项服务的满意程度较低,这在一定程度上也说明该地区土地流转路径并不十分通畅,土地流向单一,尤其是农业企业的数量与规模均相对匮乏,企业进行农业生产和投资的积极性欠缺。

二、农业生产性服务的有效性：基于对农民收入增长影响的视角[①]

本部分主要实证分析不同类型农业生产性服务对农民收入增长的影响。实证揭示不同类型农业生产性服务的供给效应。为现代农业生产性服务体系构建提供支撑。

（一）模型设定

由于农户收入水平具有层次性，因此本章选择多元有序逻辑模型（Odered Logistic Model）进行实证分析。根据需要，设定以下实证模型：

根据农户对收入水平的选择"1万元以下""1万—19999元""2万—39999元""3万—49999元"以及"5万以上"，将农户收入水平分为5个等级，则：

$$I_i = \alpha_0 + \alpha_1 APM_i + \alpha_2 AM_i + \alpha_3 AI_i + \alpha_4 APL_i + \alpha_5 AT_i + \alpha_6 AIS_i + \alpha_7$$
$$APQ_i + \alpha_8 AFI_i + \alpha_9 APS_i + \alpha_{10} ALT_i + \alpha_{11} ASP_i + \theta_n X_{in} + \mu_i \quad (3.21)$$

式（3.21）的被解释变量为 $I_i(Income)$ 表示第 i 个受访农户的家庭年可支配收入，赋值越大表明收入越高，解释变量 A_i 是每一类农业生产性服务的实际使用情况，控制变量 X_i 是除了农业生产性服务外其他影响农户收入的因素。$\alpha, \beta, \theta, \lambda$ 均为被解释变量系数，μ, ν 表示回归模型的随机扰动项。

（二）变量定义

模型的主要解释变量为各类农业生产性服务供给方式数量（即 A_i），原则上，变量赋值越大表明供给方式越多，考察10类农业生产性服务内容，具体包

---

① 本部分内容发表在《西部论坛》，并被人大报刊复印资料《农业经济研究》2019年第10期全文转载。参见李颖慧、李敬：《农业生产性服务供给渠道的有效性：农户收入和满意度视角——基于西南4省市问卷调查数据的实证分析》，《西部论坛》2019年第2期。

括：农资供应及配送服务、农机服务、农业基础设施服务、农产品物流服务、农业技术推广服务、农业信息服务、农产品质量安全服务、农业金融服务、农产品销售服务、土地流转服务。

由于农户收入渠道具有多样性，而农业生产性服务对农户收入的影响主要体现为对农业收入的影响，特别将农户收入结构类型作为控制变量（即X_i），有农业经营收入的赋值为 1，其他经营收入赋值为 0。结合郝爱民（2011）、刘楠（2015）、兰晓红（2015）和任晓红（2018）在农业生产性服务对农户增收效应研究中的结论，发现农户个体特征、经营类型、经营规模、地域差异对农户收入都有影响，为此我们将这些变量作为控制变量，具体包括：受访农户性别、受访农户年龄、受访农户受教育程度、种植面积、养殖头数规模、受访农户住址与城镇的距离和农户收入结构，共 7 个。具体变量选取说明见表3-15，变量描述统计见表3-16。

表 3-15　变量选取

类型	符号	变量名称	表征问题	数据来源
因变量	I	可支配收入	家庭的年可支配收入	问卷单选题"您全家的年可支配收入多少？"
	S	农业生产性服务供给满意度	受访农户对农业生产性服务供给数量、渠道和使用的满意程度	对 10 种农业生产性服务对应的"是否满意？"问题的赋值加总
自变量	APM	农资供应及配送服务	农业生产资料获取方式数量	问卷多选题"您目前获得农资的主要方式有哪些？"
	AM	农机服务	农机作业服务提供方式数量	问卷多选题"您目前使用的农机作业主要来源有哪些？"
	AI	农业基础设施服务	农业基础设施的需求种类数量	问卷多选题"您目前急需的农业基础设施等基础服务有哪些？"
	APL	农产品物流服务	可选取的农产品物流方式数量	问卷多选题"您自产的农产品主要以哪些方式进行运输？"
	AT	农业技术推广服务	农业技术获取的难易程度	问卷多选题"您目前获得农业技术和得到技术指导的主要途径有哪些？"

续表

类型	符号	变量名称	表征问题	数据来源
自变量	AIS	农业信息服务	农业信息服务来源数量	问卷多选题"您主要通过哪些途径获得农业信息?"
	APQ	农产品质量安全服务	农产品质量安全监测服务提供主体数量	问卷多选题"您使用过的农产品质量安全监测、检疫等服务主要是由谁提供的?"
	AFI	农业金融服务	农户对农业金融保险服务接触程度	问卷多选题"您在农业生产中获得货币资金融通的渠道有哪些?"
	APS	农产品销售服务	农产品销售渠道数量	问卷多选题"您自产的农产品销售渠道有哪些?"
	ALT	土地流转服务	农业土地流转服务提供主体数量	问卷多选题"您目前进行土地流转的主要流向是?"
控制变量	G	性别	受访农户性别	问卷中农户基本情况
	Ag	年龄	受访农户年龄	问卷中农户基本情况
	E	教育	受访农户受教育程度	问卷中农户基本情况
	P	经营规模	受访农户种植面积	问卷中农户基本情况
	B	养殖规模	受访农户养殖头数	问卷中农户基本情况
	D	距离	受访农户住址与城镇的距离	问卷中农户基本情况
	N	收入结构	受访农户收入的主要来源构成	问卷中农户基本情况

表3-16　变量描述统计

类型	符号	变量名称	赋值及说明	均值	标准差
因变量	I	可支配收入	10000以下=1,[10000,19999]=2,[20000,39999]=3,[40000,49999]=4,50000以上=5	2.574	1.2752
	S	农业生产性服务供给满意度	不满意=1;基本满意=2;满意=3;并将10个评价分数加总	19.68	4.2452
自变量	APM	农资供应及配送服务	选择n种=n	1.441	0.8417
	AM	农机服务	不用农机=0,选择n种=n	1.362	0.8562
	AI	农业基础设施服务	选择n种=n	3.314	1.9709

类型	符号	变量名称	赋值及说明	均值	标准差
自变量	APL	农产品物流服务	选择 n 种 = n	1.648	1.0286
	AT	农业技术推广服务	自学或无 = 0;至少存在 1 种其他获取途径 = 1	0.391	0.4885
	AIS	农业信息服务	选择 n 种 = n	2.478	1.3535
	APQ	农产品质量安全服务	选择 n 种 = n	1.856	0.9304
	AFI	农业金融服务	不了解 = 0;选择 n 种 = n	0.893	0.9389
	APS	农产品销售服务	选择 n 种 = n	1.865	1.0695
	ALT	土地流转服务	选择 n 种 = n	0.882	1.0005
控制变量	G	性别	男 = 1;女 = 0	0.816	0.3875
	Ag	年龄	35 岁及以下 = 1;36—45 岁 = 2;46—55 岁 = 3;56—65 岁 = 4;66 岁及以上 = 5	2.888	1.0675
	E	教育	小学以下 = 1;小学或初中 = 2;高中/中专/技校 = 3;大专 = 4;本科及以上 = 5	2.825	0.9508
	P	经营规模	定量指标	22.77	63.905
	B	养殖规模	定量指标	16.73	172.30
	D	距离	定量指标	7.650	8.5415
	N	收入结构	农业经营收入 = 1,非农经营收入 = 0	0.551	0.4978

（三）模型估计

采用 STATA 软件,对式(3.21)进行多元有序逻辑回归,回归结果见表 3-17。从模型检验结果可知,似然比(Likelihood Ratio)在 1% 的置信水平下显著,对数似然函数值为 -830.92981,模型的数据拟合效果较好。

表 3-17　各类农业生产性服务对收入的逻辑回归

符号	变量名称	回归系数	标准误差	z 统计量	概率变化值(%)
APM	农资供应及配送服务	-0.0504	(0.120)	-0.42	-4.92
AM	农机服务	0.314***	(0.0949)	3.3	36.83

续表

符号	变量名称	回归系数	标准误差	z 统计量	概率变化值（%）
AI	农业基础设施服务	−0.129**	(0.0562)	−2.3	−12.12
APL	农产品物流服务	0.0767	(0.105)	0.73	7.97
AT	农业技术推广服务	0.105	(0.172)	0.61	11.06
AIS	农业信息服务	0.200*	(0.120)	1.66	22.10
APQ	农产品质量安全服务	0.115	(0.0947)	1.22	12.22
AFI	农业金融服务	−0.214**	(0.0943)	−2.27	−19.28
APS	农产品销售服务	−0.0121	(0.107)	−0.11	−1.20
ALT	土地流转服务	0.156*	(0.0879)	1.77	16.87
G	性别	0.312	(0.203)	1.54	36.67
Ag	年龄	−0.258***	(0.0797)	−3.24	−22.77
E	教育	0.0659	(0.0912)	0.72	6.82
P	经营规模	0.0158***	(0.00265)	5.99	1.60
B	养殖规模	0.00680***	(0.00210)	3.24	0.68
D	距离	−0.00965	(0.0104)	−0.93	−0.96
N	收入结构	−0.0382	(0.163)	−0.23	−3.75
cut1	—	−0.936*	(0.531)	—	—
cut2	—	0.588	(0.527)	—	—
cut3	—	2.046***	(0.534)	—	—
cut4	—	2.759***	(0.543)	—	—
似然比		147.1***			
伪拟合优度		0.0813			
对数似然函数值	—	−830.92981			

注：①表中 z 为估计系数的 z 统计量，Odds Ratio 表示由有序概率模型估计系数转换得出的概率变化值；②*、**、***分别表示该估计系数通过了 10%、5%、1%显著性水平下的检验。

（四）实证结果

1. 农机服务等六类服务供给内容对农户增收产生正向作用

由表 3-17 可知，改进生产性效率的农机服务、农业技术推广服务和改进交易效率的农产品物流服务、农业信息服务、农产品质量安全服务及土地流转服务 6 个农业生产性服务供给对农户增收具有正向影响。尤其是农机服务的回归系数在 1% 的置信水平下显著为正,表明农机作业服务供给方式每增加 1 种,农户收入提高 1 个或更高梯度的概率增加 36.83%。土地流转服务系数 0.156 也在 10% 的置信水平下显著为正。土地流转服务可推进农业适度规模经营,便于推进实现农业现代化,进而提高农户收入。农业信息服务系数也在 10% 的置信水平下显著为正。比较而言,其他 3 项同样具有正向影响,但作用不显著,可能原因在于这些农业生产性服务还未得到充分的利用和发挥,影响了其对农户增收的效果。以农产品物流服务为例,目前虽然西南地区道路已基本实现"村村通",但农产品自田地到储运地之间仍然存在不便,机动车无法到达田间地头。另外,由于储运和保鲜方式单一,运输过程损失严重,因此农业"最后一公里"问题依然突出。

2. 农业金融服务等四类服务供给内容对农户增收具有负向影响

由表 3-17 结果可知,改进生产效率的农资供应及配送服务、农业基础设施服务、农业金融服务和改进交易效率的农产品销售服务与农户收入之间存在负向相关,特别是农业基础设施服务与农业金融服务系数均在 5% 的置信水平下显著,其服务每增加 1 种,农户的收入提高 1 个或更高水平的概率则下降 12.12% 和 19.28%。说明农户从这些服务得到的收益比较低,而支付却比较高,因而降低了农民收入。比如,近十年(2008—2017 年),农业生产资料价格增加了 44.12%,农资供应及配送服务使农民更容易购买农资,但支付的价格比较高。近年来,农业基础设施有很大改进,农民在农业基础设施建设使用方面也需要支持成本,同时农业基础设施的收益是相对比较缓慢的,因此从当期看会对农民收入产生负面作用。对于农业金融服务,由于"贷款贵""贷款难"依然没有得到很好地解决,对农户收入也产生了负面作用,这与温涛(2005)的研究结论是一致的。由于流通环节费用高且利益分析往往不利于农户,因此农产品销售服务对农户收入也没有产生正向影响。

3.收入结构类型等控制变量对农户增收产生显著影响

由表3-17结果可知,样本个体特征变量对于收入水平有显著的影响。收入结构变量N的系数为正,表明以农业经营收入为主的农户从农业生产性服务中受益越多。从性别上看,男性劳动力相比女性劳动力而言收入更高。从年龄上看,年龄每提高一个梯度,收入水平提高的可能性就将显著下降22.77%。农户受教育程度与农户收入呈正相关,但不显著,可能是因为受访农户受教育程度普遍偏低;经营规模与收入水平显著呈正相关;农户离城镇的距离与农户增收呈负相关,说明农户距离城镇越远,增收效应越差。

三、现代农业服务体系的构建思路

（一）根据农村劳动力变化和城镇化水平,合理配置农业生产性服务供给资源

城镇化率越高,农村向城市转移人口越多,农村劳动力数量越少,要求的农业生产性服务越多。城镇化率提高1%,农业生产性服务增加值将有3%左右的提高空间。对于城镇化发展空间较大的地区,在规划中要充分考虑其发展需求,增加这些区域农业生产性服务的配置。要根据农村劳动力变化和城镇化水平,创新服务方式。2017年,中国流动人口规模为2.44亿。这些流动人口,主要是从农村流向城市,其基本模式是外出务工。在农村外出务工人员中,主要是男性,其占比为64%。从年龄结构来看,外出务工人员中大多是青壮年。从受教育程度来看,外出务工人员较普通农民文化程度相对较高。因此,中国城镇化的推进,是伴随着农村劳动力数量减少和质量下降为特征的。农民外出务工之后,留守农村的劳动力多是老人、妇女和儿童。因此,对于这种情况,一方面,要大力提供节约劳动力的农业生产性服务;另一方面,需要大量操作简便、简单易学的农业生产技术服务。对于部分城镇化水平高、农业发达的地区而言,节约劳动力的农业生产性服务依然具有较大需求。同时,农业高新技术的服务需求也十分旺盛。因此,需要根据农村劳动力变化和城镇化水平,因地制宜,积极创新服务方式。

(二) 发挥市场与政府协同作用,优化农业生产性服务供给机制

政府对农业生产性服务的支持(政府补贴)也是农业生产性服务发展非常重要的因素。但政府对农业生产性服务的支持必须要尊重市场规律,坚持市场导向。当前,要充分发挥市场配置资源的决定性作用,充分发挥市场与政府的协同作用,推动资源要素向生产性服务业优化配置。第一,优化资金扶持机制。目前支农资金分散,重点不突出,支农绩效相对较低。当前,应建立农业生产性服务供给的专项扶持基金;支持农业生产性服务技术创新;改善农业生产性服务融资环境;促进农业生产性服务组织体系发展。要整合现有支农资金,关注农业发展"痛点",建立以农业生产性服务为核心的支农模式,将资金重点向农业生产性服务基础设施建设倾斜。同时,要根据各地区农业生产性服务的发展差异,建立有差异的区域调控机制,科学、精准配置扶持资金。第二,建立规范发展机制。目前,农业生产性服务供给水平参差不齐,缺乏行业服务标准,缺乏相应的监管依据。要建立健全农业生产性服务标准体系。一方面,政府要针对农业生产性服务的不同行业、品种和内容,根据目前发展阶段、特征和需求,制定国家层面和区域层面的标准和规范;另一方面,要树立规范发展的意识,尊重法律精神,营造规范发展的社会氛围。此外,政府要加强监管,建立相应惩处机制。第三,建立行业治理机制。要大力发展专业性的中介机构,诸如农村流通信息交流会、技术交易会、技术开发中心、技术咨询服务中心、技术成果拍卖会、技术难题招标会等。通过这些机构,建立行业治理机制。行业协会重在引导行业发展自律。行业协会可以分行业建立服务质量和绩效评价机制,对相关主体定期进行评价。建立生产性服务业信用档案,并纳入全国共享平台,充分发挥信用信息的监督作用。第四,建立制度支撑机制。政府要通过减免税收、资金扶持、技术支持等多种综合手段,促进农业生

产性服务的比较收益提升;要尽快完善农业生产性服务供给的相关法律、法规体系,使资源配置过程法律化、秩序化,保证农村各项市场交易行为有法可依,提高资源的配置效率;建立政府购买服务机制,推进以奖代补模式,探索先服务后补助支持方式,建立多元化引导农业生产性服务发展的制度;建立考核制度,将农业生产性服务的发展作为各地区农业管理部门的重要考核内容;要建立宣传学习制度,大力宣传和推广农业生产性服务的创新经验,树立分行业和分领域的发展典型,促进创新经验的有效扩散。

(三) 适应服务需求变化,优化农业生产性服务内容和方式

按照需求的轻重缓急程度,动态调整服务供给内容。要优先发展农户急需的农业生产性服务项目,调整农业生产性服务供给内容,提高供给效率。一要根据农业生产性服务发展需求,优化农业生产性服务供给结构,大力提升农业生产性服务资源配置效率。二要大力促进农业生产性服务技术创新,改进服务方式,全面提高技术进步率。三要积极促进农业生产性服务业区域协调发展,加强农产品销售服务、农资供应及配送服务、土地流转服务、农业金融服务、农业信息服务和农业技术推广服务六项服务的区域资源优化配置,积极支持各地区因地制宜发展农业生产性服务,缩小区域间农业生产性服务的供给效率差距。另外,农户对于农资供应及配送服务、农机服务以及农业技术推广服务的需求最为急切。因此,首先应在这三个方面保障服务供给。其次,农民对农业基础设施服务、农产品销售服务、农业信息服务、农产品质量安全服务、土地流转服务和农产品物流服务也表现出不同程度的需求。对此,也应当根据优先顺序,合理配置发展资源。同时,应当注意需求的区域差异性。此外,要密切关注需求的动态变化,动态调整服务供给,保障服务供给与需求的动态匹配。建立农业生产性服务供需的大数据发布平台。采取政府支持、行业牵头、主体配合的方式,搭建覆盖供给和需求的信息服务平台,为农户和生产经营主体提供各类农产品的市场供给与需求变化走势、农业生产资源环境的变

化趋势、农产品质量安全以及农业生产性服务组织信用等信息服务。建立数据平台的有效利用机制,加强农村信息基础设施建设,提高农村互联网的普及程度。充分利用电视和手机等平台,及时向农民和农业生产性服务供给主体推送相关信息。加强农业生产性服务的调查研究,要积极引导研究力量,在全国确定一定数量的调研点,跟踪研究农业生产性服务行业发展趋势,预测农业生产性服务的需求变化趋势,构建农业生产性服务需求指数,定期公开发布行业发展报告。

要尊重农户需求,基于满意度要求,切实优化服务供给方式。农户是农业生产性服务的直接服务对象和受益对象,农业生产性服务的供给必须尊重农户需求,基于农户的满意度要求,优化服务供给方式。一方面,要强化满意度高的供给方式。具体而言,要加大农资供应及配送服务由政府提供方式;农机服务由农机服务公司、农机合作社等供给方式;农业基础设施服务由教育、卫生、水利、交通等部门供给方式;农业技术推广服务由政府、科研机构和高等院校供给方式;农业金融服务由合作社、各类金融机构供给方式;农产品销售服务由个人和合作社供给方式;农产品物流服务由合作社及专业农产品物流公司供给方式;农业信息服务由合作社、大户、龙头企业等新型农业经营主体、政府平台及互联网、电视等供给方式;农产品质量安全服务由政府、科研机构和高等院校供给方式;土地流转服务由农业经营大户、合作社和农业企业的供给方式。另一方面,要积极改善不满意供给方式,充分发挥市场调节机制和政府调控机制,全面提高供给方式满意度。

第四章　政府调整城乡收入分配格局的农村投资路径[①]

　　固定资产投资是促进经济增长的关键因素之一,其作用已被众多文献所证实(Aschauer,1989;Blomstrom 和 Lipsey,1996;Kwan,Wu 和 Zhang,1999;Song 和 van Geenhuizen,2014)。比如,阿肖尔(Aschauer,2000)测算了固定资产投资对经济增长的贡献,发现投资每增长 1%,拉动经济增长 0.29%。可以说,中国增长奇迹的主要驱动力就是固定资产投资的大量增加,尽管这种增长方式受到越来越多的质疑。在资本投资回报递减的情形下,政府为了调整城乡收入分配格局,促进经济效率的整体提升,应加大农村投资。政府采用何种方式才能促进农村投资增长并提高其投资效率呢?其有效的政府路径在哪里呢?本章试图从理论与实证两个方面来回答这些问题。

第一节　农村固定资产投资增长与变迁

一、总量特征

　　改革开放以来,农村固定资产投资呈现稳步增长的趋势,但在全社会固定

　　①　本章主要内容作为国家社科基金重点项目转化成果发表于 SSCI 期刊 *Journal of the Asia Pacific Economy* 上。参见 Lingli Xiao,Jing Li,Jing Wang,"Does the Type of Investor Matter? An Analysis of Fixed-asset Investments in Rural China",*Journal of the Asia Pacific Economy*,Vol.24,No.4,2019。

资产投资中的占比在下降。根据《中国农村统计年鉴》提供的数据,1981 年中国农村名义固定资产投资额为 250 亿元,占全社会固定资产投资完成额的 26.01%;2015 年达到 65038 亿元①,占全社会固定资产投资完成额的 11.57%。从 1981—2015 年的 34 年间,农村固定资产投资额年均增长 17.77%。

如表 4-1 所示,"六五"时期,农村固定资产投资总额 2227 亿元,农村固定资产投资占比为 27.85%。在"七五"时期,农村固定资产投资有较快增长。整个"七五"时期农村固定资产投资总额 5722 亿元,是上一个五年计划的 2.57 倍,年均增长 20.77%。而在"八五"时期,农村固定资产投资增长明显放缓。"八五"时期农村固定资产投资总额为 14189 亿元,年均增长 19.91%,占全社会固定资产投资总额的比例降至 22.81%。以后的几个时期,农村固定资产投资依然保持增长态势,但在全社会固定资产投资中的占比却一路下降。"九五"时期农村固定资产投资占比降至 21.50%;"十五"时期降至 16.99%。"十五"时期也是农村固定资产投资增长最缓慢的时期,年均增速仅为 10.94%。"十一五"时期和"十二五"时期农村固定资产投资占比分别降至 13.86%和 12.01%。

表 4-1　各时期农村固定资产投资情况

时期	全社会固定资产投资总额(亿元)	农村固定资产投资总额(亿元)	农村固定资产投资占比(%)
"六五"时期	7998	2227	27.85
"七五"时期	19744	5722	28.98
"八五"时期	62211	14189	22.81
"九五"时期	138735	29823	21.50
"十五"时期	294957	50106	16.99
"十一五"时期	922871	127949	13.86
"十二五"时期	2207256	265195	12.01

① 由于农村集体单位固定资产投资从 2012 年开始没有数据,2012—2015 年的农村集体单位固定资产投资数据由笔者根据全社会固定资产投资完成额的增长速度与前五年农村集体单位固定资产投资增长速度进行估计。

二、结构特征

（一）投资主体结构

在中国农村固定资产投资总额快速增加的同时,投资主体发生了非常明显的变化。中国农村固定资产投资主要有两个主体,分别为农村集体和农户。1981 年以来,农村集体投资和农户投资呈现出不同的增长趋势,见图 4-1 和表 4-2。1981—1992 年,农村固定资产投资以农户为主,集体与农户固定资产平均投资比为 0.54∶1。1993 年以来,农业生产资料价格逐渐上涨且基本粮食供应充足,因此农业生产效益出现了下降。尤其 1995 年以来,农业生产效益几乎呈直线下降趋势,相对于非农产业,农业效益低下,农户对农业扩大再生产积极性不高,农用资金出现"农转非"现象(郭敏、屈艳芳,2002)。另一个重要的原因是,大量农民外出务工,农户投资意愿明显下降(张林秀等,2005)。因此,1993 年以后,农村固定资产投资以集体单位为主。1993—2002年,集体与农户固定资产投资比变为 1.29∶1。2002 年在党的十六大报告中提出"统筹城乡经济社会发展,建设现代农业,发展农村经济,增加农民收入,是全面建设小康社会的重大任务"。2003—2012 年,中央政策对城乡统筹协调更为关注,财政对农村的投入逐渐加大。2003 年,中央财政用于"三农"支出(支持农业生产支出、农村社会事业发展支出以及粮食、农资、良种和农机具四项补贴)为 1754.50 亿元;而 2012 年,增长至 12387.60 亿元,年均增长22.86%。而 1993—2002 年,中央财政用于"三农"支出年均增长仅有 15.25%。2003 年,农业支出占财政支出的比重为 7.1%,2012 年这一数据为 9.8%。在农村基础设施极为薄弱的情况下,财政支农推动了农村集体固定资产投资的增长。2003—2012 年的十年间,集体与农户固定资产投资比达到 3.12∶1。党的十八大以后,农村集体固定资产投资增长较快,集体与农户固定资产投资比进一步拉大。

（单位：亿元）

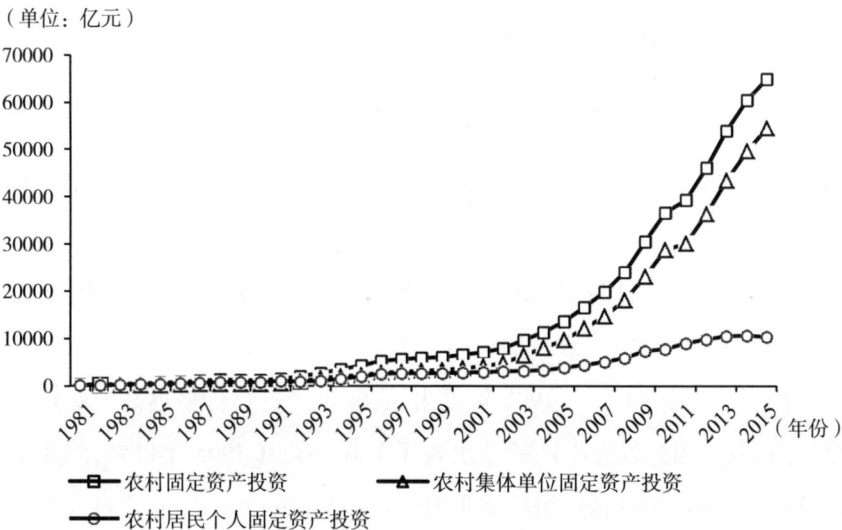

图 4-1　1981—2015 年农村固定资产投资

表 4-2　1981—2015 年农村固定资产投资主体结构

年份	全社会固定资产投资总额（亿元）	农村固定资产投资（亿元）	农村集体单位固定资产投资（亿元）	农村居民个人固定资产投资（亿元）	农村集体与个人投资比
1981	961	250	84	166	0.50
1982	1230	330	131	199	0.66
1983	1430	416	111	305	0.36
1984	1833	554	175	379	0.46
1985	2543	678	199	478	0.42
1986	3121	820	245	575	0.43
1987	3792	1061	366	695	0.53
1988	4754	1322	457	865	0.53
1989	4410	1276	384	892	0.43
1990	4517	1243	366	877	0.42
1991	5595	1537	494	1043	0.47
1992	8080	2000	995	1006	0.99
1993	13072	2769	1631	1138	1.43
1994	17042	3508	1989	1519	1.31

年份	全社会固定资产投资总额（亿元）	农村固定资产投资（亿元）	农村集体单位固定资产投资（亿元）	农村居民个人固定资产投资（亿元）	农村集体与个人投资比
1995	20019	4376	2368	2008	1.18
1996	22914	5342	2802	2540	1.10
1997	24941	5747	3056	2691	1.14
1998	28406	5915	3233	2682	1.21
1999	29855	6123	3343	2780	1.20
2000	32918	6696	3792	2904	1.31
2001	37214	7212	4236	2977	1.42
2002	43500	8011	4888	3123	1.57
2003	55567	9755	6554	3201	2.05
2004	70073	11449	8087	3363	2.40
2005	88604	13679	9738	3941	2.47
2006	109998	16630	12193	4436	2.75
2007	137324	19860	14736	5123	2.88
2008	172828	24090	18138	5952	3.05
2009	224599	30678	23244	7435	3.13
2010	278122	36691	28805	7886	3.65
2011	311485	39367	30278	9089	3.33
2012	374676	46260	36420	9841	3.70
2013	447074	54004	43457	10547	4.12
2014	512021	60526	49770	10756	4.63
2015	562000	65038	54628	10410	5.25

资料来源:《中国农村统计年鉴》。由于农村集体单位固定资产投资从 2012 年开始没有数据,2012—2015 年的农村集体单位固定资产投资数据由笔者根据全社会固定资产投资完成额的增长速度与前五年农村集体单位固定资产投资增长速度进行估计。农村集体与个人投资比由笔者测算。

(二) 农村住户固定资产投资投向

如表 4-3 所示,从投资构成来看,农村住户固定资产投资主要投资于建筑安装工程。2011—2014 年,农村住户投资于建筑工程、安装工程的总额

30228 亿元,占总投资的 75.13%。其次是设备工具器具购置,主要是生产设备。2011—2014 年,农村住户投资于设备工具器具购置的总额 6754 亿元,占总投资的 16.79%。从投资方向来看,农村住户固定资产投资主要投资于房地产业。2011—2014 年,农村住户投资于房地产业的总额 27762 亿元,占总投资的 69.00%。其次是农林牧渔业,2011—2014 年,农村住户投资于农林牧渔业的总额 8240 亿元,占总投资的 20.48%。此外,在交通运输、仓储和邮政业方面的投资约占总投资的 4.60%;居民服务和其他服务业、制造业、批发和零售业分别占 1.60%、1.34%、1.18%。

表 4-3　2011—2014 年农村住户固定资产投资情况

(单位:亿元)

指标 ＼ 年份	2011	2012	2013	2014
农村住户固定资产投资完成额	9089.1	9840.6	10546.7	10755.8
一、按投资构成分				
1. 建筑工程	6535.5	6999.5	8072.6	8620.4
#水利	10.7	11.1	34.1	38.4
住宅	6040.7	6568.5	7387.3	7726.8
2. 安装工程	15.6	16.9	17.6	13.7
3. 设备工具器具购置	1572.3	1785.8	1778.1	1617.7
#生产设备	1044.8	1255.0	1604.7	1557.2
4. 其他	965.7	1038.3	678.4	503.9
二、按投资方向分				
#农林牧渔业	1938.6	2224.0	2077.6	1999.8
采矿业	0.2	2.1	2.0	1.7
制造业	146.5	146.1	120.5	127.5
电力、燃气及水的生产和供应业	0.5	0.7	5.8	4.7
建筑业	117.3	53.6	137.4	91.7
批发和零售业	59.7	47.7	121.2	247.6

续表

年份　　　指标	2011	2012	2013	2014
交通运输、仓储和邮政业	525.8	563.5	436.9	326.1
住宿和餐饮业	37.8	45.9	29.9	41.3
房地产业	6022.4	6519.9	7429.8	7789.9
租赁和商务服务业	2.9	5.7	18.6	11.6
居民服务和其他服务业	224.2	219.3	104.9	96.1

第二节　农村固定资产投资效应的研究述评

一、总体回顾

现有文献关于中国农村固定资产投资效应的研究,还基本停留在对农村经济增长贡献的"存在性"层面。董(Dong,2000)基于1986—1990年的数据,揭示了中国农村固定资产投资对农户生产效率提升的事实。但农村固定资产投资的水平整体偏低,与农户生产需求不相匹配。朱民、尉安宁和刘守英(1997)研究发现,受土地制度的影响,在1988—1993年间,每个农户花在农业投资上的比重只占总收入的6%,对农业的投资活动有限。大多数农户只从事一至二项固定资产投资,投资的作用被严重制约。朱晶(2003)分析了农村固定资产投资对于农业竞争力提升和粮食安全保障的重要作用。张和范(Zhang和Fan,2004)研究认为,农村固定资产投资对农业和农村非农经济部门的运行效率均具有明显促进作用。在中国西部地区,这些投资会显著缩小区域收入差距;而在中部和东部地区,这些投资反而会拉大区域差异。戴维斯(Davis,2004)从经济增长、不平等和减贫的三维角度分析了中国农村固定资产投资的效应问题。汪小勤和姜涛(2009)论证了农村固定资产投资提升农业技术效率、增加农业产出的机制。

二、投资主体变化的忽略

显然,不少国内外研究聚焦投资效应,但较少(或没有)关注投资主体变化这一重要现象。在中国农村固定资产投资总额快速增加的同时,投资主体发生了非常明显的变化。投资主体不同,资源配置方式就存在差异。主流经济学理论强调市场机制和私人投资的重要性。在那些公共产品投资领域,政府投资也只有按市场机制运作才不会产生效率的损耗(Feldman,1971;Madden,1979;Mckee,1984)。需要注意的是,中国的农村集体经济是由部分劳动群众共同占有生产资料的一种社会主义公有制形式。中国的农村集体具有较明显的"政府色彩"。政府50%以上的财政支农公共投资项目,均需要农村集体配套资金(张林秀等,2005)。农村集体的投资行为受政府政策与财政资金的双重诱导,具有明显的政府配置资源特征(林毅夫,2000)。而农户的投资行为更多地受市场机制的影响,具有市场配置资源的特征。因此,从这一角度来看,随着改革的推进,在农村固定资产投资领域,发生了较明显的"政府对市场的替代效应"。这一情形与党的十八届三中全会提出的"让市场在资源配置中起决定性作用"的要求是不相符合的。

政府与市场配置资源,存在激励约束之异,投资效应也会有高低之别(Grinblatt 和 Keloharju,2000;Lewellen,1979)。中国农村固定资产投资主体的变化,必然会对投资效应产生重要影响。然而,目前鲜有文献探讨投资主体不同及其变化对农村固定资产投资效应的影响。本书的一个重要创新在于,通过1993—2002年和2003—2012年前后两个"十年"农村固定资产投资主体的变化,计量揭示"政府对市场替代"情况下的投资主体变化之于农村固定资产投资效应的影响。

三、空间效应的忽略

农村交通条件改善、公共基础设施的建设和区域间市场条件的改善,往往具有正向外部性,并在空间上表现出外部溢出效应(Cohen 和 Pau,2004)。同时,农村固定资产投资受中央政策的影响,部分资金也来源于中央财政和地方财政。为了平衡区域发展,政府针对农村的政策与投资通常追求的是大区域效应,而不仅仅局限在一个地区。因此,在中央政策的调控下,各省(自治区、直辖市)之间的农村固定资产投资可能存在区域关联和空间影响(郑、李、宋和于,2013)。而现有研究在分析农村固定资产投资效应时,主要考察的是投资对本地区农村经济增长的直接效应,却忽略了投资的空间溢出效应,其结论可能是有偏的。本书基于直接效应与空间溢出效应的双重视角来揭示农村固定资产的投资效应,具有全面性特征,这是本书的另一个重要创新。

第三节 农村固定资产投资直接效应与空间溢出效应分析

一、农村固定资产投资的直接效应

农村固定资产投资的直接效应主要通过促进本地区农村经济增长来体现。大致有四种方式:一是农村固定资产投资可以产生"资本吸附效应"。中国农村投资资本相对比较匮乏,农村金融约束比较严重,但资本向城市倒流的现象反而十分突出(Wen,2011;Zhou 和 Takeuchi,2010)。农村固定资产投资,特别是农村公路、水电、农田水利等基础设施的建设,可以对金融资本产生吸附作用,对于提高农村资本的使用效率具有积极作用。同时,由于基础条件的改善,农村创业环境优化,农村创业资本也因此会增加。二是农村固定资产投资可直接促进农民收入增长。中国农村固定资产投资以建筑工程为主。建筑工程需要大量的体力劳动者,可以为农民提供更多兼业机会,为农民提供增收渠道(Fox 和 Porca,2001)。特别是中国农村基础设施整体比较薄弱,在市场化的推进过程中,农村固定资产投资的空间很大。因此,农村基础设施建设和固定资产投资在较长时间内可以对农村经济增长产生推动作用。三是农村固定资产投资改善了农村的生产生活条件,尤其是交通、通信基础设施的建设,会大大降低交易成本,密切生产与市场的关系,提高农村经济的运行效率。四是一些农村生产经营和服务性固定资产投资可以转化为农村生产资本,从而促进农村第二、三产业的发展,为农村经济发展提供持续动力。

二、农村固定资产投资的空间溢出效应

农村固定资产投资产生空间溢出效应具有三个方面的原因。一是区域间基础条件的改善。交通基础设施是农村固定资产投资的重要内容之一,农村道路、交通系统的改善和区域之间道路的连通,必然会改善相邻地区交通条件和市场交易条件,因此农村固定资产投资可能会对相邻地区产生正向的空间溢出效应。事实上,在各个建设时期,交通基础设施的改善在省际之间均产生了空间溢出效应(Yu 和 Storm,2013)。二是区域间市场条件的改善。中国各地区之间生产效率的提高,通过商品和服务的区域间流动,往往对相邻地区会产生空间溢出作用(Peng 和 Hong,2013)。农村固定资产投资通过对本地区农村生产环境的改善,提高了农村经济运行的效率,因此对相邻地区农村经济发展也可能产生促进效应。三是政策诱导效应。农村固定资产投资通常会受到中央政策的诱导,其部分投资资金也来源于中央财政。由于中央政府调整区域发展差距的原因,其政策与投资往往具有多边效应(Hou,2011;Zhan,2004)。因此,在中央政策与财政杠杆作用下,农村固定资产投资可能会在区域之间产生正向的空间溢出效应。不过这些效应是否真正发挥作用,还需要通过实证进行检验。

三、两类投资主体对农村固定资产投资效率的影响差异

投资主体不同,投资效率通常会存在差异。农村固定资产投资主要有农村集体和农户两类投资主体。中国农村集体有其特殊的形成背景。在 20 世

纪 50 年代初,中国开展了声势浩大的农业合作化运动。农村集体经济组织就是为了实现社会主义公有制改造,这种农业社会主义经济组织是以居住地范围为标准,根据自愿原则,农民通过向集体投入其生产资料,由集体统一组织生产活动,农民按劳分配。但这种大集体组织被实践证明是无效率的(Ash,1994)。1978 年,中国开启农村经济体制改革,实行统分结合的双层经营体制,农村集体经济组织依然延续至今,但其功能和作用发生了很大变化(Lin,1992)。目前中国农村集体经济组织主要包括乡镇集体经济经营实体(如公司、联合社等)、村级经济合作社、村股份经济合作社、自然村和村民小组经济实体等,同时也有部分新型联合组织,如农民专业合作社、专业农场(庄)等。但以自然村、村民小组为单位的集体经济组织是农村承包地、林地以及其他生产资料的实际控制人或所有人。因此,自然村、村民小组是农村集体固定资产投资的最重要主体。在充满风险、变化多端的市场环境中,集体组织有助于提升农户的市场竞争力,增加小规模农户融入市场的机会(Ton,2006;Trebbin 和 Hassler,2012)。但集体经济组织投资与经营也面临着行动上的协调问题和管理上的监督问题(Brunner 和 Starkl,2012;Tung,1994)。一个不容忽视的问题是,中国农村劳动力外流的现象十分突出。这些外出农民工作为集体经济组织的一员,却不能履行相关的权利与义务,留守农村的农民大多是老弱病残者,受教育文化程度低。近一半的留守农民只有小学以下文化程度,其参与集体经济管理与监督的能力较弱。因此,村组长往往变成了代理人,成为农村资源的实际控制者(Liu,2009)。在缺少有效的监督制度下,农村集体资产流失问题突出,农村集体固定资产管理运营效能低下(Yuan Dong 和 Xiao Hua,2013)。由于监督机制缺乏,伴随农村基础设施建设数量扩张的是建设质量的下降,农村固定资产的投资回报率大打折扣(Rozelle,2009)。

另一个更为重要的体制因素是,管理自然村和村民小组的村民委员会虽然不是国家正规行政机构,而是乡辖的农民自治机构,但其承担着事实上的行政管理职能。中国的农村集体投资就具有了较明显的"政府色彩"。中央和上级地方财政支农的直接对象往往是农村集体而不是农户。因此,农村集体固定资产投资,具有政府配置资源的特征。同时,为了缓解农村集体投资困难,中央制定了"三提五统"制度①。这些资金实际上来自农户,具有强制性。农村集体投资的这些筹资模式,对农户投资通常会产生挤出效应。在农村集体投资缺乏有效监管的情况下,其对农村经济增长可能具有不利影响。而农户固定资产投资往往是农民根据市场情况作出的追求利益最大化的决策行为,因此具有市场配置资源的特征,其激励机制更为健全,投资效率可能会高于农村集体的投资效率。

在空间溢出效应方面,农村集体和农户两类投资主体的表现也可能存在差异。农村集体投资具有"政府色彩",一方面,中央政府追求的是多边溢出效应,希望能够一举多得。而另一方面,地方政府之间又存在激烈的政治与经济竞争,并不希望出现"共赢"局面。区域之间的相互掣肘、"断头路"现象在一定程度上可能抵消了正向空间溢出效应。同时,在财政资金额度有限的情况下,各地区在争取中央财政资金方面往往产生激烈的争夺(Tsui,2005)。农村集体固定资产投资份额较高的地区,得到的中央财政支农资金往往更多,而其他地区可能因此就相对较少(张林秀等,2005)。农村集体固定资产投资份额较高的地区可能对相邻地区很难产生正向溢出效应。而农户固定资产投资,其唯一驱动力是"市场利益",不会考虑区域间的政治与经济竞争。市场交易必须遵循"共赢互惠"法则。农户固定资产投资有利于在区域之间形成统一市场,因此通常会产生正向的空间溢出效应。不过,其最终效果如何,同

---

① 根据1991年12月国务院颁布的《农民承担费用和劳务管理条例》文件,"三提五统"是指村级三项提留和五项乡统筹。村提留是村级集体经济组织按规定从农民生产收入中提取的用于村一级维持或扩大再生产、兴办公益事业和日常管理开支费用的总称。包括三项,即公积金、公益金和管理费。"乡统筹费"是指乡(镇)合作经济组织依法向所属单位(包括乡镇、村办企业、联户企业)和农户收取的,用于乡村两级办学(即乡村教育事业费附加)、计划生育、优抚、民兵训练、修建乡村道路等民办公助事业的款项。根据文件规定,"三提五统"不能超过上年农民人均纯收入的5%,但事实上不少地方在执行中有加重的情况。"三提五统"制度于2006年左右在农村税费改革中被取消。

样需要通过实证来回答。

第四节　实证分析——基于两域
空间杜宾面板模型

一、模型设定与估计方法

阿肖尔(Aschauer,2000)根据索罗(Solow)和斯旺(Swan)新古典增长模型,建立了固定资产投资效率模型。该模型是一个双对数线性模型,以人均产出对数为产出变量,以固定资产投资对数为投入变量,同时还考虑了人力资本投资等其他控制变量。双对数线性模型中所有变量都取对数,回归系数反映的是各解释变量的增长弹性。本书以阿肖尔模型作为基准实证模型。

考虑到中国农村经济的运行实际,我们对阿肖尔模型进行了调整。由于中国统计体系中没有对农村 GDP 的专门统计,因此农村的产出指标需要使用其他指标。农业发展和农民收入增长是中国农村经济增长的永恒主题(陈锡文,2010)。同时,根据理论分析,农村固定资产投资的作用主要通过促进农业经济增长和农民收入增长来体现。因此,模型中的产出指标我们选择农民收入和农业经济增长两个指标。具体而言,农民收入用农村居民家庭人均纯收入(FR)来反映;农业经济增长用人均农业增加值(FV)来反映。由于要考察两类投资主体的不同影响,选取人均农村固定资产集体单位投资($JTTZ$)和人均农户固定资产投资($NHTZ$)代表农村固定资产投资变量。一般而言,投资会促进经济增长,同时经济增长反过来又会促进投资的增加。因此投资模型可能存在内生性问题。为了处理可能的内生性,我们分别用相应的农村固定资产投资滞后一期的变量作为替代变量。

由于中国农村经济系统的复杂性,还需要设定相关控制变量。改革开放以来,中国农村经济社会发生了两方面的重大变化。一是农村产业发生了重大变化。随着农村市场化程度加深,工业化水平逐步提高,第三产业得到发展,农村自给自足程度减弱,农村经济发展水平显著提高(Rozelle,2007)。二是农村人口向城镇转移。随着农村改革的推进,实际在农村生活的人口逐年减少,有利于农村经济资源配置效率的提高(Thisse,2012)。为了反映农村产业的重大变化,我们用非农业从业人员占总从业人员比例(RW)作为控制变量。为了反映农村人口向城市转移的变化,用城镇化率即城镇人口占总人口的比例(RC)作为控制变量。此外,在农村经济的增长模型中,土地和人力资本是重要的投入变量。因此,我们同时选择了人均耕地面积(TD)和农村劳动力人均受教育年限(EDU)作为控制变量。同时考虑到1993—2002年的10年和2003—2012年的10年,农村政策有较大不同,因此我们设置了一个时间虚拟变量(TM),1993—2002年取值为1,2003—2012年取值为0。

本节的目标之一是解析农村固定资产投资的空间溢出效应,这可以通过空间面板模型来实现。根据空间影响的差异,有三类模型可供选择。第一类是空间面板滞后模型(Pooled Model with Spatially Lagged Dependent Variable)。这类模型考虑了其他相邻地区的被解释变量对本地区相应被解释变量的影响。第二类是误差自回归模型(the Spatial Error Model)。这类模型考虑了其他未列出的变量和冲击即误差项受相邻地区误差项的影响。第三类是在第一类模型的基础上,考虑了其他地区的某些解释变量对本地区被解释变量产生影响的空间杜宾模型(Spatial Durbin Model)。本节拟采用最后一类模型,这是因为莱萨格和帕斯(Lesage 和 Pace,2009)发现,即便是受一些遗漏变量的干扰,空间杜宾模型的估计相对更为稳健。考虑到中国西部地区和其他地区经济社会条件的巨大差异,空间自回归影响可能存在显著的差异,反映空间影响的空间自回归系数在西部地区的表现可能是明显不同的,因此在实证中我们选择两域(用虚拟变量将样本分为两个子样本)的空间杜宾模型。由于我们更关注人均农村固定资产集体单位投资($JTTZ$)和人均农户固定资产投资($NHTZ$)两个变量的空间效应,因此具体的实证模型可表示为:

$$\text{Log}(FI_{it}) = c + \delta_1 \ d_{it} \sum_{j=1}^{N} W_{ij}\text{Log}(FI_{jt}) + \delta_2(1 - d_{it}) \sum_{j=1}^{N} W_{ij}\text{Log}(FI_{jt}) +$$

$$\beta_1\text{Log}\left[JTTZ(-1)_{it}\right] + \beta_2\text{Log}\left[NHTZ(-1)_{it}\right] + \beta_3\text{Log}(RW_{it}) \times$$

$$d_{it} + \beta_4\text{Log}(RC_{it}) + \beta_5\text{Log}(TD_{it}) + \beta_6\text{Log}(EDU_{it}) + \beta_7\text{Log} TM_{it}$$

$$+ \sum_{j=1}^{N} W_{ij}\text{Log}\left[JTTZ(-1)_{jt}\right]\theta + \sum_{j=1}^{N} W_{ij}\text{Log}\left[NHTZ(-1)_{jt}\right]$$

$$\theta + \mu_i + \lambda_t + \varepsilon_{it} \tag{4.1}$$

式(4.1)中,Log 代表自然对数;i 代表各省(自治区、直辖市),$i = 1,\cdots,$ 31;t 代表年份,$t = 1993,\cdots,2012$;d_{it} 为虚拟变量,西部地区取值为1,其他地区取值为0。FI_{it} 反映农村经济增长(农村居民家庭人均纯收入 FR 和人均农业增加值 FV)。$JTTZ(-1)$,$NHTZ(-1)$,RW,RC,TD,EDU 为相应的自变量。$JTTZ(-1)$ 为农村人均固定资产集体单位投资的滞后一期变量,$NHTZ(-1)$ 代表人均农村固定资产农户投资的滞后一期变量,RW 是非农业从业人员占总从业人员比例,RC 是城镇化率,TD 为人均耕地面积,EDU 为农村劳动力人均受教育年限,TM 为时间虚拟变量。β_1—β_7 是回归系数。变量 $\delta_1 d_{it} \sum_{j=1}^{N} W_{ij}\text{Log}(FI_{jt})$ 和 $\delta_2(1-d_{it})\sum_{j=1}^{N} W_{ij}\text{Log}(FI_{jt})$ 分别代表西部地区和其他地区农村经济增长 FI_{it} 的空间影响。其中,δ_1 和 δ_2 分别代表西部地区和其他地区的空间回归系数;W_{ij} 是一个 31×31 空间权重矩阵(如果两地区间在空间上相邻则取值为 1,否则取值为 0)。$\sum_{j=1}^{N} W_{ij}\text{Log}\left[JTTZ(-1)_{jt}\right]\theta$ 和 $\sum_{j=1}^{N} W_{ij}\text{Log}\left[NHTZ(-1)_{jt}\right]\theta$ 分别反映自变量 $JTTZ(-1)$ 和 $NHTZ(-1)$ 的空间影响,θ 为相应的影响系数。c 是截距,μ_i、λ_t 和 ε_{it} 共同构成复合误差项。

传统方法很难对两域空间杜宾模型进行有效的估计。博尔特基(Baltagi,2005)建立了一个可以估计空间杜宾模型的简易程序。然而,安瑟林(Anselin,2006)证明,当自变量存在空间关联时,博尔特基的方法不能对参数进行有效估计。埃尔霍斯特和弗里尔(Elhorst 和 Freret,2009)基于极大似然估计法开发了一个针对两域空间杜宾模型的估计程序,当自变量存在空间关联时具有更好的适应性。本节采用埃尔霍斯特和弗里尔(2009)的程序对模型进行估计。

二、实证数据

受中国经济体制改革的影响,中国固定资产投资的结构断点发生在1993年左右(梁琪、滕建州,2006)。同时受数据可得性的限制,我们选择实证数据的时间维度为1993—2012年共20年。中国大陆有31个省(自治区、直辖市),用于实证的面板数据有620(31×20)个观察值。由于重庆在1997年才从四川省独立出来,重庆市1993—1997年的相关数据是统计局估算数据,其他实证数据均来自国家统计局公布的1993—2013年《中国农村统计年鉴》。为了避免物价因素的影响,所有原始数据均运用相应的价格指数进行了调整。其中,农民收入用农村消费物价指数进行处理,农村固定资产投资用农村投资价格指数进行处理。

1993—2012年的20年刚好经历了两届中央政府的更替。两届政府在农村政策方面具有较大差异,相应地,农村固定资产投资主体也发生了较大变化。在实证中我们将整个样本按时间段分成1993—2002年和2003—2012年两个子样本,以考察投资主体变化对农村固定资产投资效率的影响。相关变量的描述性统计见表4-4。

表4-4 1993—2012年相关变量的描述性统计

时间区间	变量	简称	均值	最大值	最小值	标准差
1993—2012年	农村居民家庭人均纯收入(元)	FR	3572.99	17803.68	555.83	2642.52
	人均农业增加值(元)	FV	9019.39	50130.75	973.87	7092.95
	农村人均集体单位固定资产投资(元)	$JTTZ$	2404.51	28219.39	6.06	4118.36
	农村人均农户固定资产投资(元)	$NHTZ$	995.37	6928.22	74.91	834.84

续表

时间区间	变量	简称	均值	最大值	最小值	标准差
1993—2012年	非农从业人员比例	RW	0.36	0.88	0.07	0.17
	城镇化率	RC	0.39	0.90	0.07	0.18
	人均耕地面积（亩/人）	TD	2.32	13.56	0.26	2.17
	农村劳动力人均受教育年限(年)	EDU	7.73	10.59	2.89	1.17
1993—2002年	农村居民家庭人均纯收入(元)	FR	2052.72	6224.00	555.83	1057.98
	人均农业增加值（元）	FV	4961.55	12852.91	973.87	2675.72
	农村人均集体单位固定资产投资(元)	JTTZ	826.57	7006.61	16.59	1193.54
	农村人均农户固定资产投资(元)	NHTZ	570.98	2290.99	74.91	360.17
	非农从业人员比例	RW	0.30	0.73	0.07	0.15
	城镇化率	RC	0.35	0.88	0.13	0.18
	人均耕地面积（亩/人）	TD	2.37	13.56	0.26	2.47
	农村劳动力人均受教育年限(年)	EDU	7.37	9.70	2.89	1.12
2003—2012年	农村居民家庭人均纯收入(元)	FR	5093.27	17803.68	1565.00	2869.09
	人均农业增加值（元）	FV	13077.23	50130.75	2259.21	7783.60
	农村人均集体单位固定资产投资(元)	JTTZ	3982.46	28219.39	0.06	5249.40
	农村人均农户固定资产投资(元)	NHTZ	1419.77	6928.22	303.44	951.35
	非农从业人员比例	RW	0.42	0.88	0.14	0.16
	城镇化率	RC	0.43	0.90	0.07	0.18
	人均耕地面积（亩/人）	TD	2.26	10.17	0.66	1.83
	农村劳动力人均受教育年限(年)	EDU	8.10	10.59	3.50	1.11

三、研究结果与讨论

实证中,我们首先要确认模型的固定效应和随机效应问题。由于空间面板杜宾模型从空间面板滞后模型演化而来,因此,我们基于空间面板滞后模型进行豪斯曼检验。我们选择样本区间为 1993—2012 年时,结果表明,当农村居民家庭人均纯收入作为因变量时,豪斯曼统计量为 0.49,对应的 P 值为 0.99,因此,模型应当是固定效应的。当人均农业增加值为因变量时,也得出同样的结论。两个时段子样本经过检验,其结论也基本一致。固定效应模型又有空间固定效应和时间固定效应两种类型。由于我们在模型中加入了时间虚拟变量控制了时间维度的影响,因此我们最终选择的实证模型为具有空间滞后变量、空间固定效应的两域空间杜宾模型。估计结果见表 4-5。样本区间为 1993—2012 年,当因变量分别为农村居民家庭人均纯收入和人均农业增加值时,R 平方值分别为 0.98 和 0.96;样本区间为 1993—2002 年,R 平方值分别为 0.98 和 0.96;样本区间为 2003—2012 年,R 平方值分别为 0.98 和 0.97。因此,这六个模型均具有较好的拟合优度,我们的模型具有较好的解释力。

表 4-5　具有空间滞后变量、空间固定效应的两域空间杜宾模型估计结果

自变量	1993—2012 年		1993—2002 年		2003—2012 年	
	家庭人均纯收入	人均农业增加值	家庭人均纯收入	人均农业增加值	家庭人均纯收入	人均农业增加值
滞后一期农村集体固定资产投资对数	0.011** (2.52)	0.004 (0.49)	0.031*** (3.45)	0.023 (1.42)	0.006 (1.57)	0.003 (0.55)
滞后一期农村人均农户固定资产投资对数	0.080*** (6.97)	0.123*** (6.93)	0.025** (2.18)	0.075*** (3.59)	0.106*** (5.76)	0.180*** (6.84)
非农从业人员比例对数	0.104*** (4.23)	0.233*** (5.89)	0.076*** (2.57)	0.400*** (7.45)	0.317*** (6.47)	0.388*** (5.32)
城镇化率对数	0.082*** (5.67)	0.156*** (6.65)	0.027 (1.56)	0.091*** (2.89)	0.032* (1.81)	0.029 (1.10)

续表

自变量	1993—2012 年		1993—2002 年		2003—2012 年	
	家庭人均纯收入	人均农业增加值	家庭人均纯收入	人均农业增加值	家庭人均纯收入	人均农业增加值
人均耕地面积对数	0.121*** (5.16)	0.091** (2.43)	0.085** (2.52)	0.147** (2.42)	0.165*** (4.47)	0.138** (2.49)
农村劳动力人均受教育年限对数	0.214* (1.87)	−0.219 (−1.19)	0.293*** (2.91)	0.160 (0.88)	−0.158 (−0.86)	−0.584** (−2.14)
农村集体固定资产投资的空间溢出效应	−0.003 (−0.55)	−0.001 (−0.11)	−0.002 (−0.37)	−0.004 (−0.61)	−0.003 (−0.55)	0.007 (0.81)
农户固定资产投资的空间溢出效应	0.163*** (7.10)	0.088*** (2.85)	0.144*** (5.28)	0.124*** (3.93)	0.184*** (5.03)	0.084* (1.79)
西部地区空间自回归系数	0.622*** (21.52)	0.563*** (15.75)	0.771*** (24.11)	0.555*** (10.46)	0.599*** (14.38)	0.650*** (14.85)
东部和中部地区空间自回归系数	0.560*** (16.84)	0.553*** (14.02)	0.713*** (19.08)	0.485*** (7.96)	0.565*** (12.14)	0.619*** (12.30)
西部与东部、中部空间自回归系数之差	0.062*** (3.95)	0.010 (0.41)	0.058** (2.25)	0.069 (1.27)	0.033 (1.52)	0.031 (1.12)
对数似然值	1102.12	807.36	671.22	502.90	668.47	541.58
R 平方值	0.98	0.96	0.98	0.96	0.98	0.97

注:括号里是渐近 t 值;* 表示显著水平为 10%;** 表示显著水平为 5%;*** 表示显著水平为 1%。

(一) 农村集体固定资产投资的直接效应、空间效应及其变化

表4-5 中滞后一期农村集体固定资产投资对数的回归系数反映了农村集体固定资产投资对农村经济增长的直接效应。当样本区间为 1993—2012年时,因变量为农村居民家庭人均纯收入时,滞后一期农村集体固定资产投资对数的回归系数为 0.011,渐近 t 值为 2.52,在 5% 的显著水平通过检验。因此,在 20 年间,总体来看,农村集体固定资产投资对农民收入增长产生了显著的正向促进作用,农村集体固定资产投资提高 1%,农民收入增长 0.011%。当样本区间为前 10 年,即 1993—2002 年时,滞后一期农村集体固定资产投资对数之于农村居民家庭人均纯收入的回归系数为 0.031,渐近 t 值为 3.45,在

1%的显著水平通过检验。在这 10 年中,农村集体固定资产投资提高 1%,农民收入增长 0.031%,相当于 20 年平均水平的 3 倍。当样本区间为后 10 年,即 2003—2012 年时,滞后一期农村集体固定资产投资对数之于农村居民家庭人均纯收入的回归系数虽然为正值,但没有通过显著性检验。事实上,1993—2002 年的 10 年,正是中国锐意推进市场化改革的十年。农村集体固定资产投资虽然逐步占了上风,但其效率依然较高。而 2003—2012 年的 10 年,带有"政府色彩"的农村集体固定资产投资大幅增长,政府对农村投资的干预大大增强。正如前面所提到的,农村集体固定资产投资在没有良好监督机制的情况下,其效率可能会下降。这一结果表明,政府配置资源的扭曲性在农村固定资产投资领域也是十分明显的。当因变量为人均农业增加值时,在各个样本区间,滞后一期农村集体固定资产投资对数的回归系数均没有通过显著性检验。主要原因在于农村集体固定资产投资非农化比较明显,在农业领域的投资份额只有 15%左右(张林秀等,2005)。

表 4-5 中农村集体固定资产投资的空间溢出效应的回归系数反映了农村集体固定资产投资对农村经济增长的空间溢出效应。无论因变量是农村居民家庭人均纯收入,还是人均农业增加值,在各个样本区间,农村集体固定资产投资的空间溢出效应的回归系数均没有通过显著性检验。这一结果表明,农村集体固定资产投资本身运行的效率较差,无法形成感染相邻区域的"气场"。同时,正如我们前面所讨论的,农村集体固定资产投资受中央政府和地方政府的双重影响,而中央政府和地方政府的目标取向通常是相反的。这一结果说明,可能由于"天高皇帝远"的原因,地方政府之间的竞争和掣肘导致了中央政府的区域"共赢"目标落空。

以上实证结果表明,农村集体固定资产投资效率整体不高,但 1993—2002 年的 10 年显著高于 2003—2012 年的 10 年。一方面由于政府配置资源的扭曲和农村监督机制的缺乏导致农村集体固定资产投资直接效应低下;另一方面由于地方政府之间的竞争和掣肘导致农村集体固定资产投资空间溢出效应不显著。

(二) 农户固定资产投资的直接效应、空间效应及其变化

表 4-5 中滞后一期农村人均农户固定资产投资对数的回归系数反映了农户固定资产投资对农村经济增长的直接效应。样本区间为 1993—2012 年时,当因变量为农村居民家庭人均纯收入时,滞后一期农村人均农户固定资产投资对数的回归系数为 0.080,渐近 t 值为 6.97,在 1% 的显著水平通过检验。因此,在 20 年间,总体来看,农户固定资产投资对农民收入产生了显著的正向促进作用,农户固定资产投资提高 1%,农民收入增长 0.080%,其效应是农村集体固定资产投资的 7.3 倍。当样本区间为前 10 年,即 1993—2002 年时,滞后一期农村人均农户固定资产投资对数之于农村居民家庭人均纯收入的回归系数为 0.025,渐近 t 值为 2.18,在 5% 的显著水平通过检验。在这 10 年中,农户固定资产投资提高 1%,农民收入增长 0.025%,这一数据明显低于 20 年的平均水平。同时也略低于农村集体固定资产投资效率。当样本区间为后 10 年,即 2003—2012 年时,滞后一期农村人均农户固定资产投资对数之于农村居民家庭人均纯收入的回归系数为 0.106,并在 1% 的显著性水平通过检验。这一时期,农户固定资产投资每提升 1%,农民收入增长 0.106%。而同期农村集体固定资产投资的作用并不显著。当因变量为人均农业增加值时,在各个样本区间,滞后一期农村人均农户固定资产投资对数的回归系数均通过显著性检验。在 1993—2012 年、1993—2002 年和 2003—2012 年三个样本区间,农户固定资产投资每增长 1%,人均农业增加值分别提高 0.123%、0.075% 和 0.180%。根据这些数据来看,农户固定资产投资对农业增加值的提升作用明显高于对农民收入增长的作用。其主要原因在于农户固定资产投资在农业领域的投资份额相对较高(张林秀等,2005)。

表 4-5 中农户固定资产投资的空间溢出效应的回归系数反映了农户固定资产投资对农村经济增长的空间溢出效应。无论因变量是农村居民家庭人

均纯收入,还是人均农业增加值,在各个样本区间,农户固定资产投资的空间溢出效应的回归系数均通过显著性检验。这里的空间溢出效应反映的是本地区农户固定资产投资对相邻地区农村经济增长的作用。根据实证结果,在1993—2012年、1993—2002年和2003—2012年三个样本区间,本地区农户固定资产投资每增长1%,分别会带动相邻地区农村居民家庭人均纯收入增长0.163%、0.144%和0.184%,分别会促进人均农业增加值提高0.088%、0.124%和0.084%。从溢出效应的作用来看,农户固定资产投资的空间溢出效应对农民收入的作用更大。与直接效应相比较而言,农户固定资产投资的空间溢出效应整体上要大于直接效应。从动态变化来看,2003—2012年的空间溢出效应明显高于1993—2002年。

以上实证结果表明,无论是直接效应还是空间溢出效应,农户固定资产投资效率整体上高于农村集体固定资产投资效率。但2003—2012年的后10年显著高于1993—2002年的前10年。这一结果与我们的理论分析是相符的。农户固定资产投资具有市场配置资源的特征,激励约束机制更为健全,投资效率相对更高。随着市场机制的进一步完善,其效率会进一步提升。由于市场交易的"共赢"要求和市场的公共属性,这更能契合中央政府的区域"共赢"目标,因此农户固定资产投资的空间溢出效应也更为明显。这一结果表明,中央政府的农村投资政策"锚点"应当是农户,而不是农村集体。

（三）模型中其他相关变量的讨论

控制变量农村非农从业人员占总从业人员比例的对数的回归系数反映农村产业结构调整对农村经济增长的影响。无论因变量是农村居民家庭人均纯收入,还是人均农业增加值,在各个样本区间,农村非农从业人员占总从业人员比例的对数的回归系数均在1%的显著性水平通过检验。根据实证结果,在1993—2012年、1993—2002年和2003—2012年三个样本区间,非农产业就业比例每增长1%,农村居民家庭人均纯收入分别增长0.104%、0.076%和

0.317%,人均农业增加值分别提高 0.233%、0.400% 和 0.388%。因此,农村非农产业的发展对农民收入和农业经济增长具有显著的正向促进效应。结果表明,农村产业结构的升级对于促进农村经济增长具有至关重要的作用。

城镇化率对数的回归系数反映城镇化对农村经济增长的影响。在1993—2012 年样本区间,城镇化率对数之于农村居民家庭人均纯收入和人均农业增加值的回归系数分别为 0.082 和 0.156,并且在 1% 的水平上通过显著性检验。因此,城镇化、农村人口向城市转移对农民收入增长具有重要作用。同时说明,农村人口多,并不能增加农业产出,农业冗余劳动力是存在的。这和大多数学者的研究结论是一致的。从阶段性变化趋势来看,城镇化率对农村居民家庭人均纯收入的作用在 2003—2012 年大于 1993—2002 年。这可能的原因是,农民收入很大部分来自务工收入。随着城镇化率的提高,农民务工机会和收入有提高的趋势。而城镇化率对人均农业增加值的作用在 2003—2012 年要小于 1993—2002 年。这可能的原因是,随着城镇化率的提高,农民进城数量增加,农村冗余劳动力越来越少。

人均耕地面积对数的回归系数反映土地投入对农村经济增长的影响。无论因变量是农村居民家庭人均纯收入,还是人均农业增加值,在各个样本区间,人均耕地面积对数的回归系数均在 1% 或 5% 的显著性水平通过检验。根据实证结果,在 1993—2012 年、1993—2002 年和 2003—2012 年三个样本区间,人均耕地面积每增长 1%,农村居民家庭人均纯收入分别增长 0.121%、0.085% 和 0.165%,人均农业增加值分别提高 0.091%、0.147% 和 0.138%。因此,土地投入对农民收入和农业经济增长具有显著的正向促进效应。从动态趋势来看,人均耕地面积对农村经济增长的作用在 2003—2012 年比1993—2002 年要大得多。1993—2002 年,人均耕地面积为 2.37 亩,2003—2012 年人均耕地面积降至 2.26 亩。这可能的原因是,随着城镇化的推进,人均耕地面积有减少的趋势,其稀缺性的价值更能得到体现。这一结果表明,保护耕地就是保护农民收入和农业经济的增长。

　　农村劳动力人均受教育年限对数的回归系数反映人力资本投入对农村经济增长的影响。在 1993—2012 年样本区间,农村劳动力人均受教育年限之于农村居民家庭人均纯收入的回归系数为 0.214,在 10% 的显著水平通过检验。但这一区间,农村劳动力人均受教育年限对人均农业增加值的作用不显著。在 1993—2002 年,农村劳动力人均受教育年限之于农村居民家庭人均纯收入的回归系数为 0.293,在 1% 的显著水平通过检验;但对人均农业增加值的作用也不显著。在 2003—2012 年,农村劳动力人均受教育年限之于农村居民家庭人均纯收入的回归系数没有通过显著性检验;同时农村劳动力人均受教育年限对人均农业增加值的作用还有显著的负面影响。呈现这一现象的原因是,现有的农村教育制度培养的是"离开农村的能力",农民人均受教育水平的提高,并没有直接惠及农业。农村有文化的青年大多离开农村,成为打工一族。这正是现有农村教育制度产生的"抽水机效应"(李敬,2013)。

　　反映西部地区的空间自回归系数在六个模型中均通过了 1% 水平上的显著性检验,由此可见,西部地区各省(自治区、直辖市)间的农村经济增长具有显著的空间正向溢出效应,也就是说,在西部地区,一个地区农民收入增长和人均农业增加值增长会显著地导致相邻地区农民收入和第一产业增加值增长。而反映东部和中部地区的空间自回归系数在六个模型中同样在 1% 的水平上通过显著性检验,说明东部和中部地区各省(自治区、直辖市)之间农村经济增长也存在显著的空间正向溢出效应。在 1993—2012 年样本区间,西部地区和东部和中部地区空间自回归系数之差对于农村居民家庭人均纯收入的空间自回归差异为 0.062,并在 1% 的显著水平通过检验。说明西部地区的自回归效应更强。但西部地区和东部和中部地区空间自回归系数的差对于人均农业增加值的空间自回归差异没有通过显著性检验。说明人均农业增加值的空间自回归效应在各地区并没有明显的差异。从动态变化来看,西部地区和东部和中部地区空间自回归系数的差在 1993—2002 年比 2003—2012 年更显著。这说明随着经济水平的整体提高,区域之间空间自回归效应的差异在缩小。

第五节　政府调整城乡收入分配
格局的农村投资路径

一、加大农村固定资产投资的力度

农村固定资产投资之于农村经济增长的直接效应和空间溢出效应都是十分明显的。研究表明,在1993—2012年的20年间,农村集体固定资产投资和农户固定资产投资对农民收入增长产生了显著的正向促进作用,农村集体固定资产投资提高1%,农民收入增长0.011%;农户固定资产投资提高1%,农民收入增长0.080%,人均农业增加值会提高0.123%。从溢出效应的作用来看,农户固定资产投资的空间溢出效应对农民收入的作用更大。与直接效应相比较而言,农户固定资产投资的空间溢出效应整体上要大于直接效应。从动态变化来看,2003—2012年的空间溢出效应明显高于1993—2002年的10年。但与城市相比,农村固定资产投资的增长速度依然较慢。在现阶段,政府要缩小城乡差距、调整城乡收入分配格局,扩大农村固定资产投资是十分必要的。

二、充分发挥市场在资源配置中的决定性作用,优化农村固定资产投资的主体结构

要提高农户固定资产投资的积极性,适当缩小农村集体投资的比例,建立以市场调节为基础、以农户为主体的农村固定资产投资制度。研究发现,在1993—2012年的20年间,带有政府色彩的农村集体固定资产投资一路走高,而农户投资却渐行渐弱。尤其是2003—2012年的10年,随着城乡统筹发展战略的推动,政府对农村投资的干预大大增强,政府对市场的替代效应十分明显。虽然从整体来看,农村集体固定资产投资对农村经济增长具有一定正向

促进作用,但由于政府配置资源的扭曲和农村投资监督机制的缺乏,其效率总体偏低,尤其是在 2003—2012 年的 10 年,其对农村经济增长的促进作用已不显著。另外,由于地方政府之间的竞争和掣肘,农村集体固定资产投资的空间溢出效应也一直没有显现出来。而农户固定资产投资具有市场配置资源的特征,激励约束机制更为健全,无论是直接效应还是空间溢出效应,均高于农村集体固定资产投资。各个样本区间,农户固定资产投资对本地区农民收入增长和农业增加值提高均具有显著的正向促进作用。在 1993—2012 年、1993—2002 年和 2003—2012 年三个样本区间,农户固定资产投资每增长1%,分别会带动相邻地区农村居民家庭人均纯收入增长 0.163%、0.144%和0.184%,分别会促进人均农业增加值提高 0.088%、0.124%和 0.084%。随着市场机制的进一步完善,农户固定资产投资效率会进一步提升。因此,从动态变化来看,农户固定资产投资在 2003—2012 年的后 10 年显著高于 1993—2002 年的前 10 年。

三、改善农村投资条件，优化耕地保护制度和农村教育制度，促进农村产业结构升级和城镇化进程

中央政府要着力改善农村的投资条件,提高农村固定资产投资和使用的效率。一是优化耕地保护制度。土地投入对农民收入和农业经济增长具有显著的正向促进效应。从动态趋势来看,人均耕地面积对农村经济增长的作用在 2003—2012 年比 1993—2002 年要大得多。1993—2002 年,人均耕地面积为 2.37 亩,2003—2012 年人均耕地面积降至 2.26 亩。这可能的原因是,随着城镇化的推进,人均耕地面积有减少的趋势,其稀缺性的价值更能得到体现。这一结果的含义是,保护耕地就是保护农民收入和农业经济的增长。二是优化农村教育制度。研究发现,在 2003—2012 年,农村劳动力人均受教育年限之于农村居民家庭人均纯收入的回归系数没有通过显著性检验;同时农村劳动力人均受教育年限对人均农业增加值的作用还有显著的负面影响。呈现

这一现象的原因是,现有的农村教育制度培养的是"离开农村的能力",农民人均受教育水平的提高,并没有直接惠及农业。农村有文化的青年大多离开农村,成为打工一族。这正是现有农村教育制度产生的"抽水机效应"。建立面向农业生产、农村发展的农村职业教育体系势在必行。三是积极促进农村产业结构升级。农村产业结构的升级对于促进农村经济增长具有至关重要的作用。根据实证结果,在1993—2012年、1993—2002年和2003—2012年三个样本区间,非农产业就业比例每增长1%,农村居民家庭人均纯收入分别增长0.104%、0.076%和0.317%,人均农业增加值分别提高0.233%、0.400%和0.388%。农村非农产业的发展对农民收入和农业经济增长具有显著的正向促进效应。政府通过财政金融手段,积极促进农村产业结构升级,具有重要意义。四是积极促进城镇化进程。实证结果表明,在1993—2012年样本区间,城镇化率之于农村居民家庭人均纯收入和人均农业增加值的回归系数分别为0.082和0.156,并且在1%的水平上通过显著性检验。城镇化、农村人口向城市转移对农民收入增长具有重要作用。说明农村人口多,并不能增加农业产出,说明农业冗余劳动力是存在的。从阶段性变化趋势来看,城镇化率对农村居民家庭人均纯收入的作用在2003—2012年大于1993—2002年。这可能的原因是,农民收入很大部分来自务工收入。随着城镇化率的提高,农民务工机会和收入有提高的趋势。而城镇化率对人均农业增加值的作用在2003—2012年要小于1993—2002年。这可能的原因是,随着城镇化率的提高,农民进城数量增加,农村冗余劳动力越来越少。在现阶段,政府进一步促进城镇化进程,对于调整城乡收入分配格局具有重要意义。

第五章　政府调整城乡收入分配格局的区域统筹路径[①]

　　自 1978 年改革开放以来,中国经济增长高歌猛进,在世界经济体系中独树一帜。但地区经济增长不平衡,不同省(自治区、直辖市)之间经济发展水平和经济增长速度参差不齐,差异很大。政府调整城乡收入分配必须有区域视域。事实上发达地区的农村居民收入,与一些欠发达地区的城市收入已基本相当。政府调整城乡收入分配,不能局限在一城一域,必须要在区域间经济发展中寻找平衡。对于欠发达地区,先要做大"蛋糕",才能更好地在城乡间分配好"蛋糕"。从政府调控而言,需要建立发达地区对欠发达地区的带动机制。而这种带动机制是建立在区域经济空间关联基础之上的。本章通过区域经济增长空间关联的网络分析方法,刻画出中国区域经济增长空间关联的特征及影响因素,探索区域统筹的机制,进而探索政府调整城乡收入分配的区域统筹路径。

---

　　① 本章主要内容作为国家社科基金重点项目阶段性成果发表在《经济研究》杂志上。参见李敬、陈澍、万广华、付陈梅:《中国区域经济增长的空间关联及其解释——基于网络分析方法》,《经济研究》2014 年第 11 期。

第一节　政府调整区域城乡收入分配格局、构建区域统筹发展机制的突破口：区域经济增长空间关联的存在

政府调控与市场机制是推动区域间经济要素交融的重要力量。而在中国区域经济发展的版图中，我们很容易寻觅到政府的身影，也不难发现市场的轨迹。因此有充足的理由相信，中国区域经济增长存在着省际之间的空间影响和地区之间的空间关联。

一、基于政府层面的分析

从政府层面看，中央政府高度重视区域经济的协调发展，并适时推出相应的区域发展战略，意在促进各省（自治区、直辖市）之间经济的关联和互动。新中国成立之初，全国生产力布局极不平衡，工业资源主要集聚在东南沿海。1949—1978年，中央实施向内地推进的平衡发展战略，先后出现了"一五"时期（1953—1957年）、"三线建设"时期（1966—1975年）两次大规模向内地投资的高潮（胡鞍钢，2008）。然而这种平衡发展战略的效率差强人意。事实上，1978—1990年，国家投资、产业布局的重心偏向东部沿海地区，同时中部地区的能源、原材料工业也得到重点支持。进入20世纪90年代后，为了防止地区差距不断扩大，中央开始启动区域协调发展战略。1999年，中国开始实施西部大开发战略，随后又提出了东北振兴战略和中部崛起战略，由此，中国区域经济版图演化成西部、东北、中部、东部四大地域板块，战略重点分别是西部大开发、东北振兴、中部崛起和东部率先发展。这些区域发展战略的实施，有助于催生各省（自治区、直辖市）之间经济发展的关联关系。

二、基于市场层面的分析

从市场层面看，改革开放以来，中国的市场化改革稳步推进，有利于各省

（自治区、直辖市）之间生产要素和商品的自由流动,市场的"无形之手",牵引出各省（自治区、直辖市）之间千丝万缕的经济联系。无论是新古典经济增长理论还是新增长理论都强调,在市场的作用下,区域之间的劳动力、资本等要素的自由流动和商品的自由交易以及由经济活动带来的知识溢出,必然会加深区域之间的经济联系,产生经济增长的空间溢出效应（陈秀山、张可云,2005）。改革开放以来,农民工在各省（自治区、直辖市）之间大量迁移,根据国家统计局数据,2013年年末,全国农民工总量达到26894万人,其中外出农民工16610万人。近年来,各省（自治区、直辖市）之间的产业转移、贸易投资都在持续增长,市场化进程对区域经济增长的贡献持续增大,1997—2007年,市场化对经济增长的年均贡献为1.45%,对全要素生产率的贡献高达39.20%（樊纲、王小鲁、马光荣,2011）。

三、现有研究的揭示

事实上,目前已有学者证明中国区域经济增长确实存在空间关联性。英（Ying,2000）认为中国存在着"内核地区对外围地区"的空间溢出效应,并运用空间滞后模型考察了1978—1998年劳动力、资本、外商直接投资等因素对中国地区经济增长的作用,指出中国经济增长在区域间存在着较强的相互影响。布朗等（Brun等,2002）将中国划分成沿海与内陆地区,通过引入东、中、西三个虚拟变量考察沿海与内陆的相互影响,也发现了沿海对内陆地区的空间溢出效应。沿用布朗等人的思路,张和弗莱明哈姆（Zhang和Felmingham,2002）建立了地区GDP变动模型,直接将其他两大地区GDP的变动作为解释变量,考察了东、中、西部三大经济带间的空间溢出效应。格勒内沃尔德等（Groenewold等,2007）则采用VAR模型,通过脉冲响应函数模拟了东、中、西部三大经济区域的相互影响,得出存在东部沿海地区向中、西部以及中部向西部地区的溢出效应,但不存在西部向东、中部地区的溢出效应。格勒内沃尔德等（Groenewold等,2008）又将全国划分成东南地区、长江流域、黄河流域、东北地区、西北地区、西南地区六大经济区,并通过向量自回归(VAR)模型考察了各经济区域之间的溢出效应,结论是长江流域、黄河流域与西北地区对其他区域有较显著的溢出效应,东南与东北地区存在着很微弱的对其他地区的溢出效应,西南地区则不存在对外溢出效应。张晓旭和冯宗宪(2008)运用探索性空间数据分析方法研究了1978—2003年中国30个省(自治区、直辖市)人均GDP之间的空间相关性,结果表明,自改革开放以来,中国各地区人均收入的空间相关性逐年增强,中国经济存在明显的空间异质性,地区人均收入与地理位置密切相关。潘文卿(2012)进一步使用探索性空间数据分析工具研究了1988—2009年中国各省(自治区、直辖市)人均GDP的空间分布格局与特征,研究结论是,一方面,存在着全域范围的正的空间自相关,并且这种相关随着时间的推移在增大;另一方面,中国局域性的空间集聚特征越来越明显。这些文献表明,空间溢出效应是中国地区经济发展不可忽视的重要影响因素。

四、现有研究的局限

现有相关文献存在两方面的局限:一是部分研究采用传统空间计量方法来分析经济增长的空间关联问题,这样就将空间关联局限在经济地理学上的"相邻"或"相近"地区上。但中国区域发展战略的"锚点"在沿海与内陆的互动、东中西部的协调发展上,而这些区域之间在地理上可能并不相邻,但在经济增长上相关联。这使得依据传统空间计量方法得到的结论可能有偏误。二是受政府与市场的双重作用,中国各地区之间的空间关联关系是复杂的、多线程的,具有复杂的网络结构性质。而现有文献尚未考虑这种网络性质,所以仅揭示出少量的关联关系,本章试图弥补这方面的缺口。

在新一轮改革启动之际,中央提出了"京津冀一体化""长江经济带"等新的区域发展战略。更全面认识中国各省(自治区、直辖市)之间经济增长的空间关联关系以及整体的"网络结构"特征,对中国新时期区域发展战略的实施和区域经济政策的制定具有重大的现实意义。

本书针对现有研究存在的不足,采用一种新的研究方法即网络分析法(Network Analysis)对中国区域经济增长的空间关联关系的网络特征进行研究。网络分析法是一种针对关系数据(Relational Data)的跨学科分析方法,在多学科领域均具有较广泛的运用(Oliveira 和 Gama,2012)。在经济学和管理学领域,它已成为国际经济系统、组织行为研究、消费行为研究的新范式。约翰·斯科特(John Scott,2007)、斯奈德(Snyder,1979)、布莱格(Breiger,1981)、史密斯和怀特(Smith 和 White,1992)、蔡斯-邓恩和格兰姆斯(Chase-Dunn 和 Grimes,1995)采用网络分析方法对世界经济系统进行了研究,认为世界经济系统就是一个具有空间交叉重叠影响的网络系统,并发现,各国的经济发展水平与各国在世界经济系统网络中的位置密切相关。夏沃等(Schiavo 等,2010)、卡西等(Cassi 等,2012)运用网络分析方法研究了国际贸易、金融一体化的网络关系及其特征。本章选择网络分析法研究中国区域经济增长的空间关联有三个方面的考量:一是网络分析法主要分析的是结构关系,而结构往往决定属性数据(Attribute Data)的表现,更具有分析价值(Wasserman 和 Faust,1994);二是网络分析法具有全局性分析的特点,可以避免传统空间计量分析方法"相邻"或"相近"的局限;三是网络分析法可以揭示中国区域经济增长空间关联的总体特征,分析各区域在经济增长中的空间影响。

第二节　区域经济增长空间关联的
网络分析方法

一、区域经济增长空间关联网络的构建方法

区域经济增长空间关联网络是区域间经济增长关系的集合。各区域是网络中的"点"(Node),各区域之间在经济增长上的空间关联关系是网络中的"线"(Ties)。由这些点和线便构成了区域经济增长的空间关联网络。构建

区域经济增长空间关联网络的关键,是刻画各区域之间的空间关联关系和空间溢出效应,我们选择格兰杰因果检验(VAR Granger Causality Test)来实现这一目的。这个选择一方面基于已有文献,例如,格勒内沃尔德等(Groenewold 等,2008)就采用了向量自回归模型来分析中国区域之间的空间溢出效应;另一方面,这里我们考察的是各区域之间的动态联系。有关这种联系的经济学理论尚不够成熟,尤其是在动态结构滞后阶数的选择方面(C.A.Sims,1980)。加上各区域变量本身是内生变量,作为自变量时违反 OLS 估计的经典假设,使参数估计和推断变得困难(高铁梅,2009)。而关联网络研究主要聚焦区域间动态关联关系是否存在,因此非结构化的向量自回归模型是一个合适的选择。本章在考察两区域的关联关系时,先建立两区域经济增长变量的向量自回归模型,然后通过格兰杰因果检验判断区域之间是否存在动态关联。如果 A 和 B 两个区域之间经济增长的动态关联关系通过检验,并且是 A 指向 B 的,则在网络中画一条由 A 指向 B 的箭头,并将 AB 两点连接起来,表明这两个区域之间是显著关联的。可以依此方法检验所有区域之间两两的空间关联关系,画出网络中的各条带箭头的"连接线"。这样,便可构建出区域经济增长的空间关联网络。由于向量自回归因果关系可能不是对称的,因此是一个有方向的空间关联网络。

二、区域经济增长空间关联网络的特征刻画

(一)网络密度

网络密度(Density)是反映网络中各区域之间关联关系疏密情况的指标。网络中关联关系的数量越多,则网络密度越大。网络的密度可定义为实际拥有的连线数与整个网络(Complete Network)中最多可能拥有的连线数之比(约翰·斯科特,2007)。该测度的取值范围为 $[0,1]$。设网络中的区域数量为 N,则网络中最大可能存在的关联关系数量为 $N \times (N-1)$。如网络中实际拥

有的关联关系数量为 L ,则网络密度可表示为:

$$Dn = L/[N \times (N-1)] \tag{5.1}$$

(二) 关联性分析

关联性(Connectedness)反映网络自身的稳健性(Robust)和脆弱性(Vulnerability)(Krackhardt 和 David,1994)。如果网络中各区域之间的关联关系把经济系统连接成一个整体,任何两个区域之间存在一条直接或间接的路径相连,那么该网络就具有较好的关联性。如果一个网络的很多线都通过一个区域相连,那么该网络对该区域就产生很大依赖,一旦排除该区域,网络就可能崩溃,因此是不稳健的,则其关联性低。关联性的测度指标是关联度 C 。关联度 C 可通过可达性(Reachability)来测量。该测度的取值范围为 $[0,1]$ 。设网络中的区域经济主体数量为 N ,网络中不可达的点对数为 V ,则关联度 C 的计算公式是:

$$C = 1 - V/[N \times \frac{(N-1)}{2}] \tag{5.2}$$

对于有向网络而言,与关联性密切相关的指标还有一个网络等级度(Hierarchy)。这个概念表达的是网络中区域之间在多大程度上非对称地可达,反映各区域之间在网络中的支配地位。该测度的取值范围为 $[0,1]$ 。设网络中对称可达的点对数为 K ,$\max(K)$ 为最大可能的对称可达的点对数,则等级度 H 的计算公式是:

$$H = 1 - K/\max(K) \tag{5.3}$$

反映网络关联性的另一个指标是网络效率。网络效率是指在已知网络中所包含的成分数确定的情况下,网络在多大程度上存在多余的线。在区域经济增长空间关联网络中,网络效率越低,表明经济增长的空间溢出渠道越多,存在着溢出效应的多重叠加现象,网络更加稳定。该测度的取值范围为 $[0,1]$ 。设网络中多余线的条数为 M ,$\max(M)$ 为最大可能的多余线的条数,则网络

效率 E 的计算公式是：

$$E = 1 - M/\max(M) \tag{5.4}$$

（三）中心性分析

中心性(Centrality)是研究网络中各区域在网络中的地位和作用的指标。一个区域在网络中越处于中心位置,其在网络中的"影响力"越大,越能影响其他区域。弗里曼(1979)对网络中心性有深入的研究,其常见刻画指标有两个,分别是相对度数中心度(Degree Centrality)和中间中心度(Betweenness Centrality)。

相对度数中心度指在网络中与某区域直接相关联的区域数目(用 n 表示)和最大可能直接相连的区域数目(用 N 表示)之比。De 代表相对度数中心度,有:

$$De = n/(N - 1) \tag{5.5}$$

中间中心度是由弗里曼(1979)提出的。该指标测度的是一个区域在多大程度上处于其他区域的"中间"。他认为,如果一个区域处于多对区域的最短路径上,这个区域很可能在网络中起着重要的"中介"或"桥梁"作用,因而处于网络的中心。假设区域 j 和 k 之间存在的捷径数目为 g_{jk} ,j 和 k 之间存在的经过 i 的捷径数目为 $g_{jk}(i)$,第三个区域 i 控制 j 和 k 关联的能力为 $b_{jk}(i)$ (为 i 处于 j 和 k 之间捷径上的概率),那么 $b_{jk}(i) = g_{jk}(i)/g_{jk}$ 。将 i 相应于网络中所有的点对的中间度相加,便得到区域 i 的绝对中间中心度。绝对中间中心度标准化便得到相对中间中心度,其计算公式为:

$$Cb_i = \frac{2\sum_{j}^{N}\sum_{k}^{N} b_{jk}(i)}{N^2 - 3N + 2} \tag{5.6}$$

其中,$j \neq k \neq i$,并且 $j < k$ 。

三、区域经济增长空间关联网络的块模型分析

块模型(Blockmodels)分析最早由怀特、布尔曼和布莱格(1976)提出,它

是一种研究网络位置模型的方法,斯奈德(1979)曾用此方法研究过世界经济体系。根据块模型理论,可以对各个位置(块)在区域经济增长中的角色进行分析。这里具有四种区域经济增长的角色位置:一是主受益板块,此位置上的区域经济增长主体在板块内部关系比例多,而外部关系比例少,对其他板块的溢出效应较少。极端情况下,只对内部发出关系,而不对外部发出关系,但接收来自其他板块发出的关系,在此情况下可称为净受益板块。二是净溢出板块,其成员向其他板块成员发出较多的关系,而对板块内部较少发出关系,并且较少接收到外来关系,此板块上的经济主体对其他地区经济增长产生净溢出效应。三是双向溢出板块,其成员向其他板块成员发出较多的关系,同时对板块内部也发出较多的关系,但没有接收到多少外来的关系,此板块上的经济主体对板块内部和其他板块经济增长产生双向溢出效应。四是经纪人板块,其成员既发送又接收外部关系,其内部成员之间的联系比较少,在经济增长的空间溢出中发挥桥梁作用。

沃瑟曼和浮士德(1994)开发了评价位置内部关系趋势的指标。假设分析来自位置 B_k 的各个成员的关系。位置 B_k 中有 g_k 个经济主体,那么 B_k 内部可能具有的关系总数为 $g_k(g_k - 1)$。假定在整个网络中含有 g 个经济主体,位置 B_k 各个成员的所有可能的关系为 $g_k(g - 1)$。这样,一个位置的总关系的期望比例为 $\dfrac{g_k(g_k - 1)}{g_k(g - 1)} = \dfrac{g_k - 1}{g - 1}$。根据这一指标,基于位置内部以及位置之间的关系,可以划分成4种经济增长板块(见表5-1)。

表5-1　模型中的经济增长板块分类

位置内部的关系比例	位置接收到的关系比例	
	≈ 0	> 0
$\geq (g_k - 1)/(g - 1)$	双向溢出板块	主受益板块/净受益板块
$< (g_k - 1)/(g - 1)$	净溢出板块	经纪人板块

第三节　中国区域经济增长空间
关联的实证分析

一、中国区域经济增长空间关联网络的建立

本书重点考察改革开放后的空间关联关系。因此,运用 1978—2015 年 29 个省(自治区、直辖市)人均地区生产总值作为基础分析数据(不包括海南和重庆)。避免物价的影响,用换算的地区生产总值缩减指数对数据进行处理。为了去除时间趋势,对数据进行对数处理。VAR 模型要求变量必须具有平衡性,因此对所有变量先进行 ADF 检验。结果发现,所有变量都是不平衡的,而且均是 $I(1)$。因此,我们对所有变量进行一阶差分处理,然后建立两两区域间的 VAR 模型。由于 VAR 模型结果对时滞的选择极为敏感,我们用 LR、FPE、AIC、SC 和 HQ 五种方法进行最优时滞的选择,按三种以上方法结果一致的原则确定最优时滞。然后进行格兰杰因果检验,用 5% 作为显著性检验标准。最后通过检验确定的关系有 179 个(因篇幅有限,相关检验的原始结果没有列出)。根据这些检验结果,可画出中国区域经济增长空间关联网络图(见图 5-1)。

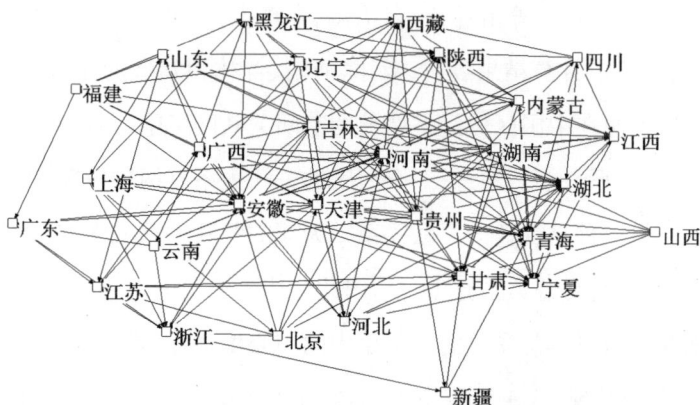

图 5-1　中国区域经济增长空间关联网络图

结果表明,中国区域经济增长空间关联网络通过 179 个"管道"进行空间溢出;每个省(自治区、直辖市)至少存在 1 个以上的空间关系,因此中国区域经济增长在空间上是"普遍联系的"。

二、中国区域经济增长空间关联网络的特征分析

首先,运用式(5.1)计算出中国区域经济增长空间关联网络的密度。29 个省(自治区、直辖市)之间最大可能的关联关系为 812 个,而实际存在关联关系 179 个,因此网络密度为 0.220。各区域之间关联的紧密程度总体上并不高,促进各区域之间更密切的经济协作还有较大空间。进一步,基于式(5.2)—式(5.4),计算网络的关联度、等级度和网络效率。结果表明,中国区域经济增长空间关联网络的关联度为 1,说明中国区域经济增长空间关联网络的关联程度很高,连通效果好,网络具有很好的通达性,各省(自治区、直辖市)之间存在普遍的空间溢出效应。网络效率为 0.653,存在较多的冗余连线,表明经济增长的空间溢出存在较明显的多重叠加现象,进一步增加了网络的稳定性。计算得到的网络等级度为 0.133,说明区域之间的溢出效应并不是"等级森严"的,在不同经济发展水平上都有产生溢出效应的可能。

进一步,基于式(5.5)和式(5.6),对中国区域经济增长的空间关联网络进行中心性分析。分别计算出各省(自治区、直辖市)的相对度数中心度和中间中心度。表5-2 的计算结果表明,天津、河南、吉林和安徽的相对度数中心度处于前四名,说明在中国区域经济增长的空间关联网络中,与这 4 个省市直接相关联的关联关系最多。注意,一个地区的关联关系有两种情况:一种是溢出的关联关系,另一种是受益的关联关系。天津的关联关系最多,有 23 个,其中溢出关系有 12 个,受益关系有 11 个,因此总体是溢出的。吉林总体上也是溢出的,河南和安徽总体是受益的。关于中间中心度指标,排名前四位的也是这 4 个省市。我们发现,这 4 个省市中,1 个位于东部,3 个在中部,而没有西部的省(自治区、直辖市)。由此说明,西部地区在网络中处于弱势地位,而中部

地区起着重要的"桥梁"和"传导"作用。

表 5-2　中国区域经济增长空间关联网络的中心性分析

序号	地区	受益关联关系	溢出关联关系	关联关系总数	相对度数中心度	中间中心度
1	天津	11	12	23	67.857	10.122
2	河南	13	7	20	67.857	6.434
3	吉林	7	11	18	57.143	4.970
4	安徽	13	3	16	53.571	5.084
5	广西	5	12	17	50.000	3.234
6	贵州	3	13	16	50.000	4.861
7	甘肃	10	4	14	50.000	3.710
8	青海	11	6	17	50.000	3.761
9	辽宁	7	5	12	42.857	2.554
10	湖南	0	12	12	42.857	1.040
11	陕西	10	2	12	42.857	1.731
12	内蒙古	3	10	13	39.286	1.141
13	湖北	9	7	16	39.286	1.162
14	宁夏	10	2	12	39.286	2.119
15	河北	6	5	11	35.714	1.109
16	江西	8	3	11	35.714	0.950
17	西藏	7	5	12	35.714	0.942
18	黑龙江	4	6	10	32.143	0.823
19	江苏	6	5	11	32.143	1.988
20	浙江	7	3	10	32.143	2.207
21	山东	2	7	9	32.143	1.309
22	云南	5	5	10	32.143	1.235
23	上海	7	3	10	28.571	0.957
24	福建	4	4	8	28.571	0.746
25	广东	5	5	10	28.571	0.920
26	四川	2	7	9	28.571	0.475
27	北京	2	7	9	25.000	0.594
28	山西	0	6	6	21.429	0.249
29	新疆	2	2	4	14.286	0.243

三、中国区域经济增长空间关联网络的块模型分析

针对图 5-1 显示的网络,进一步对 29 个省(自治区、直辖市)的关联关系进行块模型分析。选择最大分割深度为 2,收敛标准为 0.2,于是得到四个经济增长板块(见表 5-3)。第一个经济增长板块的成员有 6 个,主要是东部沿海发达地区,分别是北京、上海、江苏、天津、浙江、广东;第二个经济增长板块的成员有 9 个,主要是具有较强经济增长活力的省份,分别是福建、山东、安徽、吉林、辽宁、湖北、湖南、河北、黑龙江;第三个经济增长板块的成员有 7 个,主要是中西部发展相对较快的地区,分别是内蒙古、河南、陕西、广西、江西、山西、四川;第四个经济增长板块的成员有 7 个,主要是中西部落后地区,分别是西藏、贵州、云南、甘肃、青海、宁夏、新疆。

在 179 个关联关系中,四个经济板块内部的关系数是 78 个,四个经济板块之间的关系数是 101 个,说明板块之间的溢出效应十分明显。第一个经济增长板块发出关系数 38 个,其中属于板块内部的关系 10 个,接收到其他板块的关系数是 4 个;期望的内部关系比例为 18%,而实际的内部关系比例为 26%。因此,第一个经济增长板块对板块内和板块外均产生了溢出效应,因此是"双向溢出板块"。第二个经济增长板块发出关系数 63 个,其中属于板块内部的关系 21 个,接收到其他板块的关系数是 27 个;期望的内部关系比例为 29%,而实际的内部关系比例为 33%。因此,第二个经济增长板块是典型的"经纪人板块"。在经济增长的溢出效应中担任了"桥梁"作用。第三个经济增长板块发出关系数 47 个,其中属于板块内部的关系 20 个,接收到其他板块的关系数是 37 个;期望的内部关系比例为 21%,而实际的内部关系比例为 43%。因此,第三个经济增长板块是典型的"主受益板块"。第四个经济增长板块发出关系数 31 个,其中属于板块内部的关系 27 个,接收到其他板块的关系数是 33 个;期望的内部关系比例为 21%,而实际的内部关系比例为 87%。因此,第四个经济增长板块是典型的"净受益板块"。

表 5-3　各经济板块之间的溢出效应分析

经济板块	第一板块接收关系（个）	第二板块接收关系（个）	第三板块接收关系（个）	第四板块接收关系（个）	板块成员数目（个）	期望的内部关系比例（%）	实际的内部关系比例（%）	接收板块外关系数（个）	板块特征
第一板块	10	20	5	3	6	18	26	4	双向溢出板块
第二板块	2	21	30	10	9	29	33	27	经纪人板块
第三板块	2	5	20	20	7	21	43	37	主受益板块
第四板块	0	2	2	27	7	21	87	33	净受益板块

　　根据关联关系在各经济增长板块之间的分布,还可以计算各经济增长板块的密度矩阵(Density Matrix),用以反映溢出效应在各经济增长板块的分布情况。根据表 5-4 的结果,第一个经济增长板块的溢出效应主要体现于第一经济增长板块内部和第二经济增长板块;第二经济增长板块的溢出效应主要体现于第二经济增长板块内部、第三经济增长板块和第四经济增长板块;第三经济增长板块的溢出效应主要体现于第三经济增长板块内部和第四经济增长板块;第四经济增长板块的溢出效应主要体现于第四经济增长板块内部,对其他板块没有产生显著溢出效应。

表 5-4　各经济增长板块的密度矩阵

经济板块	第一板块	第二板块	第三板块	第四板块
第一板块	0.254	0.450	0.093	0.121
第二板块	0.000	0.346	0.540	0.643
第三板块	0.000	0.019	0.443	0.873
第四板块	0.000	0.000	0.000	0.458

　　因为整个网络的密度值为 0.220,如果板块密度大于 0.220,表明该板块密度大于总体平均水平,具有在该板块集中的趋势。将表 5-4 中大于 0.220 的格赋值 1,小于 0.220 的格赋值 0,可得到像矩阵(见表 5-5)。像矩阵更清

晰地显示出各经济增长板块之间的溢出效应。像矩阵对角线上全部为1,说明各板块内部经济增长具有显著的关联性,显示出明显的"俱乐部"效应①。

表5-5　各经济增长板块的像矩阵

经济板块	第一板块	第二板块	第三板块	第四板块
第一板块	1	1	0	0
第二板块	0	1	1	1
第三板块	0	0	1	1
第四板块	0	0	0	1

　　从像矩阵还可清晰地看出中国区域经济增长的传递机制。由图5-2可知,中国区域经济增长的发动机是第一板块,它将经济增长的动能传递给第二板块,第二板块充当了明显的桥梁和枢纽作用。第二板块又将经济增长的动能传递给第三板块和第四板块。同时,第三板块又将经济增长的动能传递给第四板块。这一传递机制,具有明显的"梯度"溢出特征。充当发动机的第一

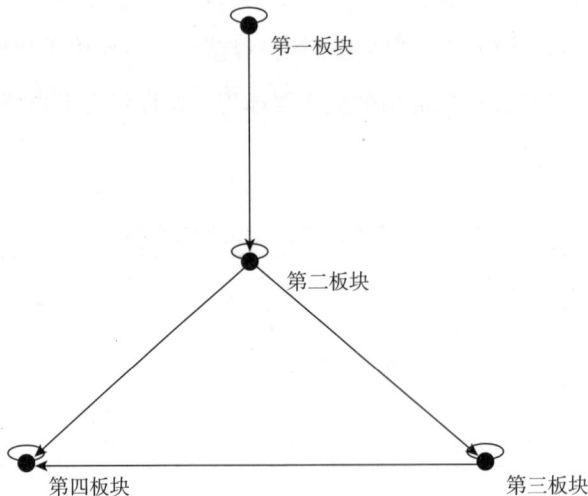

图5-2　中国四大经济增长板块相互关系

---

① "俱乐部"效应是指具有相似特征个体聚集的现象,个体间关系更密切。

板块(北京、上海、江苏、天津、浙江、广东)是东部沿海发达地区,它对第三板块和第四板块(主要是中西部落后地区)的带动作用不是直接实现的,而是通过第二板块的传递来完成的。

第四节　中国区域经济增长空间关联的
影响因素——基于 QAP 方法

在分析了中国区域经济增长空间关联网络的特征之后,接下来要探究的是,哪些因素影响或决定了中国区域经济增长的空间关联性?

一、理论假设、数据选择与分析方法

张晓旭和冯宗宪(2008)、潘文卿(2012)等发现,中国区域经济增长的空间关联性与地理因素相关。因此相邻的省(自治区、直辖市)之间,可能具有更显著的关联关系和空间溢出效应。另外,从块模型分析结果来看,各经济板块之间具有明显的梯度溢出特征,东部沿海发达地区对中西部落后地区并不直接产生溢出效应。由此推测,发展方式相近的省(自治区、直辖市)之间可能具有更显著的空间关联性,而发展方式差异大的地区之间可能并不直接相关联。各地区发展方式的差异性可用投资消费结构、经济开放度、产业结构和从业人员结构等指标来间接刻画。由此推测,各地区资本形成总额占地区生产总值的比例、进出口商品总值占地区生产总值的比例、第三产业产值占地区生产总值的比例、城镇从业人员占总从业人员的比例等指标的差异可能是解释中国区域经济增长空间关联的重要因素。综合起来,作出如下理论假设:中国区域经济增长的空间关联关系 R 主要受五个关系因素的影响,分别是由地理位置所决定的空间相邻关系 S 、地区资本形成总额占地区生产总值的比例差异 Kc 、进出口商品总值占地区生产总值的比例差异 Oc 、第三产业产值占地区生产总值的比例差异 Ic 、城镇从业人员占总从业人员的比例差异 Jc 。据

此,可以设立如下模型：

$$R = f(S, Kc, Oc, Ic, Jc) \tag{5.7}$$

式(5.7)显示的是关系数据之间的关系,实证数据是一系列的矩阵。因变量 R 为区域经济增长的空间关联关系,直接来自本章第三节建立的空间关联矩阵 R（实际上是将图 5-1 转化成矩阵表达形式）。由地理位置所决定的空间相邻关系,用相邻关系矩阵 S 表达,各省（自治区、直辖市）之间地理位置相邻则取 1,否则取 0。地区资本形成总额占地区生产总值的比例差异 Kc、进出口商品总值占地区生产总值的比例差异 Oc、第三产业产值占地区生产总值的比例差异 Ic、城镇从业人员占总从业人员的比例差异 Jc 四个指标,取实证期间各省（自治区、直辖市）对应指标的平均值,然后用各省（自治区、直辖市）对应指标平均值的绝对差异组建差异矩阵。实证数据涵盖 1978—2015 年 29 个省（自治区、直辖市）。数据来源于《中国统计年鉴》。

理论假设中的变量全部是关系数据。一般而言,我们不能用常规的统计检验方法来检验关系数据之间是否存在关系。另外,作为自变量的这些关系数据之间本身可能具有高度的相关性,运用传统方法进行参数估计,存在"多重共线性"问题,导致参数估计值的标准差增大,变量的显著性检验失去意义。在检验关系—关系层次的假设检验时,需要用特定的方法。本书选用的 QAP（Quadratic Assignment Procedure）是一种非参数法,尤其是它不需要假设自变量之间相互独立,因而比参数方法更加稳健（George A. Barnett,2011）。该方法也是网络分析中最常用的方法之一。因此,下面采用 QAP 相关分析和 QAP 回归分析进行假设检验。

二、QAP 相关分析

QAP 相关分析以对矩阵的置换为基础,通过比较两个矩阵中各个格值的相似性而给出相关系数,然后对相关系数进行非参数检验（Everett,2002）。其具体做法有三步。首先,计算已知的两个矩阵构成的长向量之间的相关系数。

其次,对其中的一个矩阵的行和相应的列同时进行随机置换,再计算置换后的矩阵与另一个矩阵之间的相关系数,保存计算结果。重复这种计算过程足够多次,将得到一个相关系数的分布,从中可以看到这种随机置换后计算出来的多个相关系数大于或等于第一步计算出来的观察到的相关系数的比例。最后,比较第一步中计算出来的实际观察到的相关系数与根据随机重排计算出来的相关系数的分布,考察相关系数是落入拒绝域还是接受域,进而对相关性进行判断。

下面用 QAP 相关分析来检验空间关联矩阵与其他影响因素的相关关系。选择 5000 次随机置换。得到的结果见表 5-6。表 5-6 中实际相关系数是直接基于两个矩阵的值计算的,相关系数均值是根据 5000 次随机矩阵置换计算出来的,最大值、最小值是随机计算的相关系数中的最大值、最小值;Prop≥0 表明这些随机计算出来的相关系数大于或等于实际相关系数的概率;Prop≤0 表明这些随机计算出来的相关系数小于或等于实际相关系数的概率。相关分析的结果表明,空间关联矩阵 R 与 S 的相关系数为 0.088,在 1% 的水平上显著,说明各省(自治区、直辖市)之间地理位置的邻接性对空间关联和空间溢出确实有显著的正向影响。空间关联矩阵 R 与反映发展方式的四个变量的相关系数均为负,说明发展方式的相近性是产生空间关联和空间溢出的重要影响因素,这与我们的研究假设一致。但空间关联矩阵 R 与进出口商品总值占地区生产总值的比例差异 Oc、城镇从业人员占总从业人员的比例差异 Jc 的相关系数不显著,说明经济的外向度对内部关联影响不显著。同时,城乡就业结构的差异可能主要受区域内部相关因素的影响,对区域间空间关联的影响也不突出。

表 5-6　空间关联矩阵 R 与其他影响因素的 QAP 相关分析结果

变量名	实际相关系数	显著性水平	相关系数均值	标准差	最小值	最大值	Prop≥0	Prop≤0
S	0.088	0.004	−0.000	0.032	−0.106	0.106	0.004	0.999
Kc	−0.162	0.001	0.001	0.061	−0.186	0.199	0.999	0.001

变量名	实际相关系数	显著性水平	相关系数均值	标准差	最小值	最大值	Prop≥0	Prop≤0
Oc	-0.062	0.209	0.001	0.070	-0.149	0.194	0.791	0.209
Ic	-0.118	0.025	0.001	0.065	-0.189	0.234	0.976	0.025
Jc	0.055	0.213	0.000	0.066	-0.246	0.215	0.213	0.787

进一步对与空间关联矩阵显著相关的三个变量进行 QAP 相关分析,见表 5-7,发现相邻关系矩阵 S 与地区资本形成总额占地区生产总值的比例差异 Kc 和第三产业产值占地区生产总值的比例差异 Ic 高度相关,并在 1% 的水平上显著。因此,这三个因素对空间关联的影响可能存在重叠性,这也是关系数据的特点,需要用 QAP 方法才能较好地处理这些关系数据的"多重共线性"问题。

表 5-7　三个影响因素的 QAP 相关分析结果

变量矩阵	S	Kc	Ic
S	1.000 (0.000)	—	—
Kc	-0.119 (0.005)	1.000 (0.000)	—
Ic	-0.112 (0.006)	0.185 (0.091)	1.000 (0.000)

三、QAP 回归分析

QAP 回归分析与 QAP 相关分析的原理相同。QAP 回归分析的目的是研究多个矩阵和一个矩阵之间的回归关系,并且对判定系数 R^2 的显著性进行评价。其估计过程分为两步:首先对自变量矩阵和因变量矩阵对应的长向量元素进行常规的多元回归分析;其次对因变量矩阵的各行和各列同时随机置换,然后重新计算回归,保存所有的系数值和判定系数 R^2。重复这个步骤足够多次,以便估计统计量的标准误。系数的估计和检验方法与 QAP 相关分析一致。

选择 5000 次随机置换,得到的结果见表 5-8 和表 5-9。表 5-8 显示调整后的判定系数 R^2 为 0.502,说明三个矩阵变量可以解释中国区域经济增长空间关联关系变异的 50.2%。表中的概率是指随机置换产生的判定系数不小于实际观察到的判定系数的概率,它是单尾检验的概率,其值为 0,表明调整后的判定系数 R^2 在 1% 的水平上显著。样本体积为 812,这是因为有 29 个省(自治区、直辖市)构成了 29 行 29 列矩阵,忽略对角线的元素,剩下 29 × (29 − 1) = 812 个观察值。

表 5-8 模型拟合结果

拟合优度	调整的拟合优度	概率	样本体积
0.517	0.502	0.000	812

表 5-9 显示的是 QAP 回归分析得到的各变量矩阵的回归系数及检验指标。其中,概率 1 表示的是随机置换产生的回归系数不小于实际观察到的回归系数的概率;概率 2 表示的是随机置换产生的回归系数不大于实际观察到的回归系数的概率(进行的是双尾检验)。结果表明,空间相邻矩阵 S 的回归系数在 5% 的水平上显著,说明地理位置的相邻确实对空间关联关系产生了重要作用。这反映了中国区域经济的空间关联具有"近水楼台先得月"的效应。这与张晓旭、冯宗宪(2008)和潘文卿(2012)的研究结论是一致的。同时,地区资本形成总额占地区生产总值的比例差异 Kc 的回归系数在 5% 的水平上显著,说明投资消费结构的相似性有助于建立区域之间的空间关联关系,产生空间溢出效应。第三产业产值占地区生产总值的比例差异 Ic 的回归系数在 10% 的水平上显著,说明产业结构的相近也是空间关联关系的重要影响因素。这里显示出中国区域经济的空间关联具有"门当户对"的特征。

表 5-9　QAP 回归分析得到的各变量矩阵的回归系数及检验指标

变量	非标准化回归系数	标准化回归系数	显著性概率值	概率 1	概率 2
常数项	0.497	0.000	—	—	—
空间相邻矩阵 S	0.085	0.062	0.027	0.200	0.800
地区资本形成总额占地区生产总值的比例差异 Kc	−0.922	−0.139	0.013	0.988	0.013
第三产业产值占地区生产总值的比例差异 Ic	−0.878	−0.085	0.077	0.924	0.077

第五节　政府调整城乡收入分配格局的区域统筹路径

一、中央政府应当将区域空间关联作为调整城乡收入分配的重要决策变量

中央政府在促进区域联动与协调发展方面的政策效果已经开始显现。市场机制在区域间的作用也逐渐发挥出来。研究结论表明,中国区域经济空间网络共存在 179 个空间关联关系。各区域之间关联的紧密程度总体上并不高,网络密度为 0.220。但网络具有很好的稳健性,关联度为 1,网络效率为 0.653,说明各省(自治区、直辖市)之间的空间溢出效应是稳定的,并存在溢出效应的多重叠加现象。因此,各区域之间已不是各自为政的分割。中央政府应当将区域空间关联作为调整城乡收入分配的重要决策变量,应当将提高区域之间关联的紧密程度、创造更多的空间溢出"管道"作为重要决策目标。

二、针对各区域在空间关联中的不同地位和作用以及经济增长板块的不同功能,进行定向调控和精准调控

研究表明,各区域在关联网络中具有不同的地位和作用。通过中心性分

析,发现天津、河南、吉林和安徽的相对度数中心度和中间中心度排名前四位,说明在中国区域经济增长的空间关联网络中,与这4个省市直接相关联的关联关系最多。在空间溢出效应方面,西部地区在网络中处于弱势地位,而中部地区起着重要的"桥梁"和"传导"作用。中国区域经济增长版图可以划分成4个不同的经济增长板块。第一个经济增长板块的成员有6个,主要是东部沿海发达地区,分别是北京、上海、江苏、天津、浙江、广东。此板块内和板块外均产生了溢出效应,因此是"双向溢出板块"。第二个经济增长板块的成员有9个,主要是具有较强经济增长活力的省份,分别是福建、山东、安徽、吉林、辽宁、湖北、湖南、河北、黑龙江。此板块在经济增长的溢出效应中担任了"中介"作用,是典型的"经纪人板块"。第三个经济增长板块的成员有7个,主要是中西部发展相对较快的地区,分别是内蒙古、河南、陕西、广西、江西、山西、四川。此板块内部关系多,而外部关系少,是典型的"主受益板块"。第四个经济增长板块的成员有7个,主要是中西部落后地区,分别是西藏、贵州、云南、甘肃、青海、宁夏、新疆。此板块是典型的"净受益板块"。此外,中国区域经济增长溢出效应具有明显梯度特征。第一板块是中国区域经济增长的发动机,它将经济增长的动能传递给第二板块,第二板块充当了明显的桥梁和枢纽作用。第二板块又将经济增长的动能传递给第三板块和第四板块。同时,第三板块又将经济增长的动能传递给第四板块。充当发动机的第一板块(主要是东部沿海发达地区)对第三板块和第四板块(主要是中西部落后地区)的带动作用,不是直接实现的,而是通过第二板块的传递来完成的。

由于各地区在区域关联中的作用和地位不同,选择有针对性的区域发展政策,以提升政府调整城乡收入分配格局的效应与区域协调发展具有重要意义。中央政府既要关心沿海控制资源能力强的地区和双向溢出经济板块,进一步激发空间溢出效应的"动力源",也要"温暖"在区域经济增长中起着重要"中介"作用的地区和"经纪人板块",进一步增强这些地区的传导功能;同时还要"关爱"提供"管道"作用的地区以及受益地区的经济环境,营造空间溢出的良好接收平台。

三、转变落后地区的发展方式、缩小区域之间城乡经济发展条件差异

研究表明,地理位置的空间相邻、投资消费结构和产业结构的相似是产生中国区域经济增长空间关联的主要因素。运用 QAP 二次指派程序进行的 QAP 相关分析发现,各省(自治区、直辖市)之间地理位置的邻接性对空间关联有显著的正向影响,而反映投资消费结构差异的地区资本形成总额占地区生产总值的比例差异 Kc 和反映产业结构差异的第三产业产值占地区生产总值的比例差异 Ic 对空间关联有显著的负向影响。进一步的 QAP 回归分析发现,地理位置的空间相邻、投资消费结构和产业结构的相似可以解释中国区域经济增长空间关联关系的 50.2%。因此,中国区域经济增长的空间关联和空间影响,既具有"近水楼台先得月"的效应,又体现出"门当户对"的特征,位置相邻和发展条件相似的地区间更容易产生空间溢出效应。因此,转变落后地区的发展方式、缩小区域之间经济发展条件的差异,对放大中国区域经济增长的空间溢出效应、促进区域间城乡协调发展具有重要意义。

第六章　政府调整城乡收入分配
格局的财政金融政策

财政金融政策是政府调整城乡收入分配格局的最直接手段。其重要性不言而喻。本章依据政府调整城乡收入分配格局的财政金融政策实践以及调研数据,分析政府调整城乡收入分配格局的财政金融政策效率及提升策略,以寻找政府调整城乡收入分配格局的财政金融政策改革路径。

第一节　政府调整城乡收入分配
格局的财政策略与效果

政府调整城乡收入分配格局的财政政策包括财政收入政策和财政支出政策两个维度。从支出政策来看,主要体现在财政支农和转移支付方面。从收入政策来看,主要体现在涉农税收政策方面。

一、政府调整城乡收入分配格局的财政政策

(一) 财政支农规模

1952 年以来,中国财政支农规模稳步增长(见图 6-1)。1952 年,国家财政用于农业的支出只有 9.04 亿元。1978 年,国家财政支农资金为 150.66 亿

元。1952—1978 年,国家财政支农资金年增长率为 11%。改革开放以来,随着国家经济发展与财力的大幅度提升,财政支农规模大幅上涨。2015 年,国家财政用于农林水事务资金达到 17380 亿元。1978—2015 年,国家财政支农资金年增长率为 14%。

（单位：亿元）

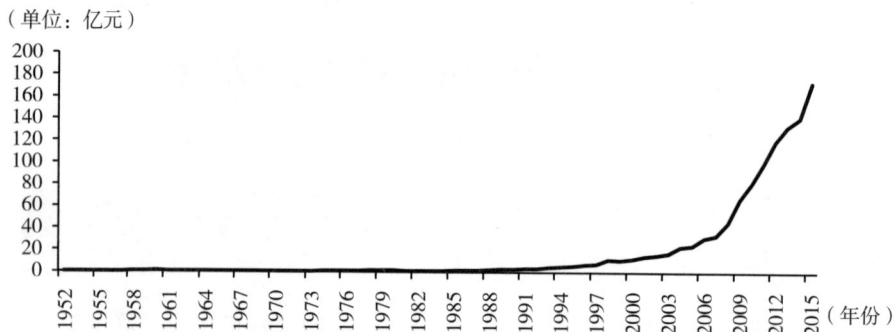

图 6-1　1952—2015 年财政支农的整体规模及历史演进

（二）财政支农在国家财政支出中的占比

在财政支农规模快速增长的同时,财政支农在国家财政支出中的占比却并不高(见图 6-2)。在 20 世纪 50 年代,财政支农在国家财政支出中的平均占比为 7.97%,而同期第一产业在 GDP 中的占比为 41.49%。在 60 年代,财政支农在国家财政支出中的平均占比为 12.63%,而同期第一产业在 GDP 中的占比为 36.95%。1952—1978 年,财政支农在国家财政支出中的平均占比为 10.69%,而同期第一产业在 GDP 中的占比为 36.65%。改革开放以后的整个 80 年代,财政支农在国家财政支出中的占比持续走低。1978—1989 年,财政支农在国家财政支出中的平均占比只有 9.93%,而同期第一产业在 GDP 中的占比为 28.90%。长期以来,财政支农在国家财政支出中的占比低于第一产业在 GDP 中的占比。直到 2012 年以后,财政支农在国家财政支出中的占比才高于第一产业在 GDP 中的占比。2015 年,财政支农在国家财政支出中的占比为 9.88%,第一产业在 GDP 中的占比为 8.90%。

（单位：%）

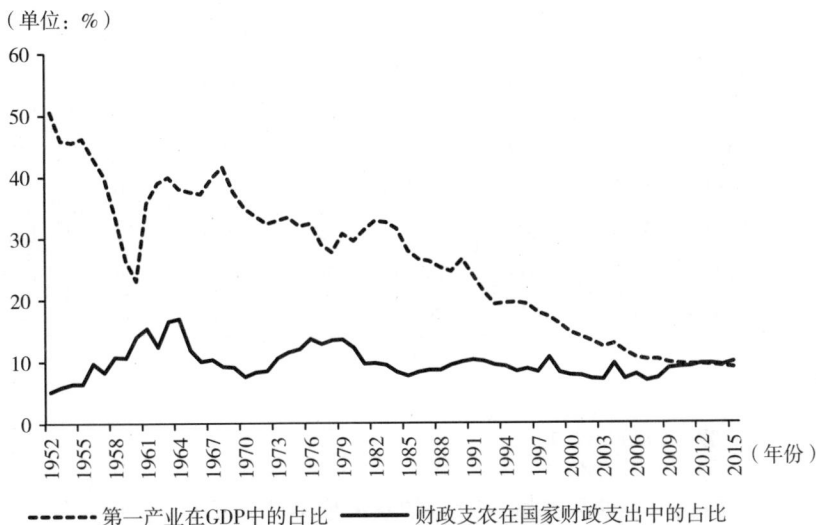

**图 6-2　1952—2015 年财政支农在国家财政支出中的
占比与第一产业在 GDP 中的占比**

（三）财政支农支出结构

如表 6-1 所示，财政支农资金主要用于农业、林业、水利、南水北调、扶贫、农业综合开发和农村综合改革等项目。其中用于农业的资金最多。2015年，财政资金用于农业的部分为 6436 亿元，占整个财政支农资金的 37%。其次是水利方面。2015 年，财政资金用于水利的部分为 4808 亿元，占整个财政农林水事务资金的 28%。再其次是林业、农村综合改革和扶贫，2015 年分别占财政农林水事务资金的 9%、8% 和 7%。

表 6-1　2008—2015 年全国财政农业、农村支出

（单位：亿元）

年份	财政支农资金总额	农业	林业	水利	南水北调	扶贫	农业综合开发	农村综合改革
2008	4544	2279	424	1123	——	320	252	——
2009	6720	3827	532	1520	——	375	287	——
2010	8130	3949	667	1856	78	423	338	608

续表

年份	财政支农资金总额	农业	林业	水利	南水北调	扶贫	农业综合开发	农村综合改革
2011	9938	4291	877	2603	69	545	387	888
2012	11974	5077	1019	3271	46	691	462	987
2013	13350	5562	1204	3339	96	841	521	1148
2014	14174	5817	1349	3479	70	949	561	1266
2015	17380	6436	1613	4808	82	1227	600	1419

（四）农业税收政策

农业税政策。农业税是国家对一切从事农业生产、有农业收入的单位和个人征收的一种税,俗称"公粮"。中国的农业税收最早起源于春秋时期(公元前594年)。即当时鲁国实行的"初税亩"制度。虽然农业税在历朝历代有多种方式和改革,但直到2006年才真正废止,历时2600年。新中国成立后的农业税制度,主要依据是1958年通过的《中华人民共和国农业税条例》和1994年出台的《国务院关于对农业特产收入征收农业税的规定》。全国农业税的平均税率规定一般为常年产量的15.5%。2000年江西开始农业税改革试点,2002年开始多地试点。

表6-2　2002—2006年农村税费改革进程

年份	农业税（亿元）	农村税费改革进程
2002	421.44	多地试点
2003	423.82	取消专门向农民征收的行政事业性收费(乡统筹、农村教育集资等);取消政府性基金、集资,取消屠宰税
2004	242.00	取消牧业税和除烟叶外的农业特产税;对种粮农户实行直接补贴、对粮食主产区的农户实行良种补贴和对购买大型农机具的农户给予补贴
2005	59.41	2005年上半年,有22个省免征农业税;2005年年底,28个省(自治区、直辖市)及河北、山东、云南的210个县市免征农业税
2006	45.25	全面取消农业税

由表6-2可知,2002年全国农业税421.44亿元。2004年开始,取消牧业税和除烟叶外的农业特产税;对种粮农户实行直接补贴、对粮食主产区的农户实行良种补贴和对购买大型农机具的农户给予补贴。2004年,农业税降至242亿元。2005年上半年,有22个省免征农业税;2005年年底,28个省(自治区、直辖市)及河北、山东、云南的210个县市免征农业税。2005年农业税降至59.41亿元。2006年全面取消农业税。

第一产业税收收入。当前对第一产业整体实行较低的税收政策。如表6-3所示,2010年第一产业税收总共只有78亿元,其中国税43亿元,地税35亿元。2015年第一产业税收179亿元,其中国税74亿元,地税105亿元。

表6-3　2010—2015年第一产业税收收入

(单位:亿元)

指标名称 年份	税收收入:第一产业	国家税务局:第一产业	地方税务局:第一产业
2010	78	43	35
2011	81	42	39
2012	120	49	71
2013	161	79	82
2014	204	87	117
2015	179	74	105

（五）中央对地方转移支付和税收返还

中央还通过对地方转移支付和税收返还等形式支持农村发展、调整城乡收入分配格局。如表6-4所示,2008年中央在农林水事务方面对地方转移支付和税收返还金额为1513亿元,2015年达到5958亿元,年均增长21.63%。此外,中央还通过农村税费改革转移支付和村级公益事业"一事一议"奖励资金等形式支持农村发展。

表 6-4　2008—2015 年中央对地方转移支付和税收返还

（单位：亿元）

年份	农林水事务	农村税费改革转移支付	村级公益事业"一事一议"奖励资金
2008	1513	763	—
2009	3183	769	10
2010	3384	769	—
2011	4184	769	185
2012	5248	753	246
2013	5182	753	270
2014	5612	—	—
2015	5958	—	—

注：其中"—"部分尚无统计数据。

二、政府调整城乡收入分配格局的财政政策效果

（一）财政支农和城乡收入比的因果关系检验

政府在进行财政支农的同时，也在支持城市的发展。而且，财政支农在财政支出中的占比并不高，在某些阶段还有下降趋势。直到 2012 年后，财政支农在财政总支出中的占比才超过第一产业在 GDP 中的占比。因此，财政支农是否有效改变了城乡收入分配格局呢？为了回答这一问题，对财政支农（czzn）和城乡收入比（srcj）进行因果关系检验。根据数据可获得性，数据区间为 1978—2015 年。首先进行两变量取对数，化为线性关系。然后进行平稳性检验，发现取对数的两变量都不平稳，但一阶差分后都是平稳的。然后对取对数的两变量进行一阶差分，进行格兰杰因果关系检验。选择滞后时期为 1 期、2 期和 3 期进行检验。结果见表 6-5 和表 6-6，所有结果都不显著。说明，财政支农对城乡收入差距并没起到显著作用。改革开放以来的财政支农政策对调整城乡收入格局收效甚微。

表6-5　变量平稳性检验(Augmented Dickey-Fuller test,带常数)

变量	T 统计量	P 值
城乡收入差对数 l(srcj)	−2.9962	0.1472
城乡收入差对数一阶差分 dl(srcj)	−3.3631	0.0192
财政支农对数 l(czzn)	−2.8928	0.1763
财政支农对数一阶差分 dl(czzn)	−6.2630	0.0000

表6-6　格兰杰因果关系检验结果

格兰杰因果关系假设	滞后 1 期		滞后 2 期		滞后 3 期	
	F 统计量	P 值	F 统计量	P 值	F 统计量	P 值
财政支农不是城乡收入差异的原因	0.5595	0.4598	0.2603	0.7726	0.0095	0.9987
城乡收入差异不是财政支农的原因	0.0646	0.8010	0.0043	0.9957	0.4725	0.7040

(二) 转移性收入对城乡收入差距的贡献分析

运用2015年中国城乡居民收入结构进行分析。如表6-7所示,2015年全国城镇居民人均总收入31195元,农村居民人均总收入11422元,城乡居民收入直接差距19773元。2015年的城镇居民转移性收入为5340元,而农村居民为2066元。城市高于农村3274元。转移性收入对城乡收入差距的贡献为16.56%。因此,当前,政府在通过转移支付"分蛋糕"的过程中,依然是偏向于城镇居民的。这也正是政府调整城乡收入分配格局的财政政策效果不明显的原因。

表6-7　2015年城乡居民收入差距来源分解

指标	城镇居民(元)	农村居民(元)	城乡收入差距(元)	差距贡献(%)
工资及经营性收入	22813	9104	13709	69.33
财产性收入	3042	252	2790	14.11
转移性收入	5340	2066	3274	16.56
人均总收入	31195	11422	19773	—

资料来源:国家统计局。收入差距及差距贡献由笔者计算。

第二节　政府调整城乡收入分配
格局的金融策略与效果

一、政府调整城乡收入分配格局的金融政策

（一）多渠道引导资金进入"三农"领域，放大农村贷款规模

面对农村金融资源匮乏，政府通过多渠道引导资金进入"三农"领域。近年来，农村贷款规模持续扩大（见表6-8）。2010年，涉农贷款余额为117679亿元，2015年达到263522亿元，年均增长17.50%。农林牧渔业贷款余额也增长较快。2010年，农林牧渔业贷款余额23044亿元，2015年达到35137亿元，年均增长8.80%。涉农贷款余额占各项贷款比重也持续增长。2010年，涉农贷款余额占各项贷款比重为19.30%，2015年达到22.80%。农户贷款比重也有所上升。2010年，农户贷款余额占各项贷款比重为5.10%，2015年达到6.50%。

表6-8　2010—2015年本外币金融机构涉农贷款

年份	涉农贷款余额（亿元）	农林牧渔业贷款余额（亿元）	涉农贷款余额占各项贷款比重（%）	农户贷款余额占各项贷款比重（%）
2010	117679	23044	19.30	5.10
2011	146016	24436	20.90	5.30
2012	176310	27261	21.60	5.40
2013	208893	30437	22.60	5.90
2014	236002	33394	23.20	6.40
2015	263522	35137	22.80	6.50

可以看出涉农贷款快速增长的同时，农户储蓄存款也呈现同步增长趋势。如表6-9所示，2010年的农户储蓄存款占比为19.48%，2014年达到23.93%。总的来看，农村资金外流的整体情况并没有逆转。

表6-9 2010—2014年农户储蓄存款情况

年份	城乡人民币储蓄存款余额(亿元)	农户储蓄存款余额(亿元)	农户储蓄存款占比(%)
2010	303302	59080	19.48
2011	343636	70673	20.57
2012	399551	54616	13.67
2013	447602	101269	22.62
2014	485261	116104	23.93

（二） 加强农村金融机构创新，增加农村金融服务供给

近年来，中央加强了农村金融机构创新，涉农金融机构有较大增长。如表6-10所示，2009年涉农金融机构数3467家，营业网点数75935个，从业人员数715216人。2014年，机构数增加了99家，营业网点数增加了5462个。2014年，从业人员数增加了174629人，相比2009年增长了24%。这些增加的农村金融机构有贷款公司、农村资金互助社和村镇银行，其中村镇银行占比最大。如表6-11所示，2009年全国有村镇银行148家，2014年增加到1153家，营业网点增加到3088家，从业人员增加到58935人。

表6-10 2009年、2012年、2014年涉农金融机构情况

年份	机构数(家)	营业网点数(个)	从业人员数(人)
2009	3467	75935	715216
2012	3274	75896	809733
2014	3566	81397	889845

表6-11 2009年、2012年、2014年全国村镇银行情况

年份	机构数(家)	营业网点数(个)	从业人员数(人)
2009	148	193	3586
2012	800	1426	30508
2014	1153	3088	58935

（三）有利于农村贷款的货币政策

为了促进农村贷款,中央银行执行有利于农村贷款的货币政策。2014 年 4 月,中央银行下调县域农村商业银行人民币存款准备金率 2 个百分点,下调县域农村合作银行人民币存款准备金率 0.5 个百分点。调整后县域农商行、农合行分别执行 16% 和 14% 的准备金率,其中一定比例存款投放当地考核达标的县域农商行、农合行分别执行 15% 和 13% 的准备金率。2014 年 6 月,中央银行规定,对符合审慎经营要求且"三农"和小微企业贷款达到一定比例的商业银行下调人民币存款准备金率 0.5 个百分点。下调后的存款准备金率为 20%。这些政策可以缓解农村贷款头寸,引导金融机构将资金投向农村。

二、政府调整城乡收入分配格局的金融政策效果

评价政府调整城乡收入分配格局的金融政策效果是一件很困难的事情。笔者试图通过问卷调查,根据农村金融市场运行情况来分析现有政策的效果。我们的问题主要集中在重庆市的农村,面向农民发放问卷 800 份,同时也对金融主管部门进行了调查。调查结果发现,当前金融政策没有真正解决农村金融市场的融资难题,其政策效果不尽如人意。

（一）农民贷款渠道不畅

根据问卷调查反馈情况看,涉农贷款难的现象依然普遍存在:一是从对贷款难易的认识看,26.19% 认为向银行贷款很难,44.29% 认为向银行贷款较难,25.24% 认为向银行贷款较易,4.28% 认为向银行贷款很容易。二是从贷款的渠道看,农商行贷款占 29.41%,农业银行贷款占 4.04%,邮储银行贷款占 0.74%,村镇银行贷款占 0.74%,互助基金组织贷款占 0.37%,其他占 1.84%。因贷款难,向亲朋好友借钱的占 62.86%。三是从贷款遇到的问题看,认为贷款要求太苛刻的占 28.10%,需要抵押品的占 24.76%,现有贷款模

式与农村需求不相适应的占 21.90%,其他占 16.19%,对如何贷款了解太少的占 10%,工作人员服务态度差的占 4.29%。据重庆市开州区提供的农户个体贷款难数据:全县现有农户 38.50 万户,有融资需求的对象占到农户的 1/3,农户的融资需求为 5 万元左右,全县农户总的融资需求在 64.17 亿元左右,目前该县农户贷款余额为 22.12 亿元,满足度只有 34.47%。

(二) 涉农贷款成本依然较高

主要表现在:贷款成本高。据中国人民银行重庆营管部提供的数据显示,重庆市涉农贷款基准利率6%,浮动区间为 5.4%—9%。调查发现,涉农贷款平均利率为 7.21%,最高达 9%。涉农贷款主体需要承担的费用主要包括金融机构的利息以及对中小企业 3%—5% 的担保费用。除此之外,对于涉及资产抵押的贷款主体,还需额外承担 5‰ 左右的抵押资产评估费。高利息加上较高的各种收费,各类涉农贷款主体普遍反映贷款贵。

(三) 涉农贷款金融机构经营困难

主要表现为经营风险大,银行怕贷。中国农业银行重庆分行涉农不良贷款中经营不善占 47%,自然灾害占 4.1%,道德因素占 14.2%,死亡或下落不明占 8.0%,其他占 26.7%。重庆农商行县域支行不良贷款余额占全行不良贷款的 89.68%,贷款减值计提比例高达 4.93%,高于主城区支行 2.91 个百分点。

第三节　政府调整城乡收入分配格局的
财政金融策略改进

一、政府调整城乡收入分配格局的财政政策改进

一是要进一步加大财政支农的比重,并提高财政支农效率。新中国成立

以来到 2012 年,财政支农的比重一直低于第一产业占 GDP 的比重。农业、农村领域欠账太多。只有加大财政支农支出,才能尽快调整城乡收入分配格局。同时,要建立有效的监督和绩效审计制度,提高财政支农效率。

二是要加大对农民的转移支付力度,切实增加农民收入。目前,转移支付给城镇居民的部分依然高于农村居民。这一情形在现阶段是不太合理的,不利于城乡收入格局向更加公平的方向迈进。

二、政府调整城乡收入分配格局的金融政策改进

一是要进一步协调好政策性银行与商业性银行的关系,要积极发挥村镇银行、贷款公司、农村资金互助社等新型农村金融机构的主力军作用。

二是要制定和实施有利于农村金融发展的优惠财税政策,切实解决农村金融经营困难。

三是要优化金融机构抵押担保的制度设计,释放农民资产的活力。要继续探索土地"三权"①的价值实现形式。

四是要大力推进农村产业链金融制度,构建以农业产业链为纽带,从城市向农村反向延伸的价值链,将城市需求和农业生产进行有机联结,将金融风险在城市和农村之间进行分散,使城市资本融入农村发展(李敬,2013)。

---

① 土地"三权"指土地的所有权、承包权和经营权。

第七章 政府调整城乡收入分配
格局的城镇化路径[①]

　　城镇区域相对农村区域而言,有更好的公共服务设施。城镇居民相对农村居民而言,是一个拥有更高收入的群体。城镇化将农村居民变为城镇居民,这对于改变农村居民收入状况通常具有积极意义。城镇化是政府调整城乡收入分配格局的重要路径。如果农村居民变为城镇居民后,其收入状况没有改变,这样会加大城镇居民内部的不均衡,城镇化在收入分配格局调整中的作用会大打折扣。本章创建了两个城镇化理论模型,一个是只考虑效用最大化或自由市场状况下的一般均衡模型,另一个则兼顾效率与(收入分配)公平。结果表明,当城镇内部的不均等足够小,或当移民成本足够大时,兼顾公平的城镇化水平高于自由市场均衡下的城镇化水平。本章探讨了从政府关注收入分配到城镇化水平的传导机制,发现关注收入分配问题,一方面促进了道路基础设施建设,从而减少了移民成本;另一方面带来了工业贷款的增加,从而通过工业化增加了移民的就业机会。二者都能帮助推进城镇化。

---

　　① 本章主要内容作为国家社科基金重点项目转化成果发表在《经济研究》杂志上。参见罗知、万广华、张勋、李敬:《兼顾效率与公平的城镇化:理论模型与中国实证》,《经济研究》2018年第7期。

第一节　兼顾效率与公平的城镇化研究逻辑

城市经济学理论很少涉及收入分配问题。无论是克鲁格曼（Krugman，1991）的新经济地理学，还是亨德森等（Henderson，2003；Au 和 Henderson，2006）的城镇体系理论，都是以效率最大化为理论基石和目标函数的。比如，埃和亨德森（Au 和 Henderson，2006）开创性地通过最大化劳动生产率，来解析最优城市体系或不同规模城镇的分布。但他们既没有研究最优城镇化水平，更没有在目标函数里考虑收入分配或不均等指标。可以说，关于最优城镇化水平的文献几乎空白，而兼顾效率与公平的城镇化研究则完全缺失，尽管不少文献都假设存在一个最优城镇化率或最优城镇体系（Henderson，2003；Au 和 Henderson，2006）。

这些空白和缺失无疑使人们在城镇化过程中无法获得任何理论指导，也在一定程度上助长了众多发展中国家阻碍城镇化的思路和政策（Quigley，2008），并且可能导致了效率与公平双输的结果。例如，与许多发展中国家一样，中国和印度都实施过具有城市偏向的政策，这些政策阻碍了人口从农村向城镇迁移（Wan 和 Lu，2018）。这使过多的农村劳动力被限制在资源和工作机会本来就很少的农村，从而带来效率损失（Glaeser，2011；Spence 等，2009），导致城乡收入差异的扩大（陈斌开、林毅夫，2013）。而后者是发展中国家和转型国家总体不均等的重大组成成分（Shorrocks 和 Wan，2005；Young，2013；万广华，2008；Asian Development Bank，2012）。就中国而言，城乡差异高占全国区域不均等的70%—80%；在相当长的一段时间里，中国区域不均等的上升完全是由城乡差异带来的（Wan，2007）。

尽管尚未有文献直接解析兼顾效率与公平的最优城镇化水平，但城镇化与收入分配之间存在着不可分割的本质关系。库兹涅茨（Kuznets，1955）就明确指出了工业化（城镇化）会带来收入分配的恶化，其依据是城镇内部的不均等往往高于农村。但他忽略了城镇化对缩小城乡差异的作用,也忽略了城镇化对农村内部不均等的影响。其实,城镇化有利于降低城乡差距(陆铭和陈钊,2004;万广华,2011),从而减少不均等。万广华(2013)基于不均等的分解,确认了城镇化对改善总体收入分配的重要性。此外,经典二元经济模型(Lewis,1954;Harris 和 Todaro,1970)皆认同城乡差距是推动城镇化的根本力量。城市大量有关移民的文献也是建立在城乡差距拉动迁徙的基础之上的。

第二节 一般均衡理论模型的构建

本节试图建立仅仅考虑效用最大化和兼顾效率与公平的两个一般均衡理论框架。我们的模型包括农业和工业两个部门以及世代交叠的农村和城镇居民。居民最初全部出生在农村,第一期选择到相应的部门工作,第二期退休。若选择城镇的工业部门,则会面临移民成本。这些与标准的 OLG(Overlapping Generations)框架基本一致,主要差别在于我们在第一期允许代表性家户进行部门选择。

首先构建不考虑收入分配的自由市场下的模型,然后,在社会福利函数里引入不均等指标,据此解析并比较最优城镇化率。

一、生产和偏好

令下标 t 代表时间,r 代表农村或农业部门,符号 Y 代表产出,L 代表劳动力投入,设农业部门的生产函数为:

$$Y_{rt} = L_{rt}^{\eta} \tag{7.1}$$

其中,$0 < \eta \leqslant 1$ 代表劳动产出弹性。需要指出的是,式(7.1)比戈林等(Gollin 等,2002)以及杨和朱(Yang 和 Zhu,2013)所使用的更加一般化,后者假设了一单位农业劳动力生产一单位农产品,是式(7.1)的特殊情形(即 $\eta = 1$)。跟以往的研究一样,假设农产品无法储存,全部在当期消费。在市场竞争条件

下,农业部门的工资为劳动边际生产率 w_r:

$$w_r = E(w_{rt}) = \eta \, L_{rt}^{\eta-1} \tag{7.2}$$

工业部门使用资本和劳动进行生产,其生产函数可以表示为标准的柯布-道格拉斯形式:

$$Y_{ut} = A \, K_t^\alpha \, L_{ut}^\gamma (0 < \alpha, \gamma < 1) \tag{7.3}$$

式(7.3)中,α 和 γ 分别代表资本和劳动的产出弹性,A 为全要素生产率。K_t 为资本存量,由工业品 Y_{ut} 积累而来,u 代表城镇或工业部门。不失一般性,我们假设资本品完全折旧。同样值得指出的是,式(7.3)也比现有文献所使用的更加一般化。大部分文献假设规模报酬不变(即 $\alpha + \gamma = 1$)。工业部门的工资为:

$$w_u = E(w_{ut}) = p_t \gamma A \, K_t^\alpha \, L_{ut}^{\gamma-1} \tag{7.4}$$

其中,p_t 为工业品的相对价格。需要提一下,式(7.2)和式(7.4)仅仅定义了工资均值,没有对工资的分布做任何假设,因此仍然是一个一般化设定。在下面,我们将进行有关工资不均等的讨论。用 r_t 代表工业部门的名义资本回报率,则有:

$$r_t = p_t \alpha A \, K_t^{\alpha-1} \, L_{ut}^\gamma \tag{7.5}$$

总劳动力供给为农业劳动力与工业劳动力之和:

$$L = L_{rt} + L_{ut} \tag{7.6}$$

假设没有失业或人口增长,这时每一期(除了初期)的总人口(总劳动力)为 $2L$。其中,一半的人在相应部门工作,另一半的人退休。居民一旦在第一期选择转移到城镇工作,则第二期不会再返回农村,因为第二期没有工资收入,若返回农村,还会再次面临移民成本。城镇化率(v_t)被定义为城镇居民在总人口中的比例:

$$v_t = (L_{ut-1} + L_{ut}) / 2L \tag{7.7}$$

在本模型中,居民的决策顺序如下:在第 t 期,第 t 代居民在农村出生,并比较在城乡工作所可能获得的期望效用,然后选择相应部门就业,选择城镇将发生移民成本,表示为一定程度的效用损失。获得工资后,居民将收入在农产品和工业品之间进行消费上的跨期(第 t 期和第 $t+1$ 期)分配,以实现效用最大化。基于曹和伯奇纳尔(Cao 和 Birchenall,2013),居民的效用函数设定为:

$$U_{it} = \mu\ln(c_{irt}^t) + (1-\mu)\ln(c_{iut}^t) + \beta[\mu\ln(c_{irt}^{t+1}) + (1-\mu)\ln(c_{iut}^{t+1})](i = r,u)$$

(7.8)

式(7.8)中, c_{iut}^{t+1} 表示第 t 代农村居民或家庭(r)在第 $t+1$ 期消费工业品(u)的数量(类似地定义其他与 c 相关的符号)。 β 为贴现因子, μ 为农产品的效用权重。

因为居民首先进行移民决策,在获得相应的工资收入 w_{it} 后才能进行消费决策,所以,居民实际上是在给定工资收入 w_{it} 的情况下最大化期望效用 $E(U_{i,t} \mid w_{it})$ 。此时,居民的预算约束为:

$$\frac{c_{irt}^t}{p_t} + c_{iut}^t + \frac{1}{r_{t+1}}(c_{irt}^{t+1} + p_{t+1} c_{iut}^{t+1}) = \frac{w_{it}}{p_t}$$

(7.9)

这时,可以求得效用最大化下各类产品的消费为:

$$\begin{cases} c_{irt}^t = \dfrac{\mu}{1+\beta} w_{it} \\[2mm] c_{iut}^t = \dfrac{1-\mu}{(1+\beta)} \dfrac{w_{it}}{p_t} \\[2mm] c_{irt}^{t+1} = \dfrac{\mu\beta\, r_{t+1}}{1+\beta} \dfrac{w_{it}}{p_t} \\[2mm] c_{iut}^{t+1} = \dfrac{(1-\mu)\,\beta\, r_{t+1}}{(1+\beta)\, p_{t+1}} \dfrac{w_{it}}{p_t} \end{cases}$$

(7.10)

居民在第一期的储蓄为:

$$s_{it} = \frac{w_{it}}{p_t} - \frac{c_{irt}^t}{p_t} - c_{iut}^t = \frac{\beta}{1+\beta} \frac{w_{it}}{p_t}$$

(7.11)

二、移民决策

正如上文所说,在第一阶段,居民根据两部门的期望工资和外生的工资分布,对在两个部门工作所可能获得的期望效用进行比较,来作出是否移民的决策。一旦在第一阶段决定转移至城镇或工业部门,在第二阶段也会选择留在城镇,因为回到农村其收入不会提高,但却要承担额外的转移成本,从而带来福利损失。

现在我们正式分析居民的移民决策。事实上,我们仅仅需要将式(7.10)求解所得到的最优消费代入式(7.8)的效用函数当中,就可以对转移与否的效用值进行比较。在没有移民成本的情形下,我们很容易得到,当 $E(w_{ut}) > E(w_{rt})$ 时,$E(U_{ut} \mid w_{ut}) > E(U_{rt} \mid w_{rt})$,这时居民将选择移民。

然而,正如斯加斯塔德(Sjaastad,1962)、哈里斯和托达罗(Harris 和 Todaro,1970)以及周(Chau,1997)所提到的,移民不但面临货币形式的成本,还要克服各种无形成本包括流动障碍,心理成本、社会资本的损失以及适应新环境的调整成本(刘易斯,1954)。我们使用 $D(D > 0)$ 来代表移民所面临的效用损失。因此,当考虑移民成本时,劳动力市场的均衡条件为:

$$E(U_{rt}) = E(U_{ut}) - D \tag{7.12}$$

将式(7.10)带入式(7.8),再利用式(7.12)的均衡条件,可以得到以工资形式表达的劳动力市场均衡:

$$E(w_{ut}) = \tau E(w_{rt}) \tag{7.13}$$

其中,$\tau \triangleq exp[D/(1 + \beta)] > 1$。式(7.13)与罗斯(Ross,2000)的两部门模型中城乡劳动力市场的均衡条件类似。不过,在本章中,我们是通过效用最大化求解获得的。很显然,τ 等价于城乡工资比或城乡收入差距。D 越大,τ 越高,表明总体移民成本越大。

三、收入不均等的度量

在城乡二元经济中,收入不均等由三个部分组成:农村和城镇内部的不均等以及城乡差距。每个居民 k 的收入都可以很简单地表示为:

$$w_{itk} = E(w_{it}) + \varepsilon_{itk} = w_i + \varepsilon_{itk}, i = u \, orr \tag{7.14}$$

有必要指出,本章不对收入变量的统计分布做任何假设。此外,由于居民是根据期望效用进行移民决策,因此,移民决策与收入这个随机变量的实现值无关。在现实中,在进行移民决策时,人们往往是无法知道这个实现值的,只能根据期望效用作出判断。

为了度量收入不均等,我们做以下假设:

假设1:采用泰尔 L 指数(以下简称"泰尔指数")度量农村和城镇内部的收入差异,分别由 I_r 和 I_u 表示,且有 $I_r > 0$,$I_u > 0$。

选择泰尔指数作为不均等指标的原因有三点:首先,采用泰尔指数使我们可以直接借用森和福斯特(Sen 和 Foster,1997)的社会福利函数来研究效率与公平兼顾的城镇化(见本节的第五部分);其次,泰尔指数具有可完全分解的性质(万广华,2006),它可以将全社会的不均等分解为直观的三个成分,即农村和城镇内部不均等,以及城乡差异;最后,用泰尔指数和其他不均等指标(如基尼系数)度量的实证结果高度相关(Shorrocks 和 Wan,2005)。

在假设1下,全社会总体不均等可以写为(Shorrocks 和 Wan,2005):

$$I = (1 - v)I_r + vI_u + (1 - v)\ln(\frac{w}{w_r}) + v\ln(\frac{w}{w_u}) \tag{7.15}$$

其中,w 代表全社会的平均工资。结合式(7.13),式(7.15)可以进一步表示为:

$$I = (1 - v) I_r + v I_u + \ln(1 - v + \tau v) - v\ln\tau \tag{7.16}$$

容易看出,式(7.15)和式(7.16)右边的第一项代表了农村内部的不均等,第二项代表了城镇内部的不均等,而后两项则表示城乡差异。

这里有必要提及收入不均等的来源。在现实中,造成收入差距的因素可分为两大类,一类来源于不同个体之间生产效率的不同,这是市场的结果,城镇或农村内部的不均等大多源于此;另一类则由政府的政策扭曲所造成,这时即使两个人的生产率相同,其收入也不同。比如在中国,城乡差距大多来自政府的政策扭曲,特别是户籍制度以及与之相关的教育、医疗等方面的福利待遇的歧视,使得同样一个人在城镇和农村落户所可能获得的收入或效用大不相同。考虑到本章研究的是城镇化问题,城乡收入差距不仅在总体收入不均等中占很高比重,而且是影响城镇化最为关键的因素。因此,我们内生化了城乡收入差距,同时简化处理城镇和农村内部的收入差距,假设它们由外部随机冲击产生。

四、忽略不均等时的自由市场均衡

在自由市场状况下,忽略不均等时的均衡包括农产品市场、工业品市场、劳动力市场和资本市场均衡。农产品市场均衡时,当期的农产品产量可以满足当期和上一期出生的人口的需求,即:

$$E(c_{rrt}^{t}) L_{rt} + E(c_{urt}^{t}) L_{ut} + E(c_{rrt-1}^{t}) L_{rt-1} + E(c_{urt-1}^{t}) L_{ut-1} = L_{rt}^{\eta} \quad (7.17)$$

式(7.17)中,c_{urt-1}^{t} 代表第 $t-1$ 代城镇居民在第 t 期消费的农产品数量(类似地定义其他与 c 相关的符号)。将式(7.10)代入式(7.17),可以得到:

$$(1 - g_t)^{\eta} L^{\eta-1} = \frac{\mu}{1+\beta} \left\{ \left[(1 - g_t) E(w_{rt}) + g_t E(w_{ut}) \right] + \frac{\beta r_t}{p_{t-1}} \right.$$

$$\left. \left[(1 - g_{t-1}) E(w_{rt-1}) + g_{t-1} E(w_{ut-1}) \right] \right\} \quad (7.18)$$

其中,$g_t = L_{ut}/L$ 代表第 t 代居民的城镇化率。

资本市场均衡由资本积累方程刻画。资本完全折旧,当期资本存量由上一期的储蓄形成:

$$E(K_{t+1}) = E(s_{rt}) L_{rt} + E(s_{ut}) L_{ut} \quad (7.19)$$

将式(7.19)写为人均的形式,则有:

$$p_t E(k_{t+1}) = \frac{\beta}{1+\beta} \left[(1 - g_t) E(w_{rt}) + g_t E(w_{ut}) \right] \quad (7.20)$$

式(7.20)中,k_t 为人均资本存量。

定义1:二元经济体的一般均衡 $\{k_t, v_t, g_t, w_{rt}, w_{ut}, p_t, r_t\}$ 由式(7.2)、式(7.4)、式(7.5)、式(7.13)、式(7.18)和式(7.20)共同刻画。

该一般均衡的稳态由以下方程式给出:

$$w_u = \tau w_r = \tau \eta (1 - v)^{\eta-1} L^{\eta-1} \tag{7.21a}$$

$$w_u = p\gamma A k^\alpha v^{\gamma-1} L^{\alpha+\gamma-1} \tag{7.21b}$$

$$r = p\alpha A k^{\alpha-1} v^\gamma L^{\alpha+\gamma-1} \tag{7.21c}$$

$$(1 - v)^\eta L^{\eta-1} = \frac{\mu}{1 + \beta}\left(1 + \frac{\beta r}{p}\right)\left[(1 - v) w_r + v w_u\right] \tag{7.21d}$$

$$pk = \frac{\beta}{1 + \beta}\left[(1 - v) w_r + v w_u\right] \tag{7.21e}$$

式(7.21a)—式(7.21e)分别是劳动力市场均衡、工业品市场均衡、名义资本回报率均衡、农产品市场均衡以及资本市场均衡。值得指出的是,在稳态下,全社会的城镇化水平与每一代居民的城镇化水平一致,即 $v = g$。

根据式(7.21),可以最终求得每一个变量 $\{k, v, r, p, w_u, w_r\}$ 的稳态均衡。其中,稳态下的城镇化率为:

$$v_{market} = \left[\frac{1 + \beta}{\mu\eta} - 1 + \tau + \frac{\alpha}{\gamma}(1 + \beta)\tau\right]^{-1}\left(\frac{1 + \beta}{\mu\eta} - 1\right) = e/(e + \tau) \tag{7.22}$$

这里的参数 e 可以表示为:

$$e = \left(\frac{1 + \beta}{\mu\eta} - 1\right)\Big/\left[1 + \frac{\alpha}{\gamma}(1 + \beta)\right] > 0 \tag{7.23}$$

可以看出,式(7.22)中唯一的状态变量是移民成本 τ。根据式(7.22),不难推导得出 $v'_{market}(\tau) < 0$,即转移成本越小,均衡时城镇化率越高,这与直觉是相符合的。特别地,我们有 $v_{market}(\tau = \infty) = 0$,以及 $v_{market}(\tau = 1) = \varphi < 1$。这两个结果显然也是合理的:当移民成本无限大时($\tau = \infty$),劳动力转移不会发生;即使没有移民成本($\tau = 1$),农业部门也不会消失,这与现实是一致的。事实上,就连中国香港、新加坡等城市经济体,农业部门也仍然存在。

五、考虑收入不均等的全社会最优均衡

兼顾公平与效率的全社会最优均衡需要把收入不均等纳入目标函数。事

实上,很多政府和国际机构都将包容性增长作为根本性的长期发展战略。这里,我们采用森和福斯特(1997)提出的社会福利函数:

$$SW = wexp(-I) = [(1-v) \, w_r + v \, w_u]exp(-I) \qquad (7.24)$$

福利函数最大化的约束条件为经济体的一般均衡条件,即:

$$w_r = \eta \, (1-v)^{\eta-1} \, L^{\eta-1} \qquad (7.25a)$$

$$r = p\alpha A \, k^{\alpha-1} \, v^{\gamma} \, L^{\alpha+\gamma-1} \qquad (7.25b)$$

$$(1-v)^{\eta} \, L^{\eta-1} = \frac{\mu}{1+\beta}\left(1+\frac{\beta r}{p}\right) [(1-v) \, w_r + v \, w_u] \qquad (7.25c)$$

$$pk = \frac{\beta}{1+\beta}[(1-v) \, w_r + v \, w_u] \qquad (7.25d)$$

将式(7.25)代入式(7.24)中,可最终得到以城镇化水平为自变量的社会福利函数:

$$SW(v) = exp[\ln\eta + (\eta-1) \ln L - I_r] \times exp[\Pi(v)] \qquad (7.26)$$

其中,$\Pi(v)$ 可以写成:

$$\Pi(v) = (\eta-1+v) \ln(1-v) + v\ln e - v\ln v + v(I_r - I_u) \qquad (7.27)$$

参数 e 由式(7.23)定义。这样一来,社会福利函数最大化的一阶条件为:

$$\Pi^{'}(v) = I_r - I_u + \ln e - 1 + \ln(1-v) - \ln v - \frac{\eta-1+v}{1-v} = 0 \quad (7.28)$$

根据式(7.28),$\Pi^{'}(v=0) \to +\infty$,$\Pi^{'}(v=1) \to -\infty$,$\Pi^{''}(v) = -\frac{1-v+\eta}{v \, (1-v)^2} < 0$。换言之,导函数 $\Pi^{'}(v)$ 是城镇化水平的单调递减函数,呈现从正到负的变化。因此,最优城镇化率 v_{social} 具有唯一的解,满足 $\Pi^{'}(v_{social}) = 0$。这个解等价于社会福利最大化下的城镇化水平。

下面的定理1比较自由市场均衡下的城镇化水平和效率与公平兼顾(即社会福利最大化)状况下的城镇化水平。

定理1:效率与公平兼顾的城镇化率高于自由市场均衡下的城镇化水平,当且仅当以下条件之一得到满足:

（1）当 $I_u \leqslant I_r - \eta(1+e)$ ，也即城镇内部不均等足够小时，社会福利最大化的城镇化率恒常高于自由市场均衡下的城镇化水平；

（2）当 $I_u > I_r - \eta(1+e)$ ，对应于每一个 I_u ，存在一个移民成本的阈值 τ^* ，当移民成本足够高，也即 $\tau > \tau^*$ 时，兼顾效率与公平的城镇化水平高于自由市场均衡下的城镇化水平。

对定理 1 的证明如下：

根据导函数 $\Pi'(v)$ 从正到负且单调递减的性质，社会福利最大化下的城镇化率 v_{social} 高于自由市场均衡下的城镇化水平 v_{market} ，当且仅当 $\Pi'(v_{market}) > 0$ （也即 v_{social} 在 v_{market} 的左侧），反之亦然。

为了证明定理 1，我们将式（7.22）关于 v_{market} 的表达式代入导函数 $\Pi'(v)$ 中，可得：

$$\Pi'(v_{market}) = I_r - I_u - \eta + \ln\tau - \frac{\eta e}{\tau} \tag{7.29}$$

显然，式（7.29）是关于移民成本 τ 的单调递增函数。

当 $I_u \leqslant I_r - \eta(1+e)$ ，也即城镇内部不均等足够小时，根据式（7.29）可知：

$$\Pi'(v_{market}) \geqslant \ln\tau + \left(1 - \frac{1}{\tau}\right)\eta e \geqslant 0 \tag{7.30}$$

当 $I_u > I_r - \eta(1+e)$ 时，我们有 $\Pi'[v_{market}(\tau = 1)] = I_r - I_u - \eta - \eta e < 0$ 。同时，我们注意到 $\Pi'[v_{market}(\tau \to \infty)] \to +\infty$ 。因此，存在一个移民成本的阈值 τ^* ，使得 $\Pi'[v_{market}(\tau = \tau^*)] = 0$ 。当 $\tau > \tau^*$ 时，$\Pi'(v_{market}) > 0$ 。定理 1 证毕。

定理 1 是符合直觉的。一方面，当城镇内部不均等足够小时，考虑收入不均等的政府有激励让更多的居民到城镇部门工作，以期改善收入分配状况，这同时会带来城镇化水平的提高。反过来，如果城镇内部不均等较大，移民很可能导致收入分配的恶化（库兹涅茨，1955），这时政府促进移民的激励变小。另一方面，很高的移民成本（即较大的城乡收入差距），意味着政府干预的必要性较大,而且这时的移民能够带来较为可观的经济增长。反过来,在移民成本很低或城乡差距较小的情况下,政府显然没有必要和动力去鼓励移民,这时的城镇化进程可以基本上留给市场来推动。

值得一提的是,较高的城乡差距在发展中国家是普遍现象(Shorrocks 和Wan,2005;Young,2013),这与大多数政府主观上常常以各种方式阻挠城镇化(Quigley,2009)相关。事实上,本章下面的实证分析表明,关注不均等的政府往往会为工业部门提供更多的贷款支持,促进工业化,同时也加大基础设施投资,促进城乡一体化。二者皆能带来城镇化率的上升。这些实证证据支持了本章的理论模型,即定理1。

在利用中国数据进行实证检验之前,我们讨论一下定理1的前提条件是否成立。有必要指出,中国的经济和社会背景为我们提供了检验上述理论的良好条件。正在兴起的中国城镇化浪潮,可以追溯到始于20世纪70年代末的农村改革,特别是90年代初加速的工业化,使当时超过全国人口82%的农村居民的收入得到大幅度改善。农村收入的增加催生了对工业品的需求,从而为制造业和后来第三产业的改革发展提供了基础和动力。非农产业的发展导致了城镇部门对生产要素的需求,特别地,中国早期以粗放型为主的扩大再生产要求大幅度增加劳动力投入。与此同时,农村改革显著提高了农业生产效率,并因此带来大量剩余劳动力,这正好满足了非农产业扩张所产生的对劳动力的需求。加上中国一方面通过种种优惠政策吸引外资,与自身丰富的劳动力资源相结合;另一方面全方位促进和支持国际贸易,把相对比较优势发挥到极致。这就使得中国工业化的进程可以突破国内市场规模的限制,而能够超常规地持续扩张,并因此吸引了大量的农民工甚至农村家庭进入城镇。城镇化的步伐由此一发而不可收。

中国快速的城镇化是否符合定理1的前提条件呢?针对第一个条件,我们直接比较城镇内部和农村内部不均等的水平(用泰尔指数来衡量),数据来自世界银行 PovcalNet 数据库,结果见表7-1。从表中我们发现,除了2013

年,城镇内部不均等都小于农村内部不均等。针对第二个条件,我们注意到,由于户籍制度的限制,中国的城乡收入差异(等价于移民成本)巨大,如果将收入之外在诸如教育、医疗、就业等方面的差距考虑进来,这个差距就更大。其实,大量文献表明,众多发展中国家的城乡差距都非常大(Shorrocks 和 Wan,2005)。

表 7-1 定理 1 的前提条件检验

年份	农村内部泰尔指数	城镇内部泰尔指数	城乡收入比	$\Pi^{'}(v_{market})$
1990	0.1609	0.1081	2.200	-0.26
1993	0.1898	0.1340	2.797	0.09
1996	0.1866	0.1390	2.512	-0.07
1999	0.2073	0.1650	2.649	0.00
2002	0.2403	0.1918	3.111	0.23
2005	0.2133	0.2089	3.224	0.23
2008	0.2593	0.2077	3.315	0.32
2010	0.2766	0.2140	3.228	0.29
2011	0.2484	0.2113	3.126	0.22
2012	0.2617	0.2085	3.103	0.23
2013	0.1911	0.2263	3.030	0.11

注:农村和城镇内部泰尔指数双变量配对检验的 P 值为 0.001, $\Pi^{'}(v_{market})$ 原假设为小于等于 0 的显
　　著性检验 P 值为 0.009,均拒绝原假设。
资料来源:世界银行 PovcalNet 数据库和历年《中国统计年鉴》。

为了进一步检验定理 1 的条件是否成立,我们可以计算式(7.29)中 $\Pi^{'}(v_{market})$ 的数值,从而判断社会福利最大化下的城镇化率是否高于自由市场下的城镇化均衡水平。计算 $\Pi^{'}(v_{market})$ 的数值需要两方面的数据:第一,城乡收入差距的数据。考虑到模型中城乡收入差距是城乡人均名义收入的比值,因此我们直接按照历年《中国统计年鉴》所提供的城镇人均可支配收入和农村人均纯收入数据计算而得到。第二,参数数值的假设。基于朱(Zhu,2012)以及杨和朱(Yang 和 Zhu,2013),可以将农业劳动力产出弹性(η)设

为 0.5,将工业部门的资本收入份额(α)和劳动收入份额(γ)设为 0.5;同时参照大部分研究,居民或家庭偏好的折现因子(β)设为 0.9,居民或家庭消费农业品和工业品的偏好比重(μ)设为 0.5。事实上,在一定范围内改变这些数值并不影响计算结论。表 7-1 的结果表明,在绝大部分年份中, $\Pi^{'}(v_{market})$ 数值显著为正,表明定理 1 的条件基本上成立。

第三节 实证模型设定和数据

下面将检验上述理论模型的预测是否正确,即当收入分配(和经济增长)进入政策制定者的目标函数(社会福利函数)时,城镇化率是否会提高。一般地说,当政府关注收入分配的问题时,自然就会出台相应政策和措施。这些政策和措施都是为了使得社会福利函数最大化,因此要兼顾效率(增长)和公平(不均等),比如连接农村和城镇的道路,既促进增长,也可能帮助降低不均等(至少是城乡差异)。又比如,大力发展工业,既给劳动所有者(而不是资本所有者)创造工作岗位,也可能带来增长和降低不均等。这些类似的政策和措施同样可能影响城镇化,哪怕后者不是政策制定者的初衷。需要强调的是,本章试图回答的中心议题为:政策决定者关注收入分配是否影响了城镇化水平。这是我们理论模型的关键所在,也是我们实证分析的关键所在①。

一、实证模型设定

核心实证模型由式(7.31)表示:

$$v_{it} = \beta_0 + \beta_1 E_{it} + \gamma X_{it-1}^{'} + \varphi_i + \varphi_t + \mu_{it} \qquad (7.31)$$

式(7.31)中,下标 i 代表省份, t 代表时间。v_{it} 代表城镇化率, E_{it} 用于衡量政府是否关注收入不均等, X_{it} 为影响城镇化率的一系列控制变量。对于大部

---

① 至于这些政策是否成功(即是否确实带来了增长或不均等的下降),这不是本章的关键所在,可以另文探讨。

分控制变量,我们将其滞后一期,以降低反向因果误差。核心变量 E_{it} 不取滞后项是因为政府是否关注收入分配的决策是在每年年初制定的(见下文)。φ_i 为地区固定效应,φ_t 为年度固定效应。显然,E_{it} 的系数 β_1 表示政府关注收入分配对城镇化率的影响。

对于控制变量的选取,我们参考了研究城镇化决定因素的主要文献,如潘迪(Pandey,1977)、姆茂和沙特(Moomaw 和 Shatter,1996)、亨德森(Henderson,2003)以及霍夫曼和万(Hofmann 和 Wan,2013)等等。其中,潘迪(1977)发现人口密度、工业化程度、农作物种植密度、劳均收入、文盲率和人口增长率对城镇化率有显著影响。姆茂和沙特(1996)考虑了更多的变量,包括人均收入、工业化程度、出口导向、国外援助和一些政治因素。亨德森(2003)研究了城镇化和人均产出增长率之间的因果关系,发现城镇化对人均产出没有显著影响。克鲁格曼(1991)分析了工业化和人口集聚对城镇化的影响。布莱克和亨德森(Black 和 Henderson,1999)强调知识积累对城镇化的作用。而经典的二元经济模型(Harris 和 Todaro,1970;Renaud,1981)则强调贸易、移民障碍、基础设施对劳动力流动的影响。综合这些文献,同时考虑数据的可得性,我们选取的控制变量包括人均教育医疗支出、工业集聚程度、工业化程度、人均收入、农村居民收入、对外开放程度、基础设施以及人口特征等。

一些文献强调粮食供给是约束城镇化发展的根本因素(Zhang 和 Wan,2015)。自新中国成立起,粮食自给自足一直都是政府关注的核心问题之一。因此,我们在控制变量中增添了人均粮食产量。此外,我们在模型中还加入了1983 年各省初始城镇化率与时间趋势的交互项,用来控制不可观测的但随时间变化的因素,该变量同时可以捕捉不同地区城镇化的收敛状况。

值得指出的是,虽然很多研究指出城乡收入差距是推进城镇化最根本的原因之一,但是本章并未将其作为解释变量加入回归方程中。这是由于,一方面,该变量和被解释变量城镇化率一样,都是实证模型中核心解释变量 E (即"政府是否关注收入分配")的直接实验结果,因此是一个"坏的控制变量"

(*Bad Control*)①,加入它会使回归结果产生偏误;另一方面,模型中控制了人均 GDP 和农村居民人均纯收入,这在一定程度上控制了城乡收入差距。此外,本章采用稳健标准误来解决可能存在的异方差和序列相关问题。

二、实证数据

本章采用的数据为中国省级面板数据,核心变量为城镇化率和"政府是否关注收入分配不均等"问题。2009 年之前的城镇化率使用《新中国 60 年统计资料汇编》中的城镇人口和总人口指标计算得到,2009 年及之后的数据利用《中国统计年鉴》中的城镇人口和总人口指标计算。我国的粮食统销制度是 1993 年取消的,这才使得大规模的农村人口转移成为可能,因此本章的样本涵盖 1991—2010 年。

实证分析最大的挑战是如何量化政府是否关心收入分配问题。众所周知,中国的中央和省级政府在每年年初的人民代表大会上都会通过《国民经济和社会发展计划执行情况与国民经济和社会发展计划草案的报告》(以下简称《草案》),《草案》会公布上一年的国民经济和社会发展计划执行情况,同时宣布当年的国民经济和社会发展计划。我们可以通过《草案》观察政府是否关注收入分配问题。例如,在我国经济发展较落后、人民生活水平较低的20 世纪 90 年代,中央政府每年的《草案》中均强调要促进经济增长和提高人均收入,直到 1999 年才开始提及"进一步完善收入分配结构和分配方式,提高城乡居民购买力,特别是注意增加广大中低收入居民的现金收入"②。中央政府第一次在草案中明确提出"深化收入分配制度改革"是 2003 年,并且之后每年都明确指出要"调整收入分配结构"。一般地说,地方政府会参照中央政

---

① 参见 J.D. Angrist, Jorn-Steffen Pishcke, *Mostly Harmless Econometrics: An Empiricist's Companion*, Princeton University Press, 2009。

② 虽然 1996 年和 1997 年的《草案》提到过收入分配,但是从"加强居民收入分配的税收调节""严格控制凭借行业垄断地位和国家给予的特殊条件获得过高的个人收入"的角度来论述的。

府的《草案》出台当地的《草案》，以配合中央政府完成各项任务指标。据此，我们基于各级政府的《草案》，设定政府是否关注收入不均等的虚拟变量：如果省份 i 在 t 年的《草案》中提出了"关注收入分配"或者"提高中低收入人群的收入水平"，我们设 E_{it} 为 1，否则为 0。对于《草案》缺失的年份，我们利用各级政府的《政府工作报告》作为补充。与《草案》类似，《政府工作报告》也是在每年年初的人民代表大会上公布的，与《草案》发布的时间一致。形式上也分为对上一年政府工作的总结和对下一年政府工作的计划两个部分。本章之所以使用《政府工作报告》作为《草案》的补充，而非后者作为前者的补充，是因为《草案》中的内容聚焦在经济发展和社会发展情况上，而《政府工作报告》包含的内容比较多，不仅有经济发展和社会发展的内容，还涉及民主法制建设、精神文明、政府政务、社会治理、国防、军队、宗教等事务。显然，《草案》中关于经济社会发展的规划更加细致和具体。然而，即使补充了《政府工作报告》，1991—1999 年间有些地区的这两份材料依然缺失，在这种情况下，我们将 E 设为 0。之所以这样做，主要基于两点考虑。第一，地方政府的《草案》基本上参照中央政府的《草案》，而中央政府在 1999 年前从未在《草案》中明确提出要缩小收入分配差距，这意味着地方政府在 1999 年之前关注不均等问题的可能性较小；第二，从 1991—1999 年可以搜集到的 180 份地方政府《草案》和《政府工作报告》来看，仅有 4 份（北京市的 1997 年和 1999 年、甘肃省的 1999 年和河北省的 1995 年）提及了收入分配问题。因此，将 1991—1999年《草案》和《政府工作报告》皆缺失省份的政策变量值设定为 0 带来的误差应该不大。事实上，我们也采用了剔除缺省值的样本进行模型估算，结果与基准回归的发现基本一致。考虑到样本的体积不大以及对缺省值赋值有一定的合理性，因此在下文中我们只报告使用对缺省值进行赋值的实证结果。

对于控制变量，教育医疗支出采用人均值对数形式，工业集聚程度采用工业产出占全国工业产出的比重度量，工业化程度采用各省第二产业就业人数占该省总就业人数的比重衡量，人均收入采用人均 GDP 的对数值衡量，农村居民收入采用农村居民纯收入的对数值衡量,对外开放程度采用人均外商直接投资的对数值衡量,基础设施采用公路和铁路的总长度与区域面积的比值衡量,区域人口特征采用人口的平均受教育年限、人口密度和人口自然增长率进行衡量。控制变量的数据来源为《新中国 60 周年统计资料汇编》和历年《中国统计年鉴》,名义变量均利用价格指数进行消胀处理①。

第四节　实证模型估算和分析结果

前面提到,我们聚焦于"政府对收入分配关注"是否影响了城镇化水平。本节第一部分用城镇化率对"政府对收入分配关注"进行回归,回归结果显著为正值,说明政府关注收入分配时城镇化率有所提高。第二部分是对第一部分的结果进行稳健性分析,主要是加入"政府对收入分配关注"的滞后项、去掉直辖市样本,再重复之前的回归。第三部分是将城镇化率的提高分解为省内人口流动和省际间人口流动,然后考察"政府对收入分配关注"究竟是提高了省内人口流动还是省际间人口流动,抑或两者兼有,进一步说明政府关注收入不平等对城镇化率的影响②。

一、基准回归结果

我们首先对式(7.31)进行双向固定效应最小二乘法(OLS)估算,结果见表 7-2。③ 可以发现,只加入政府是否关注收入不均等、省份固定效应和年份

---

① 由于文章的篇幅有限,变量的统计性描述表在文中省略。

② 笔者也对政府是否关注收入不均等这一变量的内生性问题进行了诸多讨论,由于文章篇幅有限,并未列出。

③ 如果人均 GDP、工业化、FDI、教育医疗投资等变量是非平稳性的,将有可能造成伪回归。为排除这一可能,我们根据麦考斯基和卡奥(Mccoskey 和 Kao,1999)对式(7.31)进行了协整检验。虽然文献中有很多面板协整检验的方法(Baltagi 和 Kao,2000;Breitung 和 Pesaran,2005),但是由于本章的面板数据是非平稳的,因此只能采用 Fisher-type 检验(Stata Manual 和 Choi,2001)。我们检验了所有滞后阶数下式(7.31)的残差是否是平稳的,对于 1—6 期的滞后阶数,T 统计量分别为 109.14、90.18、82.73、61.26、55.66 和 39.34,这些都表明不存在单位根。滞后阶数大于 6 期后,该检验不再可用。因此,我们排除了不平稳变量带来的伪回归问题。

固定效应时,政府是否关注收入不均等的回归系数虽然不显著但是为正值。逐步加入控制变量后,关键变量 E 的系数估算值便始终显著为正值,意味着政府关注收入不均等会使城镇化率提高。更为重要的是,该估算值在不同模型里变化不大,间接说明回归方程的遗漏变量问题并不严重。表 7-2 的结果与理论模型的预期一致:由于户籍制度的限制,中国的城镇与乡村长期处于分割状态,移民成本特别高。如果政府着实关注收入分配问题,并出台诸如城乡一体化的具体政策(参见下面关于传导机制的讨论),就会促进当地的城镇化,在平均意义上提高城镇化率2%左右。

表 7-2　基准回归结果

城镇化率	（1）	（2）	（3）	（4）	（5）	（6）	（7）
关注不均等	1.45 (1.31)	1.99* (1.10)	2.05* (1.15)	2.10* (1.18)	2.07 (1.22)	2.03* (1.12)	2.09* (1.19)
初始城镇化水平	—	−0.02 (0.02)	−0.02 (0.02)	−0.03 (0.03)	−0.03 (0.03)	−0.04 (0.03)	−0.05 (0.03)
滞后一期科教文卫支出对数	—	−9.62 (13.00)	−9.72 (12.90)	−13.29 (12.69)	−13.82 (12.31)	−17.36 (11.33)	−15.98 (11.65)
滞后一期工业集聚程度	—	−4.24 (2.73)	−3.96 (4.25)	−3.67 (4.02)	−3.74 (4.03)	−4.40 (3.67)	−5.13 (4.10)
滞后一期人均 GDP 对数	—	31.35 (25.57)	31.08 (25.91)	30.10 (25.07)	30.74 (24.94)	39.18* (22.76)	41.99* (23.48)
滞后一期农村人均纯收入对数	—	13.78 (10.34)	14.55 (11.55)	12.30 (11.10)	11.99 (11.14)	14.90 (10.14)	16.29 (9.62)
滞后一期人均外商直接投资对数	—	2.79* (1.47)	2.86* (1.46)	2.90* (1.45)	2.84* (1.48)	2.78* (1.55)	3.04* (1.60)
滞后一期第二产业比重	—	—	−0.13 (0.45)	−0.30 (0.45)	−0.34 (0.46)	−0.53 (0.51)	−0.63 (0.49)
滞后一期基础设施	—	—	—	14.69** (5.64)	14.35** (5.44)	8.22 (5.32)	10.60 (7.12)
滞后一期平均受教育年限	—	—	—	—	3.19 (4.71)	−0.15 (3.22)	−0.55 (2.77)
滞后一期人均粮食产量	—	—	—	—	—	−50.80* (26.35)	−44.03 (26.09)
滞后一期人口密度	—	—	—	—	—	—	33.73 (45.24)

续表

城镇化率	（1）	（2）	（3）	（4）	（5）	（6）	（7）
滞后一期人口自然增长率	—	—	—	—	—	—	-0.08 (0.59)
省份固定效应	是	是	是	是	是	是	是
时间固定效应	是	是	是	是	是	是	是
样本量	497	389	389	385	385	385	385
调整 R^2	0.10	0.17	0.17	0.21	0.21	0.27	0.28

注:括号内为稳健标准误,* 表示 $p<0.1$,** 表示 $p<0.05$。

二、基准回归的稳健性检验

为方便比较起见,表7-3的列(1)复制了表7-2列(7)的估算值,其他列为稳健性检验结果。由于政府政策有可能存在滞后效应,在表7-3的列(2)中,我们加入 E 的滞后项,结果显示,当期和滞后项的影响仍然为正值。此外,北京、上海、天津和重庆四个直辖市的城镇化进程可能与其他省份不同,因此,表7-3中的列(3)—列(4)剔除了这四个直辖市,在列(4)中,我们也考虑了政策滞后效应。虽然统计显著性有所下降(剔除四个直辖市使数据样本几乎缩小了15%),但所有估算值都为正,在边际上显著,而且估算值的变化幅度不大①。

表7-3　基准回归的稳健性检验

城镇化率	（1）	（2）	（3）	（4）
关注不均等	2.09* (1.19)	2.02* (1.19)	2.21## (1.39)	2.00# (1.34)
滞后一期关注不均等	—	2.09# (1.43)	—	2.71* (1.45)

① 在表7-2和表7-3中,我们直接采用《新中国60年统计资料汇编》中报告的城镇人口数据来计算城镇化率,未区分常住人口和户籍人口。但使用具有一致性的人口数据并没有改变基准回归的发现。由于篇幅有限,文中并未报告出利用常住人口计算的城镇化率作为被解释变量的回归结果。

续表

城镇化率	（1）	（2）	（3）	（4）
初始城镇化水平	−0.05 （0.03）	−0.05 （0.03）	−0.06 （0.06）	−0.06 （0.05）
控制变量	有	有	有	有
省份固定效应	是	是	是	是
时间固定效应	是	是	是	是
是否包括直辖市	是	是	否	否
样本量	385	371	335	321
调整 R^2	0.28	0.27	0.26	0.25

注：括号内为稳健标准误，* 表示 $p<0.1$，# 表示 $p<0.16$，## 表示 $p=0.128$。控制变量包括：科教文卫支出、工业集聚程度、人均 GDP、农村人均纯收入、人均 FDI、第二产业比重、基础设施、平均受教育年限、人均粮食产量、人口密度、人口自然增长率。

三、跨省移民带来的问题

表 7-2 和表 7-3 的实证分析无法排除两种可能性。第一，当政府关注贫困或不均等时，可以采取措施促进当地的农村劳动力向省外转移。这将减少本省的农村人口，在提高农业劳动生产率、增加农村居民收入、降低本省城乡不均等的同时，使本省的城镇化率得到提高。如果移出省外的劳动力主要去向为城镇，还会提高相应省份的城镇化率。后者与相应省份是否关注收入分配问题不一定相关。第二，A 省出于对不均等的关注而出台的政策（比如推进工业化）可能吸引 B 省的农村劳动力，这时 B 省城镇化率的提高与本省是否关注收入分配问题无关。这两种可能性的存在促使我们去考察"政府对收入分配关注"与省内移民和跨省移民之间的关系。

采用中华人民共和国公安部出版的《全国暂住人口统计资料汇编》中提供的暂住人口的省级数据，我们分别估算"政府对收入分配关注"是否影响了省内、省际间和总暂住人口的比重。在户籍制度下，暂住人口在总人口中的占比能够反映农村人口进城的状况。根据理论模型的结论，政府关注不均等会带来本省暂住人口占比上升。表 7-4 展示了回归结果。第(1)列的回归证实了政府关注不均等与暂住人口比率正相关。第(2)、(3)列的结果表明,政府关注不均等对省内和省际间暂住人口占比的影响都显著为正。第(4)—(6)列报告了剔除直辖市的回归结果,同样支持我们的理论模型。事实上,由于直辖市的户籍政策更严格,其城镇化进程几乎肯定被严重扭曲,所以表 7-4 中第(4)—(6)列的结果更为可靠。

表 7-4 "政府是否关注收入分配"与省内外暂住人口

城镇化率	(1)	(2)	(3)	(4)	(5)	(6)
	总	省内	省际间	总	省内	省外
关注不均等	1.17** (0.49)	0.16* (0.08)	0.81## (0.52)	0.66** (0.27)	0.22** (0.09)	0.44** (0.19)
初始城镇化水平	0.03*** (0.01)	0.00 (0.00)	0.02* (0.01)	0.01 (0.01)	0.00 (0.00)	0.01 (0.00)
控制变量	有	有	有	有	有	有
省份固定效应	是	是	是	是	是	是
时间固定效应	是	是	是	是	是	是
是否包括直辖市	是	是	是	否	否	否
样本量	273	273	279	244	244	244
调整 R^2	0.65	0.52	0.64	0.51	0.57	0.45

注:括号内为稳健标准误, * 表示 $p<0.1$, ** 表示 $p<0.05$, *** 表示 $p<0.01$,## 表示 $p=0.132$。控制变量包括:科教文卫支出、工业集中程度、人均 GDP、农村人均纯收入、人均 FDI、第二产业比重、基础设施、平均受教育年限、人均粮食产量、人口密度、人口自然增长率。

第五节 传导机制

以上的理论和实证分析表明,中国地方政府对收入不均等的关注促进了该地区的劳动力转移或移民,从而提高了城镇化水平。但背后的机制是什么呢? 这里的关键是厘清政府在关注不均等或贫困时会出台什么政策,或采取何种举措,并因此有意或无意地促进了城镇化。

先从两个经典事实说起。第一,在几乎所有发展中国家,极度贫困基本上发生在农村;第二,欠发达国家收入分配不均的主要来源是城乡差异(Shorrocks 和 Wan,2005;Asian Development Bank,2012;Young,2013),尤其是在中国(Wan,2007)。这两个经典事实决定了关注贫困或收入分配的政府,倾向于支持农业、农村和农民。而支持“三农”的前提条件首先是打破城乡分割,这就要求通过基础设施建立城乡之间的联系。根据这个逻辑关系,可以预期政府对收入分配问题的关注与基础设施建设相关,而道路、通信等基础设施的建设不仅可以减少移民成本,直接促进人口流动(雷诺,1981),还会产生溢出效应,提高资本深化水平(Barro,1990),从而推进城镇化。在现实中,由于基础设施的缺乏,农村居民和农产品无法进入城镇劳动力和商品市场,也减少了农民使用现代投入包括种子、化肥、农业机械的可能性(Gibson 和 Rozelle,2003)。另外,为了减少贫困,政府显然需要为显性和隐性失业农民提供工作岗位,因为穷人往往只拥有劳动力这个资源。这就呼吁政府积极发展非农产业,尤其是第二产业,以创造就业机会。其实,就业对减贫的重要性,是发展经济学界的共识。而在发展中国家,推进工业化是创造就业最有效的手段。近几年欧美重振制造业和印度(世界办公室)减贫效果欠佳(尤其是相对世界工厂的中国)都源于工业化对就业的根本性作用。按照这个逻辑,可以预期政府对收入分配问题的关注与工业贷款相关。贷款是政府支持工业发展的重要手段,而工业的发展无疑会强化城镇对移民的吸引力(pulling force),从而推进城镇化。

基于上面的讨论,建立本章的传导机制可以通过检验上述的两个预期或假设加以实现,也就是检验关键变量 E 与基础设施和工业贷款的相关性。当然,很多旨在减少贫困和降低不均等(尤其是城乡差异)而又同时推动城镇化的举措都有可能是论文的机制。一方面,我们不可能穷尽这些机制;另一方面,在研究机制时,除了考虑其重要性,还必须保证数据的可得性。综合下来,我们聚焦基础设施和工业贷款这两个可能的传导渠道。在样本区间内,中国基础设施建设获得了跨越式的增长,带来了城乡联通,促进了城镇化。同时,工业化是中国奇迹般增长的根本特征,而贷款支持,是政府促进工业化的主要工具之一。

需要说明的是,在本章的这一部分,基础设施采用公路密度(公路面积与土地面积之比)进行度量,这与前面使用公路加铁路的做法有所不同。为了缩小城乡差距,中国的中央和地方政府长期以来一直推行"三通"政策,即在农村地区通水、通电、通路。然而,"三通"中的通路并不包括铁路,只有公路,原因在于铁路往往并不直接通往农村,而且铁路由中央政府建设,超出了单个地方政府的管辖范围。此外,就工业贷款而言,尽管政府可以使用不同的政策工具促进工业发展,但通过银行贷款支持工业的做法较为普遍,甚至常常被认为是中国政府的诟病。

表7-5展示了回归模型的估算结果,其中第(1)—(3)列对应的是基础设施回归,第(4)—(6)列对应的是工业贷款(取对数)回归。表7-5的结果显示,当政府关注不均等时,地区的基础设施水平的确得到了提高,地区的工业贷款也会增加。

表 7-5　不均等考量的传导机制

调研内容	基础设施			工业贷款		
	(1)	(2)	(3)	(4)	(5)	(6)
关注不均等	0.08*** (0.03)	0.07** (0.03)	0.05## (0.03)	0.05* (0.03)	0.04** (0.02)	0.05** (0.02)
控制变量	有	有	有	有	有	有
省份固定效应	是	是	是	是	是	是
时间固定效应	是	是	是	是	是	是
是否包括直辖市	是	是	否	是	是	否
样本量	550	521	464	494	465	414
调整 R^2	0.66	0.68	0.69	0.59	0.63	0.63

注:括号内为稳健标准误,$*p<0.1$,$**p<0.05$,$***p<0.01$,$##p=0.14$。控制变量包括:人均GDP、GDP增长率、第二产业比重、工业集中度。

　　全球正在经历人类历史上最大的城镇化浪潮,根据联合国的预测,未来十五年每年城镇人口将增加 7400 万人,其中 4300 万人发生在亚洲。与此同时,全世界从来没有像当今这样对收入分配问题如此高度重视。因此,如何在城镇化过程中考虑不均等,政府对收入分配问题的关注又会如何影响城镇化,这些都是具有理论和实践意义的重大议题。

　　政府调整城乡收入分配格局的政策制定,呼唤效率与公平兼顾的城镇化研究,尤其是关于城镇化最优水平的研究。在现实中,人们常常抱怨城镇化来得太快或太慢,这其实就暗含了一个假设,即城镇化存在最优水平,这个水平可以通过优化基于效率的目标函数而求得,但更为真实和合理的是使用兼顾效率与公平的社会福利函数。基于此,本章首先创建了一个效率与公平兼顾的一般均衡理论框架,结果表明,当城镇内部的不均等足够小或当移民成本足够大时,兼顾公平的城镇化水平高于自由市场均衡下的城镇化水平。我们的模型与埃和亨德森(2006)不同,后者只是解析了最佳城镇体系,与发展中国家相关性不大。我们则解析了最优城镇化水平,起码与埃和亨德森互为补充。进一步地,我们利用社会福利函数将效率与公平纳入到同一个理论框架内加以考虑,比埃和亨德森只优化劳动生产率更进一步,也更接近现实。

　　接着,基于中国省级面板数据,对理论模型的预测进行检验,发现在其他条件不变的情况下,关注收入分配(即兼顾公平)的省(自治区、直辖市),其城镇化水平比不关注的要高,这一结果证实了理论模型的预测。最后,建立了从政府关注不均等到城镇化水平的传导机制。在大多数发展中国家,城乡分割是导致收入不均等和贫困的最重要的原因。因此,联通城乡的基础设施和创造就业对于减少贫困和降低不平等意义重大。基于中国的数据,我们发现,政府兼顾收入分配问题,一方面促进了道路基础设施建设,从而减少了移民成本;另一方面带来了工业贷款的增加,从而通过工业化增加了移民的就业机会。这些都证实了我们的理论模型推断:政府关注不平等有助于促进乡城移民,进而推动城镇化。

　　本章的理论和实证表明,中国应加快城镇化的发展,以扭转效率与公平双输的结局。就中国而言,过去的快速增长主要得益于改革开放,改革刺激了供给,而开放则几乎无限制地扩展了需求。这成就了中国的"世界工厂"地位。但 2007 年美国的次贷危机和接踵而至的欧债危机,使全球陷入了长期萧条,也使中国经济进入了"三期叠加"的困境。尽管对中国的发展前景众说纷纭(Lin 等,2016),但毋庸置疑的是,如果不能扩大内需,中国经济将无法走出目前的困境。同样毋庸置疑的是,除非居高不下的收入差异以及与之紧密相关的城乡分割能够得到有效缓解,中国的内需将无法从根本性上获得提升。而积极有序推进城镇化,既能够直接增加内需,还能够同时降低城乡分割和不均等,使中国的社会福利水平获得显著提高。

参 考 文 献

[1]曹暕、王玉斌、谭向勇:《我国农业生产区域专业化程度分析》,《经济与管理研究》2005年第1期。

[2]陈秀山、张可云:《区域经济理论》,商务印书馆2005年版。

[3]迟福林:《政府转型与收入分配制度改革》,《科学决策》2006年第10期。

[4][美]R.科斯、A.阿尔钦、D.诺斯等:《财产权利与制度变迁——产权学派与新制度学派译文集》,刘守英等译,上海三联书店、上海人民出版社1994年版。

[5]《邓小平文选》第三卷,人民出版社2001年版。

[6]樊纲、王小鲁、马光荣:《中国市场化进程对经济增长的贡献》,《经济研究》2011年第9期。

[7]冯海发、李溦:《我国农业为工业化提供资金积累的数量研究》,《经济研究》1993年第9期。

[8]高培勇:《规范政府行为:解决中国当前收入分配问题的关键》,《财贸经济》2002年第1期。

[9]高铁梅主编:《计量经济分析方法与建模:Eviews应用及实例》(第2版),清华大学出版社2009年版。

[10]郭敏、屈艳芳:《农户投资行为实证研究》,《经济研究》2002年第6期。

[11]胡鞍钢:《中国:民生与发展》,中国经济出版社2008年版。

[12]郝爱民:《农业生产性服务业对农业的影响——基于省级面板数据的研究》,《财贸经济》2011年第7期。

[13]黄云鹏:《农业经营体制和专业化分工——兼论家庭经营与规模经济之争》,《农业经济问题》2003年第6期。

［14］［美］黄宗智：《长江三角洲小农家庭与乡村发展》，中华书局 1992 年版。

［15］焦瑾璞等：《农村金融体制和政府扶持政策国际比较》，中国财政经济出版社 2007 年版。

［16］兰晓红：《农业生产性服务业与农业、农民收入的互动关系研究》，《农业经济》2015 年第 4 期。

［17］李敬、陈澍、万广华、付陈梅：《中国区域经济增长的空间关联及其解释——基于网络分析方法》，《经济研究》2014 年第 11 期。

［18］李敬、徐鲲：《农村教育发展的制度特征与创新驱动》，《重庆社会科学》2013 年第 8 期。

［19］李敬、张阳艳、熊德平：《制度创新与统筹城乡发展——来自重庆统筹城乡综合配套改革试验区的经验》，《农业经济问题》2012 年第 6 期。

［20］李敬、张国圣：《解决农村金融发展难题的有益探索》，《光明日报》2013 年 6 月 18 日。

［21］李实、赵人伟：《中国居民收入分配再研究》，《经济研究》1999 年第 4 期。

［22］李颖慧、李敬：《农业生产性服务供给渠道的有效性：农户收入和满意度视角——基于西南 4 省市问卷调查数据的实证分析》，《西部论坛》2019 年第 2 期。

［23］李永实：《比较优势理论与农业区域专业化发展——以福建省为例》，《经济地理》2007 年第 4 期。

［24］厉以宁：《中国经济双重转型之路》，中国人民大学出版社 2013 年版。

［25］梁琪、滕建州：《中国宏观经济和金融总量结构变化及因果关系研究》，《经济研究》2006 年第 1 期。

［26］梁兆基、冯子恩、叶柱均等：《农林经济管理概论》，华南农业大学出版社 1998 年版。

［27］林毅夫、蔡昉、李周：《中国的奇迹：发展战略与经济改革》，上海三联书店、上海人民出版社 1994 年版。

［28］林毅夫：《再论制度、技术与中国农业发展》，北京大学出版社 2000 年版。

［29］刘本盛：《中国经济区划问题研究》，《中国软科学》2009 年第 2 期。

［30］刘楠：《我国农业生产性服务业与农业经济协整检验》，《商业经济研究》2015 年第 15 期。

［31］陆铭、陈钊：《城市化、城市倾向的经济政策与城乡收入差距》，《经济研究》2004 年第 6 期。

［32］罗必良：《农地经营规模的效率决定》，《中国农村观察》2000 年第 5 期。

［33］罗知、万广华、张勋、李敬：《兼顾效率与公平的城镇化：理论模型与中国实证》，《经济研究》2018 年第 7 期。

［34］马汴京：《我国地区经济差距影响因素经验研究》，经济科学出版社 2014 年版。

［35］马述忠、乜国婉：《农产品外贸依存度的国际比较及政府行为分析——兼论农业对我国社会经济发展的贡献》，《农业经济问题》2007 年第 3 期。

［36］［美］亚尔·蒙德拉克：《农业与经济增长：理论与度量》，国风、方军译，经济科学出版社 2004 年版。

［37］米增渝、刘霞辉、刘穷志：《经济增长与收入不平等：财政均衡激励政策研究》，《经济研究》2012 年第 12 期。

［38］牛若峰：《论只完成了一半的农业经营体制改革》，《农业经济问题》1990 年第 7 期。

［39］农业区域专业化研究课题组：《国外农业区域专业化发展进程及其政策措施》，《中国农业资源与区划》2003 年第 6 期。

［40］《农业投入》总课题组：《农业保护：现状、依据和政策建议》，《中国社会科学》1996 年第 1 期。

［41］潘文卿：《中国的区域关联与经济增长的空间溢出效应》，《经济研究》2012 年第 1 期。

［42］任晓红、但婷、侯新烁：《农村交通基础设施建设的农民增收效应研究——来自中国西部地区乡镇数据的证据》，《西部论坛》2018 年第 5 期。

［43］任治君：《中国农业规模经营的制约》，《经济研究》1995 年第 6 期。

［44］沈坤荣、张璟：《中国农村公共支出及其绩效分析——基于农民收入增长和城乡收入差距的经验研究》，《管理世界》2007 年第 1 期。

［45］世界银行：《共享增长的收入：中国收入分配问题研究》，中国财政经济出版社 1998 年版。

［46］孙三百、黄薇、洪俊杰：《劳动力自由迁移为何如此重要？——基于代际收入流动的视角》，《经济研究》2012 年第 5 期。

［47］孙永强：《金融发展、城市化与城乡居民收入差距研究》，《金融研究》2012 年第 4 期。

［48］唐华俊、罗其友等编著：《农业区域发展学导论》，科学出版社 2008 年版。

［49］田新民、王少国、杨永恒：《城乡收入差距变动及其对经济效率的影响》，《经济研究》2009 年第 7 期。

[50]万广华、张藕香、Mahvash Saeed Qureshi:《全球化与国家间的收入差距:来自81个国家面板数据的实证分析》,《世界经济文汇》2008年第2期。

[51]万广华:《城镇化与不均等:分析方法和中国案例》,《经济研究》2013年第5期。

[52]万广华:《2030年:中国城镇化率达到80%》,《国际经济评论》2011年第6期。

[53]万广华:《不平等的度量与分解》,《经济学(季刊)》2009年第1期。

[54]万广华:《经济发展与收入不均等:方法和证据》,上海三联书店、上海人民出版社2006年版。

[55]汪小勤、姜涛:《基于农业公共投资视角的中国农业技术效率分析》,《中国农村经济》2009年第5期。

[56]王诚:《收入分配及转型经济中的政府影响》,《改革》1999年第4期。

[57]王璐:《关于提高我国保险保障水平的思考》,《中国保险》2011年第2期。

[58]王庆:《村组道路对外连接建设方案研究》,《现代交通技术》2016年第6期。

[59]魏后凯:《论我国区际收入差异的变动格局》,《经济研究》1992年第4期。

[60]温涛、王煜宇:《农业贷款、财政支农投入对农民收入增长有效性研究》,《财经问题研究》2005年第2期。

[61]王书娜:《农民工养老保险转移接续的主要困境和对策》,《经营管理者》2010年第23期。

[62]武力:《1949—1978年中国"剪刀差"差额辨正》,《中国经济史研究》2001年第4期。

[63]向国成、韩绍凤:《农户兼业化:基于分工视角的分析》,《中国农村经济》2005年第8期。

[64]徐鲲:《农村教育发展与农村经济增长:内在机理及制度创新——基于劳动分工的视角》,重庆大学2012年博士学位论文。

[65][英]亚当·斯密:《国民财富的性质和原因的研究》,郭大力、王亚南译,商务印书馆2002年版。

[66]严瑞珍、龚道广、周志祥、毕宝德:《中国工农业产品价格剪刀差的现状、发展趋势及对策》,《经济研究》1990年第2期。

[67]杨小凯:《经济学——新兴古典与新古典框架》,张定胜、张永生、李利明译,社会科学文献出版社2003年版。

[68]张林秀、罗仁福、刘承芳、Scott Rozelle:《中国农村社区公共物品投资的决定

因素分析》,《经济研究》2005 年第 11 期。

[69]张晓旭、冯宗宪:《中国人均 GDP 的空间相关与地区收敛:1978—2003》,《经济学(季刊)》2008 年第 2 期。

[70]章铮:《进城定居还是回乡发展？——民工迁移决策的生命周期分析》,《中国农村经济》2006 第 7 期。

[71]郑风田:《我国农业结构调整新思路——规模化、特色化与专业化产业区发展模式》,《农村经济》2004 年第 6 期。

[72]朱民、尉安宁、刘守英:《家庭责任制下的土地制度和土地投资》,《经济研究》1997 年第 10 期。

[73]邹东涛主编:《发展和改革蓝皮书　中国经济发展和体制改革报告 No.1　中国改革开放 30 年(1978—2008)》,社会科学文献出版社 2008 年版。

[74]Angrist,J.,Pishcke,D.J.,*Most Harmless Econometrics：An Empiricist's Companion*,Princeton University Press,2009.

[75] Aschauer, D. A., "Is Public Expenditure Productive", *Journal of Monetary Economics*,Vol.23,No.2,1989.

[76] Aschauer, D. A., "Public Capital and Economic Growth：Issues of Quantity, Finance,and Efficiency",*Economic Development and Cultural Change*,Vol.48,No.2,2000.

[77]Ash,Rober,F.,"Continuity and Change in China's Rural Development：Collective and Reform Eras in Perspective",*China Quarterly*,Vol.140,1994.

[78]Asian Development Bank,"*Asian Development Outlook* 2012：*Confronting Rising Inequality in Asia*",April 2012.

[79] Au, C – C., Henderson, J. V.,, "Are Chinese Cities Too Small?", *Review of Economic Studies*,Vol.73,No.3,2006.

[80]Banerjee,A.V.,Newman,A.F.,"Occupational Choice and the Process of Development",*Journal of Political Economy*,Vol.101,No.2,1993.

[81]Blomstrom,M.,Lipsey,R.E.,Zejan,M.,"Is Fixed Investment the Key to Economic Growth?",*The Quarterly Journal of Economics*,Vol.111,No.1,1996.

[82]Breiger, Ronald, L., "Structures of Economic Interdependence among Nations", *Continuities in Structural*,1981.

[83]Breitung, J.,Pesaran, M.H., "Unit Roots and Cointegration in Panels",*Boston：Kluwer Academic*,2005.

[84]Brun,J.F.,Combes,J.L.,Renard,M.F.,"Are there Spillover Effects between the

Coastal and Noncoastal Regions in China?", *China Economic Review*, Vol.13, 2002.

[85] Brunner, N., Starkl, M., "Financial and Economic Determinants of Collective Action: The Case of Wastewater Management", *Environmental Impact Assessment Review*, Vol. 32, No.1, 2012.

[86] Cao, Birchenall, K. H. J. A., "Agricultural Productivity, Structural Change, and Economic Growth in Post-reform China", *Journal of Development Economics*, Vol.104, 2003.

[87] Cassi, L., Morrison, A., Ter Wal, A. L. J., "The Evolution of Trade and Scientific Collaboration Networks in the Global Wine Sector: A Longitudinal Study Using Network Analysis", *Economic Geography*, Vol.8, No.3, 2012.

[88] Chase - Dunn, Christopher, Peter Grimes, "World - Systems Analysis", *Annual Review of Sociology*, Vol.21, No.1, 1995.

[89] Cohen, J. P., Paul, C. J. M., "Public Infrastructure Investment, Interstate Spatial Spillovers, and Manufacturing Costs", *Review of Economics & Statistics*, Vol.86, No.2, 2004.

[90] Murger, D., Sylvie, "Infrastructure Development and Economic Growth: An Explanation for Regional Disparities in China", *Journal of Comparative Economics*, Vol. 29, No.1, 2001.

[91] Davis, J., "Growth, Inequality and Poverty in Rural China: The Role of Public Investments", *Journal of Agricultural Economics*, Vol.55, 2004.

[92] Dong, X. Y., "Public Investment, Social Services and Productivity of Chinese Household Farms", *The Journal of Development Studies*, Vol.36, No.3, 2000.

[93] Engel, Galetovic, E. M. R. A., A., Raddatz, C. E., "Taxes and Income Distribution in Chile: Some Unpleasant Redistributive Arithmetic", *Journal of Development Economics*, Vol.59, No.1, 1999.

[94] Feldman, P., "Efficiency, Distribution, and Role of Government in a Market Economy", *Journal of Political Economy*, Vol.79, 1971.

[95] Fox, W. F., Porca, S., "Investing in Rural Infrastructure", *International Regional Science Review*, Vol.24, No.1, 2001.

[96] Freeman, L. C., "Centrality in Social Networks: Conceptual Clarification", *Social Networks*, Vol.1, 1979.

[97] Galor, O., Zeria, J., "Income Distribution and Macroeconomics", *Review of Economic Studies*, Vol.60, No.1, 1993.

[98] Galor, O., Moav, O., "From Physical to Human Capital Accumulation: Inequality

and the Process of Development", *Review of Economic Studies*, Vol.71, 2004.

[99] Glaeser, E., *The Triumph of the City：How Our Greatest Invention Makes Us Richer*, *Smarter, Greener, Healthier, and Happier*, New York：Penguin Press, Vol.31, No.3, 2011.

[100] Gollin, D., Parente, S., Rogerso, R., "The Role of Agriculture in Development", *American Economic Review*, Vol.92, No.2, 2002.

[101] Grinblatt, M., Keloharju, M., "The Investment Behavior and Performance of Various Investor Types: A Study of Finland's Unique Data Set", *Journal of Financial Economics*, Vol.55, No.1, 2000.

[102] Groenewold, N., Lee, G., Chen, A., "Regional Output Spillovers in China: Estimates from a VAR Model", *Regional Science*, Vol.86, 2007.

[103] Groenewold, N., Lee, G., Chen, A., "Inter – regional Spillovers in China: The Importance of Common Shocks and the Definition of the Regions", *China Economic Review*, Vol.19, 2008.

[104] Harris, Todaro, J. R. M. P., "Migration, Unemployment and Development: A Two-Sector Analysis", *American Economic Review*, Vol.60, No.1, 1970.

[105] Henderson, V., "The Urbanization Process and Economic Growth: The So-What Question", *Journal of Economic Growth*, Vol.8, No.1, 2003.

[106] Hofmann, Wan, A. G. H., "Determinants of Urbanization", *ADB Working Paper Series*, 2013

[107] Hou, Y. L., "Establishing a New Intergovernmental Fiscal Transfer System in China: The State of the Field, 1994-2010", *The China Review*, Vol.11, No.2, 2011.

[108] Huang, J.K., Jun, Y., Xu, Z.G., Rozelle, S., Li, N.H., "Agricultural Trade Liberalization and Poverty in China", *China Economic Review*, Vol.18, No.3, 2007.

[109] Harold Leaman, J., Conkling, E.C., "Transport Change and Agricultural Specialization", *Annals of the Association of American Geographers*, Vol.65, No.3, 1975.

[110] Angrist, J.D., Jorn-Steffen Pishcke, *Mostly Harmless Econometrics：An Empiricist's Companion*, Princeton University Press, 2009.

[111] Jian, T., Sachs, J., Warner, A., "Trends in Regional Inequality in China", *China Economic Review*, Vol.7, 1996.

[112] Kenneth R. Gray, "Soviet Agricultural Specialization and Efficiency", *Europe – Asia Studies*, Vol.31, 1979.

[113] Knight, J., Song, L., *The Rural – Urban Divide: Economic Disparities and*

Interactions in China, Oxford: Oxford University Press, 1999.

[114] Krackhardt, David, *Graph Theoretical Dimensions of Informal Organizations*, Lawrence Erlbaum Associates Inc., 1994.

[115] Krugman, P., "Increasing Returns and Economic Geography", *Journal of Political Economy*, Vol.99, No.3, 1991.

[116] Kuznets, S., "Economic Growth and Income Inequality", *American Economic Review*, Vol.45, No.1, 1955.

[117] Kwan, A.C.C., Wu, Y.R., Zhang, J.X., "Fixed Investment and Economic Growth in China", *Economics of Planning*, Vol.32, 1999.

[118] Lewellen, W.G., Lease, R.C., Schlarbaum, G.G., "Investment Performance and Investor Behavior", *The Journal of Financial and Quantitative Analysis*, Vol.14, No.1, 1979.

[119] Lewis, W.A., "Economic Development with Unlimited Supplies of Labor", *The Manchester School*, Vol.22, No.2, 1954.

[120] Lin, J.Y.F., "Rural Reforms and Agricultural Growth in China", *The American Economic Review*, Vol.82, No.1, 1992.

[121] Lingli Xiao, Jing Li, Jing Wang, "Does the Type of Investor Matter? An Analysis of Fixed-asset Investments in Rural China", *Journal of the Asia Pacific Economy*, Vol.24, No.4, 2019.

[122] Lustig Nora, Luis F.Lopez-Calva, Eduardo Ortiz-Juarez, "Declining Inequality in Latin America in the 2000s: the Cases of Argentina, Brazil, and Mexico", *World Development*, 2012.

[123] Madden, C.H., "Government Controls Versus Market Discipline", *Proceedings of the Academy of Political Science*, Vol.33, 1979.

[124] Mckee, A., "Market Failure and the Place of Government in Social Economy", *Review of Social Economy*, Vol.42, 1984.

[125] Michael Chisholm, "Endencies in Agricultural Specialization and Regional Concentration of Industry", *Papers in Regional Science*, Vol.10, 1963.

[126] Moomaw, R.A.M. Shatter, "Urbanization and Economic Development: A Bias toward Large Cities?", *Journal of Urban Economics*, Vol.40, No.1, 1996.

[127] Oliveira, M., Gama, J., "An Overview of Social Network Analysis", *WIREs Data Mining and Knowledge Discovery*, Vol.2, 2012.

[128] Pandey, S., "Nature and Determinants of Urbanization in a Developing Economy:

The Case of India",*Economic Development and Cultural Change*,Vol.25,No.2,1977.

[129] Peng,L.,Hong,Y.M.,"Productivity Spillovers among Linked Sectors",*China Economic Review*,Vol.25,2013.

[130] Persson,T.,Tabellini,G.,"Is Inequality Harmful for Growth?",*American Economic Review*,Vol.84,No.3,1994.

[131] Quigley,J.M.,*Urbanization*,*Agglomeration and Economic Development*,Washington D.C.:The World Bak,2009.

[132]Renaud,B.,*National Urbanization Policy in Developing Countries*,London:Oxford University Press,1984.

[133]Ricardo Mora,Carlos San Juan,"Geographical Specialisation in Spanish Agriculture before and after Integration in the European Union",*Regional Science and Urban Economics*,Vol.34,No.3,May 2004.

[134]Schiavo,S.,Reyes,J.,Fagiolo,G.,"International Trade and Financial Integration:A Weighted Network Analysis",*Quantitative Finance*,Vol.10,2010.

[135]Sebnem Kalemli-Ozcan,Bent E.Sørensen,Oved Yosha,"Economic Integration,Industrial Specialization,and the Asymmetry of Macroeconomic Fluctuations",*Journal of International Economics*,Vol.55,No.1,October 2001.

[136] Sen,Foster,A.J.,*On Economic Inequality*,*Expanded Edition with Annexe*,London:Oxford University Press,1997.

[137]Shorrocks,Wan,A.F.G.H.,"Spatial Decomposition of Inequality",*Journal of Economic Geography*,Vol.5,No.1,2005.

[138]Sjaastad,L.A.,"The Costs and Returns of Human Migration",*Journal of Political Economy*,Vol.70,No.5,1962.

[139]Snyder,D.,Kick,E.L.,"Structural Position in the World System and Economic Growth,1955-1970:A Multiple-network Analysis of Transitional Interactions",*American Journal of Sociology*,Vol.84,No.5,1979.

[140]Song,H.S.,Thisse,J.F.,Zhu,X.W.,"Urbanization and/or Rural Industrialization in China",*Regional Science and Urban Economics*,Vol.42,2012.

[141]Song,L.L.,Van Geenhuizen,M.,"Port Infrastructure Investment and Regional Economic Growth in China:Panel Evidence in Port Regions and Provinces",*Transport Policy*,Vol.36,2014.

[142]Spence,M.,Annez,P.C.,Buckley,R.M.,"Urbanization and Growth,Commission

on Growth and Development Report", *World Bank Publications*, 2009.

[143] Tim Coelli, Euan Fleming, "Diversification Economies and Specialisation Efficiencies in A Mixed Food and Coffee Smallholder Farming System in Papua New Guinea", *Agricultural Economics*, Vol.31, December 2004.

[144] Ton, G., Bijman, J., "The Role of Producer Organizations in the Process of Developing an Integrated Supply Chain: Experiences from Quinoa Chain Development in Bolivia", *International Agri-Food Chains and Networks: Management and Organization*, 2006.

[145] Trebbin, A., Hassler, M., "Farmers' Producer Companies in India: A New Concept for Collective Action?", *Environment and Planning*, Vol.44, No.2, 2012.

[146] Tsui, K.-Y., "Local Tax System, Intergovernmental Transfers and China's Local Fiscal Disparities", *Journal of Comparative Economics*, Vol.33, No.1, 2005.

[147] Tung, R., "The Development of Rural Shareholding Cooperative Enterprises in Mainland China", *Issues & Studies*, Vol.30, No.5, 1994.

[148] Wan, G.H., M. Lu, *Cities of Dragons and Elephants: Urbanization and Urban Development in China and India*, London: Oxford University Press, 2018.

[149] Wasserman, S., Faust, K., *Social Network Analysis: Methods and Applications*, Cambridge University Press, 1994.

[150] Wen, G. J., "China's Economy: Rural Reform and Agricultural Development", *Journal of Asian Studies*, Vol.70, No.1, 2011.

[151] Yang, D.T., Zhu, X., "Modernization of Agriculture and Long-term Growth", *Journal of Monetary Economics*, Vol.60, No.3, 2013.

[152] Yang, X., "Development, Structure, and Urbanization", *Journal of Development Economics*, Vol.34, 1991.

[153] Ying, L.G., "Measuring the Spillover Effects: Some Chinese Evidence", *Regional Science*, Vol.79, No.1, 2000.

[154] Ying, L. G., "Understanding China's Recent Growth Experience: A Spatial Econometric Perspective", *Annals of Regional Science*, Vol.37, 2003.

[155] Young, A., "Inequality, the Urban-Rural Gap, and Migration", *Quarterly Journal of Economics*, Vol.128, No.4, 2013.

[156] Yu, N.N., de Jong, M., Storm, S., Mi, J.N., "Spatial Spillover Effects of Transport Infrastructure: Evidence from Chinese Regions", *Journal of Transport Geography*, Vol. 28, 2013.

[157]Yuandong,G.,Tao,W.,Wen,Y.,Xiaohua,W.,"A Spatial Econometric Study on Effects of Fiscal and Financial Supports for Agriculture in China", *Agricultural Economics—Zemedelska Ekonomika*,Vol.59,No.7,2013.

[158]Zhan,J.V.,"China's Fiscal System in Transition—Introduction",*Chinese Law & Government*,Vol.37,No.2,2004.

[159]Zhang,Q.,Felmingham,B.,"The Role of FDI,Exports and Spillover Effects in the Regional Development of China",*Journal of Development Studies*,Vol.38,2002.

[160]Zhang,Y.,Wan,G.H.,"International Trade and Urbanization:Evidence from Asia",*Social Sciences in China*,Vol.36,No.2,2015.

[161]Zheng,X.Y.,Li,F.H.,Song,S.F.,Yu,Y.H.,"Central Government's Infrastructure Investment across Chinese Regions:A Dynamic Spatial Panel Data Approach", *China Economic Review*,Vol.27,2013.

[162]Zhou,L.,Takeuchi,H.,"Informal Lenders and Rural Finance in China:A Report from the Field",*Modern China*,Vol.36,No.3,2013.

[163]Zhu,X.,"Understanding China's Growth:Past,Present and Future",*Journal of Economic Perspectives*,Vol.26,No.4,2012.

策划编辑:郑海燕
责任编辑:张 蕾
封面设计:石笑梦
封面制作:姚 菲
版式设计:胡欣欣
责任校对:黎 冉

图书在版编目(CIP)数据

动态公平视角下政府调整城乡收入分配格局的理论与政策路径研究/
 李敬等 著. —北京:人民出版社,2020. 12
 ISBN 978－7－01－022612－5

Ⅰ.①动… Ⅱ.①李… Ⅲ.①居民收入-收入差距-城乡差别-研究-中国
 Ⅳ.①F126. 2

中国版本图书馆 CIP 数据核字(2020)第 218189 号

动态公平视角下政府调整城乡收入分配格局的理论与政策路径研究

DONGTAI GONGPING SHIJIAO XIA ZHENGFU TIAOZHENG CHENGXIANG
SHOURU FENPEI GEJU DE LILUN YU ZHENGCE LUJING YANJIU

李 敬 等 著

人 民 出 版 社 出版发行
(100706 北京市东城区隆福寺街 99 号)

中煤(北京)印务有限公司印刷 新华书店经销

2020 年 12 月第 1 版 2020 年 12 月北京第 1 次印刷
开本:710 毫米×1000 毫米 1/16 印张:14. 25
字数:202 千字

ISBN 978－7－01－022612－5 定价:66.00 元

邮购地址 100706 北京市东城区隆福寺街 99 号
人民东方图书销售中心 电话 (010)65250042 65289539